MOSEBACH

LITURGIE

W0277165

Martin Mosebach

HÄRESIE DER FORMLOSIGKEIT

Die römische Liturgie
und ihr Feind

Wien und Leipzig
Karolinger

Gesamtherstellung
Druckerei Theiss GmbH, A-9431 St. Stefan

Umschlag: Peter Alba

Die Deutsche Bibliothek – CIP-Einheitsaufnahme

Mosebach, Martin:
Häresie der Formlosigkeit :
die römische Liturgie und ihr Feind /
Martin Mosebach. –
Wien ; Leipzig : Karolinger, 2002
ISBN 3-85418-102-7

© Karolinger Verlag Wien 2002
4., erweiterte Auflage 2004

Inhaltsverzeichnis

Ewige Steinzeit
7

Liturgie – Die gelebte Religion
19

Braucht das Christentum eine Liturgie?
51

„Die Bilder aus den Herzen reißen" –
Bildersturm und Liturgie
69

Die Avantgarde der Tradition –
Die Benediktiner von Fontgombault
88

Liturgie ist Kunst
99

Knien, Stehen und Gehen –
Vom richtigen Verständnis der „Tätigen Teilnahme"
118

Statio - Vor dem Betreten der Kathedrale
134

Die Prozession aus der Schiebetür –
Passage aus dem fünften Kapitel des Romans
„Eine lange Nacht"
144

Offenbarung durch Verhüllung in der alten
römisch-katholischen Liturgie
157

Für Robert Spaemann
in Dankbarkeit

Ewige Steinzeit

Ich bin kein Konvertit und kein Proselyt. Es gibt in meinem Leben kein Erleuchtungserlebnis. Meine Wurzeln in der Religion waren lange Zeit schwach. Es ist mir nicht möglich, mit Sicherheit zu bestimmen, wann sie zu wachsen begannen, vielleicht als ich fünfundzwanzig wurde. Auf jeden Fall wuchsen sie langsam, dann aber beständig. Ich vermute, daß sie jetzt tief sind, wobei ihr Wachstum, wie bisher beinahe unmerklich, weitergeht. Was diesen nicht an sein Ende gelangten Vorgang angeregt hat, ist die Begegnung mit der alten katholischen Liturgie.

Meine katholische Mutter wahrte einen deutlichen Abstand zur Religion, mein protestantischer Vater verteidigte sein Recht auf das eigene Privatpriestertum mit eiserner Diskretion. Vom katholischen Ritus lernte ich zunächst nur wenig kennen, weil die angeblich kindgemäße Aufbereitung des Kultes ihn beinahe völlig mit optimistischen Liedern und scheinnaiven Gebeten ad usum delphini zudeckte. Als kleiner Meßbub war ich gefürchtet, weil ich den Aufbau des Ritus nicht verstand und immerfort Unerwartetes und Störendes tat oder Wichtiges vergaß. Als ich eines Tages dem betenden Priester das große Meßbuch unter der Nase wegzog, um es, was noch gar nicht geboten war, auf die andere Altarseite zu tragen, trat ich auf meinen zu langen violetten Talar und flog mit dem Buch die Altarstufen hinunter. Das war das Ende meiner Ministrantenlaufbahn. Meine vita religiosa wurde jetzt sehr blaß, ohne daß allerdings das Gefühl abriß, daß ich Katholik sei. Mit achtzehn las ich den berühmten Ausspruch von Charles Maurras: „Ich bin Atheist, aber ich bin natürlich Katholik.“ Dieser Ausspruch gefiel mir sehr. Ich zitierte ihn nicht ohne Selbstgefälligkeit, er klang so gewagt. Was Atheismus sei, ahnte ich nicht einmal, denn mein Vertrauen in die Güte und Ordnung der Welt war unendlich; was die katholische Religion sei, konnte ich nicht wissen, weil es mir niemand wirklich gesagt hatte. Die katholische Religion ist wahrscheinlich die komplizierteste Religion der Welt; um Katholik zu sein, muß man entweder einen begnadeten Instinkt besitzen oder sehr viel wissen, von beidem bin ich weit entfernt.

Als ich achtzehn wurde, befand sich auch die katholische Kirche im Achtundsechziger-Rausch. Ich bekam wenig davon mit, denn ich ging nicht mehr in die Messe. Aber ich hörte davon, daß die Priester ihre schwarzen Anzüge und Soutanen ablegten und sich nun kleinbürgerlich-studentisch oder kleinbürgerlich-postbeamtenhaft trugen, daß man in der Messe nicht mehr Latein sprach, daß der Priester nun nicht mehr vor dem Altar, sondern hinter ihm wie hinter einer Theke stand, seine zum Publikum gewordene Gemeinde ansah und ihr mit froh geöffnetem Mund ins Gesicht sang und die Hostie bei der Kommunion den Gläubigen in die Hand gab, anstatt sie ihnen wie vorher auf die Zunge zu legen. In meiner Sphäre wurden diese Neuerungen wie etwas längst Überfälliges begrüßt, aber es stand nun auch für meine Mutter zugleich fest, daß man eine solche Veranstaltung nicht mehr besuchen müsse. Ich erinnere mich genau solcher Gespräche mit älteren Katholiken, denen die Zufriedenheit mit den Reformen anzumerken war, bei gleichzeitiger Entschlossenheit, „nicht hinzugehen".

Auf den katholischen Ritus aufmerksam machte mich zuerst die alte katholische Musik, der gregorianische Choral. Ich ahne die Genugtuung, mit der mancher diesen Satz lesen wird: also ein Ästhet, der seine ästhetizistischen Bedürfnisse in der Religion befriedigen will. Ich bekenne mich offen zu der naiven Schar, die aus der Oberfläche, der äußeren Erscheinung auf die innere Beschaffenheit und womöglich Wahrheit oder Verlogenheit einer Sache schließt. Die Lehre von den „inneren

Werten“, die sich in schmutziger, verkommener Schale verbergen, kommt mir nicht geheuer vor. Daß die Seele dem Körper die Form und das Gesicht, seine Oberfläche verleiht, glaubte ich schon, als ich noch nicht wußte, daß dieser Satz eine Definition des kirchlichen Lehramtes war. Mit mediterraner Primitivität glaube ich, daß eine unwahre, verlogene, gefühllose Sprache keinen Gedanken von Wert enthalten kann. Was für die Kunst gilt, muß in noch viel höherem Maß jedoch das öffentliche Gebet der Kirche treffen; wo das Häßliche sonst nur auf das Unwahre schließen läßt, bedeutet es im Bereich der Religion die Anwesenheit des Satanischen.

Der gregorianische Choral ist keine Kunstmusik. Er ist dazu bestimmt, in jeder Dorfkirche und in jeder Vorstadtkirche gesungen zu werden, obwohl er teilweise schwierig ist und Übung verlangt, aber diese Übung war ja gegeben, wenn man ihn jeden Sonntag ein ganzes Leben lang sang. Das gehörte aber erst zu meinen späteren Erfahrungen: daß der Ritus und die zu ihm gehörende Musik nicht als gelegentliches erbauliches oder womöglich gar als höchst eindrucksvolles Konzert oder Meditationshilfe genommen werden dürfen, sondern lebenslang geübt werden müssen – das Gebot, jeden Sonntag in die Kirche zu gehen, ist deshalb als Gebrauchsanweisung im Umgang mit dem Ritus zu sehen, der ohne die selbstverständliche und wahrhaft gedankenlose Einschmelzung in das Leben seine Wirkung nicht entfalten kann.

Die Reform – oder besser Revolutionswelle in der Kirche – hatte den gregorianischen Choral weitgehend abgeschafft; es sprach zu seinen Ungunsten, daß er weit über tausendfünfhundert Jahre alt war und seine Ursprünge sich in der Geschichte verloren. Die Bischöfe vergaßen, daß diese Musik schon in den Ohren Karls des Großen oder Thomas’ von Aquin, Monteverdis oder Haydns fremdartig geklungen hatte und von deren Gegenwart mindestens ebenso weit entfernt war wie von der unseren, die sich in die Musik anderer Kulturen viel leichter hineinhören kann als viele Jahrhunderte vor ihr. Ich geriet in eine kleine, kostbare Kirche im Rheingau, in der man dem gregorianischen Choral als Touristenattraktion und Spezialfolklore eine Nische eingeräumt hatte. Bei schönem Wetter kamen viele Leute nach Kiedrich, bei Nebel und Glatteis im Winter sang der große Chor vor nur wenig gefüllten Bänken, der Sonntagsausflug-Weinproben-Aspekt verlor sich, der Gesang trat rein hervor. Es mußten vielleicht überhaupt keine Leute kommen, es genügte womöglich, wenn die Sänger allein sangen. Genügte wozu? Das war mir noch nicht klar.

Der gregorianische Choral ist eine streng auf die Sprache bezogene Musik, und zwar, das unterscheidet ihn von neuzeitlichen Vertonungen von Gedichten, auf eine nicht lyrische, gelegentlich sogar sehr trockene Prosa. Die Sprache des Alten und Neuen Testaments, der Paulusbriefe und Psalmen ist nicht rhythmisiert oder sonstwie nach künstlerischen Mustern gestaltet. Zugleich sind die Texte sakrosankt, dürfen also aus kompositorischen Gründen nicht umgestellt oder bearbeitet werden. Jedem Wort muß seine prosaische Betonung gelassen werden, obwohl die lateinische Dichtung sonst Lizenzen um des Verses willen gestattet. Erstaunlich ist die melodische Vielfalt, die solch strenge Vorgaben dennoch erlauben. Der gregorianische Choral läßt jedem Satz volle Gerechtigkeit widerfahren; nichts ist nur Ornament oder wird noch irgendwie silbenschluckend oder silbenzerdehnend im Dienst der Melodie dazugestopft, wie es in den größten Kompositionen der neueren Zeit oft der Fall ist. Wie ein Bach, der sich staut, dann schnell fließt, dann sprudelt und gurgelt, dann gelassen strömt, bewegt sich diese Musik. Wer ihr lange genug gelauscht hat, empfindet die mathematisch ausgerechneten, gespiegelten, im Krebsgang sich fortbewegenden, nach vorgefertigten Mustern gebauten

Kompositionen der neueren abendländischen Musik unversehens als öde Pflichtübungen. Wenn im Choral der Satz gleichsam wie eine Saite zum Klingen gebracht wird, erscheinen die Vertonungen der Arien und Lieder späterer Zeit dem Satz beliebig aufgeklebt. Nur ein Stück gab es in Kiedrich, das die Wörter weit hinter sich ließ und wie ein antiker Scat Wortsilben nur noch als Material kunstvollster langer Koloraturen verwendete, die in ihrer Richtungslosigkeit niemals zu enden schienen. Das war das Alleluja zwischen den Lesungen aus Paulusbriefen und Evangelium. Erst später erklärte mir ein alter Kirchenmusiker, dieser frei schwebende pure Silbengesang habe die Aufgabe, zwischen den expliziten Texten der Offenbarung die über jedes Wort hinausreichende Unaussprechlichkeit Gottes darzustellen. Zur Predigt legte der Pfarrer sein Meßgewand ab, um deutlich zu machen, daß seine Ausführungen nicht zum Ritus gehörten. Er war ein konservativer Mann, der seinem fortschrittsgläubigen Bischof gegen die eigene Einsicht treu gehorchte und den umgemodelten, verstümmelten neuen Ritus zelebrierte, allerdings auf Latein und in der Strenge, die er im überlieferten Ritus gelernt hatte. Als ich diesen alten, jetzt verbotenen Ritus, der mir in meiner Kindheit unverständlich geblieben war, nach längerem Suchen wieder erlebte – unter gedrückten Umständen, in einer scheußlichen Kapelle, mit jämmerlichem Choralgesang –, war das Ende meiner Rheingaufahrten am Sonntagmorgen gekommen.

Ich habe mir vorgenommen, in diesen Zeilen, in denen von meinem Verhältnis zur Religion die Rede sein soll, so wenig wie möglich von der Religion zu sprechen. Das Glaubensbekenntnis, das ich häufig auf lateinisch vor mich hinmurmele, oder besser, vor mich hinsumme, weil ich es mir mit seiner Melodie aus der „Missa de angelis“ leichter merken kann, enthält keineswegs alle Sätze, die ich glaube; es gehen diesem Credo, das die Kirchenväter in Nizäa und Konstantinopel unter zum Teil ziemlich rabiaten Auseinandersetzungen formuliert haben, bei mir eine ganze Reihe wichtiger Glaubensätze voraus, die für mich womöglich sogar ein noch höheres Gewicht besitzen; das Credo ist eigentlich nur der Schlußstein meiner Glaubensüberzeugungen. So glaube ich etwa, daß ich ein Mensch bin. Ich glaube, daß es die Welt gibt. Ich glaube, daß mir die Eindrücke meiner Augen und Ohren zutreffende Nachrichten über die Wirklichkeit geben. Ich glaube, daß ein Gedanke ebensoviel Wirklichkeit besitzt wie ein Berg. Wie jeder weiß, gibt es für keinen dieser Glaubenssätze einen auch nur halbwegs zwingenden Beweis. Manche haben sogar die naturwissenschaftliche Wahrscheinlichkeit gegen sich. Die Zweifel an diesen Sätzen verstehe ich gut, manchmal beschleichen sie auch mich. Aber in einer tieferen Schicht meines Bewußtseins wische ich alle bedeutenden Einwände gegen die Wirklichkeit der Welt und mein Menschsein, obwohl ich sie nicht widerlegen kann, beiseite. Ich fürchte, mir eingestehen zu müssen, daß ich ein Steinzeitmensch bin. Es gelingt mir nicht, meine intellektuellen Einsichten mit meinen tief im Physischen wurzelnden Grundüberzeugungen in Übereinstimmung zu bringen. Obwohl ich längst wissen müßte, daß ich in einem Chaos lebe, daß es in mir eine Instanz, die „Ich" sagen könnte, überhaupt nur als neuronalen Reflex gibt, daß jeder Sinneseindruck dieses nicht vorhandenen Ich auf Täuschung und Wahn beruht, höre ich das Lied der Amsel am Abend, das bekanntlich gar kein Lied, sondern eine die Evolution begünstigende Geräuschentfaltung ist, und den fernen Klang der Kirchenglocke, bei der eine Maschine den Klöppel auf ein Stück Bronze haut, als eine mir bestimmte, wenn auch unentschlüsselbare Nachricht. Ich höre und müßte längst verstanden haben, daß die Gegenstände, die mich umgeben, ohne die mindeste Bedeutung sind, daß nichts in ihnen steckt, daß alles, was ich in ihnen sehe, nur von mir – aber wer bin ich? –

in sie hinein gesehen wird. Ich höre das, aber ich glaube es nicht. Ich stehe auf der tiefsten Stufe der Menschheitsgeschichte. Ich bin Animist. Wenn ich bei Doderer lese, ein Klavier „verharre in möbelhaftem Schweigen", fühle ich mich verstanden. Ich glaube derart fest an die objektive Existenz des Klaviers in seiner grundsätzlichen Andersartigkeit und Fremdheit, daß ich seine Art, im Zimmer zu stehen, tatsächlich als ein bewußtes Schweigen empfinden muß. Ein Mongolenschamane sagte mir, daß ein Stein, der aus dem Boden gegraben werde, sich darüber jahrelang nicht beruhigen könne. Ich halte das für wahrscheinlich. Die Welt stellt sich mir, wenn ich meiner inneren Stimme, diesem vollständig unbelehrbaren Organ, lausche, als bis in die letzte Faser mit einem Leben erfüllt dar, das ein anderes Leben ist als das meine. Dies Leben kann sogar in Körperloses hineinschießen, in Wörter zum Beispiel. Es gibt Wörter von koboldartiger Eigengesetzlichkeit, gestopft voll Komik und Eigensinn, der über ihre Bedeutung weit hinausschießt, das sind kleine Wortdämonen, die jeder kennt, die aber für jeden in anderen Wörtern stecken.

Ich schicke diese grundsätzlichen Bekenntnisse voraus, damit verständlicher wird, wie der alte katholische Ritus, den die meisten Bischöfe verboten haben und verfolgen, auf mich wirkte, als ich ihn schließlich, nach jahrelangem Bad in der Gregorianik von Kiedrich, zum ersten Mal wieder erlebte. Der Zusammenbruch der Liturgie in der offiziellen Kirche hat auch etwas Gutes: Der Ritus ist jetzt wieder ein wirkliches Mysterium, in dem Sinne, daß er, wie eigentlich auch vorgesehen, im Verborgenen gefeiert wird. Der erste Rang der Priesterweihe ist der – inzwischen abgeschaffte – Ostiarius, der darüber zu wachen hat, daß während der Mysterienfeier die Türen für die Ungetauften verschlossen bleiben. In der Orthodoxie ruft heute noch der Diakon vor Beginn des Opfers: „Achtet auf die Türen!" Ich reportiere hier nicht, wie ich zum ersten Mal auf den alten

Ritus gestoßen bin; jeder, dem ähnliches begegnet ist, weiß, wieviel Zufall oder Fügung notwendig sind, um eines Tages in die Nähe einer solchen Kultfeier zu gelangen. Ich vermute auch, daß ein Unvorbereiteter, der den alten Ritus zum ersten Mal erlebt, einigermaßen verdutzt davor stehen wird. Latein mag er nicht verstehen, das Wichtigste wird ohnehin geflüstert, das Priestergewand kann zwar auffallend sein, aber von dem, was der Priester tut, sieht die Gemeinde nichts, er verdeckt es mit seinem Körper. Schön und zutreffend ist der alte Witz von dem jüdischen Schuljungen, der in eine Messe gerät und seinem Vater davon erzählt. „Ein Mann kam mit einem kleinen Jungen herein und gab dem Jungen seinen Hut. Der Junge hat den Hut versteckt. Dann fragte der Mann die Gemeinde: Wo ist mein Hut? Und die Gemeinde antwortete: Das wissen wir nicht. Darauf haben sie für einen neuen Hut gesammelt. Am Ende hat der Kleine dem Mann den Hut wiedergegeben, aber das Geld haben sie nicht mehr herausgerückt." Als Schuljunge ging mein Verständnis über das des jüdischen Schuljungen, wie ich berichtet habe, kaum hinaus. Jetzt aber durfte ich erfahren, warum es sinnvoll ist, Kinder zu überfordern und sie zu zwingen, sich mit Dingen zu beschäftigen, denen sie noch nicht gewachsen sind. Was mir damals ein Rätsel geblieben war, hatte sich in meiner Vorstellung einen unbeachteten, aber sicheren Platz bewahrt. Das stille Wandeln des Priesters vor dem Altar, die Verneigungen, Kniebeugen und das Ausbreiten der Hände fügten sich in ein altes Bild, das ich, ohne es zu wissen, längst in mir trug. Das Stehen am Altar hatte etwas angespanntes. In der Kirche meiner Kinderzeit erhob sich über dem Hochaltar ein grau gipsernes Riesenkruzifix im Beuroner Stil, und ich sah diesen mächtigen Stamm als eine aus dem Altar herausragende Achse an, die von dort in den Himmel reichte. Aber auch, wenn das Kruzifix auf dem Altar kleiner ist, ist für mich dies Gefühl der Achse immer noch präsent, verbunden mit einer Vorstellung unbestimmter Gefahr. Dem geschäftigen Küster, der auf dem Altar herumhantierte und etwas brachte oder etwas von dort wegräumte, folgte ich stets mit Unbehagen. Zur katholischen Welt mit ihrer „Gnadenverwaltung" gehören immer solche Personen, die nüchtern und geschäftsmäßig mit Dingen umgehen, die für die Laien ein unzugängliches Numinosum darstellen. Auch im Heiligtum gibt es Hausmeister mit ebensoviel fataler Souveränität wie die ihrer profanen Kollegen.

Aber nun sah ich zum ersten Mal wieder einen Priester im Magnetfeld des Altares. Was er sprach und sang, glitt an mir ab. Ich empfand es als weniger wichtig. Wichtig war der Eindruck, daß er etwas tat. Dies Stehen und Armeausbreiten und Kreuzemachen war ein Tun. Der Priester arbeitete dort vorn. Was er mit den Händen tat, war ebenso entscheidend wie seine Worte. Und seinen Taten waren Gegenstände zugeordnet: weiße Leinentücher, ein goldener Kelch, ein goldener kleiner Teller, Wachskerzen, Kännchen für Wasser und Wein, die mondhafte weiße Hostie, ein großes, in Leder eingebundenes Buch. Die Meßdiener bedienten ihn in zeremonieller Weise, sie schlugen die Buchseiten für ihn um, übergossen seine Fingerspitzen mit Wasser und reichten ihm ein kleines Handtuch. Nachdem er die Hostie in die Höhe gehoben hatte, vermied er, mit Daumen und Zeigefinger noch etwas anderes zu berühren und legte sie deshalb zusammen, auch wenn er den Kelch anfaßte oder den goldenen Tabernakel aufschloß.

Es gibt gute Gründe, den Glauben, daß menschliche Handlungen irgend etwas bewirken, als Größenwahn zu betrachten. Von solchen Größenwahn kann der Gang über das wüste Gelände kurieren, auf dem einmal eine antike Großstadt gestanden hat, eine hellenistische Metropole voller Kunst, Geld, Energie und Erfindungsgeist. Und doch meinen viele, die sich weigern würden, an Engel zu glauben, daß, was in einer solchen Stadt gedacht und geschaffen worden sei, unfaßbar, aber höchst wirksam weiterlebe und ein sich immer wieder materialisierendes Fundament für Neues bilde, das ohne diese Grundlage nicht entstehen könne. Von einer solchen Vorstellung ist es nur noch ein Schritt, eine Auswirkung materieller Handlungen auf rein geistige Regionen anzunehmen. Die Völker aller Kulturen haben dies geglaubt und deshalb als ihre höchste Handlung, den Inbegriff jeden Handelns, da mit der höchsten Wirksamkeit verbunden, das Opfern angesehen. Das Opfern ist eine materielle Handlung, die eine geistige Wirkung anstrebt. Dieser Sprung ist aber nur für Idealisten absurd. Für Materialisten der steinzeitlichen Prägung ist alle Materie ohnehin so von Geist und Leben erfüllt, daß es aus ihr geradezu herausstrahlt – die letzten Europäer, die in dieser rückständigen Mentalität verharrten, waren wahrscheinlich die großen Stillebenmaler.

Was der Priester auf dem Altar opferte, soll hier unerörtert bleiben. Entscheidend war für mich zunächst, daß er opferte. In einem der Gebete während der Opferhandlung hieß es: „... nimm dies Opfer wohlgefällig an, wie Du einst mit Wohlgefallen aufgenommen hast die Gaben Abels, Deines gerechten Dieners, das Opfer unseres Patriarchen Abraham, das heilige Opfer und die makellose Gabe, die Dein Hoherpriester Melchisedech Dir dargebracht hat.“ Der Hirte Abel hatte die Erstlinge seiner Herde und ihr Fett auf dem Opferaltar verbrannt; Abraham hatte seinen Sohn opfern wollen und dann an dessen Stelle einen Widder geschlachtet, Melchisedech, der nicht zum Volk Abrahams gehörte, opferte Brot und Wein. Urreligion, Judentum und Heidentum waren durch die drei Namen des Opfergebetes repräsentiert; Menschenopfer, Tieropfer und unblutiges Opfern waren genannt, wobei das unblutige in seinen Zeichen die Erinnerung des blutigen bewahrte. Es war mir klar, daß die katholische Messe in ihrer seit über 1500 Jahren ununterbrochenen überlieferten Form genaugenommen gar nicht als der Ritus einer bestimmten Religion betrachtet werden durfte, sondern als die Erfüllung aller Religionen, die sie sämtlich in sich aufgesaugt hatte. Wenn ich an einem solchen Opfer teilnahm, verband ich mich mit allen Menschen, die jemals gelebt hatten, von den fernsten Zeiten bis zur Gegenwart, weil ich dasselbe tat wie sie. Meine Empfindung als Teilnehmer an dem überlieferten Meßopfer war, daß ich ein Mensch sei und etwas Menschengemäßes vornehme, daß ich die wichtigste Pflicht menschlichen Daseins erfüllte und dies vielleicht zum ersten Mal, und daß ich sie für alle anderen, die sie nicht erfüllen wollten oder konnten, miterfüllte, weil die Verweigerung der Teilnahme mir plötzlich als etwas geradezu Kindisches und Unernstes erschien. In dem soeben erst auf deutsch erschienenen Aufsatz „Das Titanische und der Kult" von dem unter Stalin hingerichteten Priester Pawel Florenski habe ich ähnliche Gedanken gefunden, die als Worte eines Geistlichen natürlich höheres Gewicht besitzen als die privaten Empfindungen eines Laien. „Unser Gottesdienst ist älter als wir und unsere Eltern, älter als selbst die Welt. Der Gottesdienst ist gleichsam nicht erfunden, sondern gefunden, gewonnen: was immer schon war, das ist mehr oder weniger das Wesen des vernünftigen Gebets. Der orthodoxe Glaube hat das Welterbe in sich aufgenommen, und wir haben in ihm das reine, gedroschene, von der Spreu befreite, gesiebte Korn der Religionen vor uns, das eigentliche Wesen des Menschlichen... Deshalb steht es außer Zweifel, daß unser Gottesdienst nicht vom Menschen stammt, sondern von Engeln..."

Voraussetzung, den christlichen Kult so zu erleben, ist seine Reinheit und Ausgeglühtheit, in der jede Spur des Subjektiven vernichtet ist. Schon in frühester Christenheit lehrte der östliche Kirchenvater Basilius der Große, daß die Liturgie Offenbarung sei wie die heilige Schrift und niemals angetastet werden dürfe. Und so wurde es auch bis zum Pontifikat Pauls VI. gehalten. Selbstverständlich bewahrte diese Haltung die Liturgie nicht vor unablässiger Modifikation, aber diese Änderung geschahen organisch, unbewußt, unbeabsichtigt, ohne theologisches Konzept, sie wuchsen aus der kultischen Praxis hervor, wie sich eine Landschaft durch Wind und Wasser in den Jahrtausenden umformt. In der Antike nannte man die Unterbrechung einer Tradition durch den Herrscher einen Akt der Tyrannis. In diesem Sinn ist der Modernisierer und Fortschrittsgläubige Paul VI. ein Tyrann der Kirche gewesen. Ob er vom Anthropologischen her eines Tages mit seinem Gewaltakt recht behalten wird, geht mich nichts an. Ich ignoriere diesen Angriff auf die Göttliche Liturgie. Steinzeitmenschen haben ein unterentwickeltes Verhältnis zur Zeit. Unter Zukunft können sie sich überhaupt nichts vorstellen, von der Vergangenheit vermuten sie, daß sie so ähnlich wie die Gegenwart war.

Liturgie – Die gelebte Religion

Goethe begegnete in Karlsbad im Jahre 1812 der jungen Kaiserin Maria Ludovica; als die Kaiserin erfuhr, welch tiefen Eindruck sie auf Goethe gemacht hatte, ließ sie ihm die „hohe und bestimmte Willensmeinung" mitteilen, in keinem seiner Werke „unter welchem Vorwand es immer sein möge, erkannt oder erraten zu werden wollen", denn, so die Kaiserin, „die Frauen sind wie die Religion; je weniger man von ihnen spricht, je mehr gewinnen sie." Das ist eine schöne und beherzigenswerte Maxime, und ich bin nicht glücklich darüber, daß ich dabei bin, mich über sie hinwegzusetzen, indem ich zu Ihnen über die Religion in ihren praktischen Aspekten, über die gelebte Religion, die Liturgie nämlich, spreche. Vielleicht der schlimmste Schaden der Meßreform Papst Pauls VI. und der durch sie eingeleiteten, die Reform längst „überwunden" habenden Entwicklung, der größte geistliche Verlust ist dies: daß wir nun über die Liturgie sprechen müssen. Auch wer die Liturgie bewahren will, auch wer in ihrem Geist beten will, auch wer ihr unter den größten Opfern treu bleibt, hat bereits etwas Unschätzbares verloren: die Unschuld, sie als etwas Gottgegebenes von oben aus dem Himmel den Menschen Geschenktes hinzunehmen. Als Verteidiger der großen, der heiligen Liturgie, der klassischen römischen Liturgie sind wir alle große oder kleine Liturgiewissenschaftler geworden. Die wissenschaftliche, archäologische und historische Verbrämung der Reform hat uns gezwungen, diese Argumentationen zu widerlegen und uns damit zu einer Beschäftigung mit Ritus und Liturgie geführt, die dem religiösen Menschen zutiefst widerstreben muß. Wir haben uns zu einer Art scholastisch-juristischem Denken bei der Betrachtung der Liturgie verführen lassen: was ist unbedingt erforderlich, damit noch von Liturgie gesprochen werden kann? Welche Willkür ist noch tolerabel, was aber darf nicht mehr hingenommen werden? Wir haben uns daran gewöhnt, Minimalerfordernisse als Kategorie der Bewertung der Liturgie zu akzeptieren, wo es doch überhaupt nur um das Maximale gehen kann. Wir haben schließlich begonnen, Liturgie zu bewerten – ein ungeheuerlicher Vorgang! Wir haben in den Kirchenbänken gesessen und uns gefragt: war das jetzt eine Heilige Messe, oder war das jetzt keine Heilige Messe? Ich betrete die Kirche, um Gott zu sehen, und ich verlasse sie wie ein Theaterkritiker. Und wenn wir dann hin und wieder eine Heilige Messe feiern dürfen, die uns die große historische und religiöse Katastrophe, die grundsätzliche Beschädigung der Brücke des Menschen zu Gott für ihre Dauer vergessen läßt, dann wissen wir doch immer, was für Leistungen erforderlich waren, um eine solche Heilige Messe stattfinden zu lassen, wieviele Briefe dahinterstehen, wieviele Opfer dies Heilige Opfer möglich gemacht haben, um darin unter anderem auch für einen Bischof zu beten, der dies Gebet überhaupt nicht wünscht, der gern bereit ist, auf die Nennung seines Namens im Kanon zu verzichten. Ein verschwiegenes religiöses Leben, Tage, die mit einer stillen Messe in einer unauffälligen kleinen Kirche in der Nähe beginnen, ein Leben, in dem wir, diskret von Priestern angeleitet, in Jahrzehnten lernen, die eigenen Opfer mit dem Opfer Christi zu verschmelzen, in dem wir uns in der Heiligen Messe mit unseren eigenen Sünden und den uns gewährten Gnaden befassen und zwar mit nichts sonst – das ist einem Katholiken nach der Zerstörung der Selbstverständlichkeit der Liturgie nicht mehr möglich.

Man könnte mir entgegenhalten, daß ich übertreibe; man könnte mir nun vorhalten, daß trotz aller Verwüstung des Kultes die Lehre der Kirche über das Opfermysterium unangetastet sei. Schon Papst Paul VI., der Reformator selbst, habe den sakralen Opfercharakter der Heiligen Messe erneut bestätigt; sein Nachfolger Papst Johannes Paul II. habe das gleiche getan und der neue Katechismus enthalte die unverkürzte Lehre über die Liturgie, wie sie der Tradition der Kirche entspreche. Das ist richtig; was das oberste Lehramt über die Heilige Messe sagt, ist altes katholisches Glaubensgut. Daß der Katechismus erscheinen konnte, daß er trotz der zahllosen Kompromisse in der Formulierung, trotz wolkiger Lyrismen, die sich über die neuralgischen Punkte schieben, eine Sammlung überlieferter katholischer Glaubenslehre geworden ist, kann man in unserer Zeit geradezu als ein Wunder ansehen. Man muß sich etwas weniger schämen, Katholik zu sein, seitdem diese Sammlung erschienen ist. Aber was bedeutet sie für den Alltag und den Festtag unserer Kirche? Zar Nikolaus I. der strenge Zensurvorschriften einführte, nahm Bücher, die über tausend Seiten lang seien, von der Zensurpflicht ausdrücklich aus: solche Werke würden ohnehin von niemandem gelesen. Ich möchte aber gar nicht auf die unbestreitbare Tatsache hinaus, daß der neue Katechismus ein Werk ist, das in unseren Priesterseminaren allenfalls zu Zwecken der Belustigung einmal durchgeschaut wird. Ich bin kein Theologe und kein Kanonist; ich muß als Schriftsteller die Welt aus einem anderen Winkel betrachten. Wenn ich wissen möchte, was einer glaubt, dann hilft es mir nicht, in seiner Vereinssatzung, verzeihen Sie den Ausdruck, nachzuschauen. Ich muß mir den Menschen ansehen, seine Gebärden, seine Blicke, seine unbeobachteten Momente. Erlauben Sie mir bitte, Ihnen dazu ein Beispiel zu nennen.

In Frankfurt wurde die Heilige Messe nach dem alten Ritus seit dem päpstlichen Indult von 1984 in einer kleinen, ungewöhnlich häßlichen Kapelle im zweiten Stock eines zum Hotel gewordenen Kolpinghauses gefeiert. Schreckliche Kirchenkunst schmückte diesen Raum: eine Betonmadonna als Kykladensymbol und ein Kruzifix aus rotem, wie Himbeergelee schimmerndem Glasfluß waren die heiligen Bilder, denen die Ehre der Inzensation zuteil wurde. Man konnte jedenfalls niemandem zum Vorwurf machen, er begebe sich aus snobistischem Ästhetizismus in diese Kapelle; diese wohlfeile, sonst so häufig erhobene Beschuldigung blieb dem Frankfurter Kreis erspart. Die Laien, die sich dort zusammenfanden, wußten wenig, was alles bei den Vorbereitungen zu beachten war, sie kannten keine Sakristeienbräuche und wuchsen erst langsam in die notwendigen Kenntnisse hinein. Ein Kreis von Frauen, die die Gewohnheit hatten, zusammen zu beten, begannen sich dann um die Altarwäsche zu kümmern; von diesen Frauen will ich Ihnen erzählen. Eines Tages fragten sie den Verwalter der Kapelle, was eigentlich mit den gebrauchten Purificatoria geschehe, den Kelchtüchern, mit denen der Priester die restlichen Tropfen des gewandelten Weins aus dem Kelch aufsaugt. Die kämen mit der anderen Wäsche in die Waschmaschine, sagte der Verwalter. Die Frauen brachten zur nächsten Messe ein Säckchen mit, das sie genäht hatten. Dann baten sie um das gebrauchte Purificatorium und taten es in das Säckchen. Was sie damit machen wollten? „Das ist doch mit dem Kostbaren Blut getränkt, das darf man doch nicht in den Ausguß gießen." Daß die Kirche früher vorgeschrieben hatte, daß der Priester selbst das erste Auswaschen des Purificatorium zu besorgen habe, daß das Waschwasser danach in das Sakrarium oder in Erde zu gießen sei, das wußten diese Frauen gar nicht. Aber sie wehrten sich dagegen, daß man diese Tüchlein wie andere Wäsche behandelte und taten instinktiv, was eine alte, nunmehr mißachtete Vorschrift verlangte. „Das ist wie dem Jesuskind die Windel waschen", sagte eine dieser Frauen. Ich wurde verlegen, als ich das hörte. Die Volksfrömmigkeit wurde da doch etwas zu konkret. Ich sah sie, wie sie da zu Hause wusch, nachdem sie vorher einen Rosenkranz gebetet hatte. Das Waschwasser brachte sie in den Vorgarten und goß es in eine Ecke, wo besonders schöne Blumen wuchsen. Am Abend deckte sie dann den Altar in der Kapelle mit einer anderen Frau. Das Adjustieren des langen schmalen Leintuchs war schwierig. Beide Frauen waren sehr konzentriert, zugleich aber mit einer unterdrückten Sorge, als pflegten sie nüchtern und effizient einen Menschen, den sie liebten. Ich habe diesen Vorbereitungen mit wachsender Neugier zugesehen. Was war das? In allen Berichten der Auferstehung ist von den gefalteten Tüchern die Rede – „angelicos testes, sudarium et vestes", wie es in der Ostersequenz heißt. Kein Zweifel, diese Frauen in der häßlichen Kapelle im zweiten Stock waren die Frauen am Grab. Sie lebten in der beständigen unbezweifelten real erlebten Gegenwart Jesu. In dieser Gegenwart verhielten sie sich natürlich – entsprechend ihrer Herkunft und ihrem Bildungsstand. Ihr Leben war Anbetung, die in sehr präzise, sehr praktische Handlungen übersetzt war – Liturgie. Wenn ich diese Frauen beobachtete, dann wußte ich, daß sie an die wirkliche Gegenwart Jesu im Altarsakrament glaubten. Das ist Glaube: was wir selbstverständlich tun.

Und wie sieht diese Selbstverständlichkeit in einer beliebigen Großstadtkirche aus? Kaum einer kniet bei der Wandlung, oft genug macht nicht einmal der Priester eine Kniebeuge vor den gewandelten Gaben. Die Hostien für die Gemeinde holt eine Dame aus einem seitlich angebrachten goldenen Schränkchen, geschäftig und sicher, als entnehme sie dem Arzneimittelschränkchen ein Medikament. Die Hostien legt sie den Kommunionempfängern in die Hand; keiner erweist ihnen die Reverenz einer Kniebeuge oder einer Verneigung.

Die viel geschmähten und verdächtigten Ästheten verfügen über eine schreckliche Gabe: die äußere Gestalt einer Sache, eines Vorgangs, eines Gedankens enthüllt ihnen mit Sicherheit die innere Wahrheit des Angeschauten. Ich habe oft genug mit frommen Apologeten über den geschilderten, überall in der Welt zu sehenden Vorgang gesprochen. Die Geistlichen waren peinlich berührt, aber sie wollten keinen geistlichen Verlust eingestehen. Das Knien sei mittelalterlich, sagten sie. Die Urchristen hätten stehend gebetet. Stehen bedeute den Auferstandenen Christus, sei die dem Christen angemessenste Haltung. Die Urchristen hätten die Kommunion auch mit der Hand empfangen. Was denn ehrfurchtslos daran sei, wenn die Gläubigen „einen Thron“ für die Hostie aus ihren Händen formten? Ich billige den Leuten, die mir so etwas erzählen, zu, daß sie es ernst meinen. Aber es wird eine bei Seelsorgern kaum zu fassende Weltfremdheit und die Untauglichkeit wissenschaftlicher Argumente in liturgischen Fragen sehr deutlich sichtbar. Diese Wissenschaftler haben es immer nur mit der Geschichtlichkeit des Glaubensgutes und der Verehrungsformen. Kerneinsicht des Geschichtsdenkens muß hier aber sein: was in der einen Epoche Ausdruck der Verehrung ist, kann in einer anderen Epoche Ausdruck der Blasphemie sein. Nachdem sie tausend Jahre lang auf den Knien gelegen haben, erheben sich die Leute doch nicht in der Einsicht, die Urchristen hätten bei der Wandlung gestanden und man kehre nun zu dieser besonders authentischen Andachtsform zurück. Sie stehen vielmehr auf, klopfen sich den Staub von den Hosenbeinen und denken: Es ist wohl alles nicht so ernst gemeint. Jede Bewegung in solchen Kultfeiern spricht dieses: Ganz so ernst ist das alles nicht gemeint. Es ist anthropologisch vollkommen ausgeschlossen, daß unter solchen Umständen der kirchlich noch immer verkündigte und vielleicht mit Worten auch von Teilnehmern solcher Feiern gelegentlich noch bestätigte Glauben an die Gegenwart Christi im Sakrament irgendeine tiefere seelische Bedeutung besitzt.

Auf der Suche nach einer Kommunionpatene in verschiedenen Pfarreien habe ich erfahren, daß in meiner

Stadt die Kommunionpatenen, da sie ja jetzt unnötig geworden seien, überall zum Einschmelzen gegeben worden seien, um den Gemeinden die Anschaffung der neuen flachen Hostienschalen zu erleichtern, deren Konstruktion es dem Priester unmöglich macht, sie zu halten und dabei Daumen und Zeigefinger zusammenzulegen – die alte Ehrfurchtsgeste vor dem gewandelten Leib. Ich wiederhole, daß ich kein Theologe bin. Für mich als Menschenschilderer, als Rekonstrukteur menschlicher Motivationen ist es völlig ausgeschlossen, daß jemand, der alle Kommunionpatenen zum Einschmelzen gibt, an die leibliche Gegenwart Christi im Sakrament glaubt. Wir glauben mit den Knien oder wir glauben überhaupt nicht. „Ich kann mir nicht helfen", sagte mir einmal eine freundliche Protestantin, „aber ich finde es immer peinlich, wenn ich einen erwachsenen Mann auf Knien sehe." Diese Frau hat von der Krise der Anbetungsformen erheblich mehr verstanden, als die professionellen Schönredner mit ihren Archäologismen von Thronen und Auferstehungsgesten und Orantenhaltungen. Ein Mann auf Knien, weil er glaubt, daß sein Schöpfer in einer kleinen weißen Oblate steckt. Das ist, wir müssen Gott dafür danken, an manchen Orten immer noch ein Skandal.

Ich habe Ihnen meine Überzeugung geschildert, daß es nicht möglich ist, ohne die überlieferten Formen der Ehrfurcht und der Anbetung die Ehrfurcht und die Anbetung zu bewahren. Natürlich wird es immer den gnadenerfüllten Menschen geben, der beten kann, auch wenn man ihm alle Mittel dazu aus den Händen geschlagen hat. Und sicher gibt es viele, die mich besorgt fragen werden, ob ich glaube, daß man die neue Liturgie Papst Pauls VI. nicht auch würdig und ehrfürchtig vollziehen könne. Selbstverständlich ist das möglich, aber gerade diese Möglichkeit ist das wichtigste Argument gegen diese neue Liturgie. Man hat gesagt, daß die Monarchie tot sei, wenn es zu ihrem Überleben eines fähigen Monarchen bedürfe, denn der Monarch im alten Sinne legitimiert sich nicht durch sein Talent, sondern durch seine Geburt. Viel besser läßt sich dieser Satz auf die Liturgie anwenden: Sie ist tot, wenn es zu ihrem Vollzug eines frommen und guten Priesters bedarf. Niemals darf es möglich sein, daß die Gläubigen die Liturgie als Leistung des Priesters betrachten. Sie ist nicht das Ergebnis einer glücklichen Stunde, persönlichen Charismas, niemandem kommen Verdienste für sie zu. In ihr wird die Zeit aufgehoben – die Zeit in der Liturgie ist eine andere als die, die außerhalb der Kirchenmauern abläuft. Es ist die Zeit Golgathas, die Zeit des einzigen und einmaligen Opfers – „hapax“ – und diese Zeit enthält alle Zeiten und keine. Wie kann man einem Menschen sichtbar machen, daß er die Gegenwart verläßt, wenn der Raum, den er betritt, aus lauter, höchst individueller Gegenwart besteht? Wie klug war die alte Liturgie, als sie sich entschloß, der Gemeinde das Gesicht des Priesters zu entziehen – seine Zerstreutheit und Kälte, oder, wichtiger noch, seine Andacht und Ergriffenheit.

Ich sehe die zarte Ironie auf den Lippen fortschrittlicher Seelsorger vor mir, die mich fragen, ob mir die historische Gewordenheit der Liturgie denn völlig verborgen geblieben sei. Ob ich denn allen Ernstes glaube, die Heilige Messe sei in der Gestalt des Missale von 1962 vom Himmel gefallen? Ob man denn mit Blick auf die Kirchengeschichte wirklich sagen könne, daß durch die Antastung einer Liturgie, die doch aus lauter Antastungen zusammengesetzt sei, ein Sakrileg geschehe?

Ich habe zu Beginn gesagt, daß alle Anhänger der alten Liturgie nolens volens zu Liturgiewissenschaftlern werden mußten, um die Angriffe auf die Liturgie im Zeichen der Wissenschaftlichkeit widerlegen zu können. Und sie sind widerlegt worden, sie sind als wissenschaftlich unhaltbar entlarvt worden – ich möchte hier nur den Namen von Klaus Gamber nennen, der für alle stehen soll, die das Gespinst aus falscher Archäologie und listig beigemischter Ideologie aufgelöst und entwirrt haben. Wir wissen, daß und welche Elemente des jüdischen Synagogengottesdienstes in die Heilige Messe eingegangen sind, wir kennen die Teile, die dem byzantinischen Hofzeremoniell entstammen, Mönchsbrauch und fränkische Königsliturgie sind, gotisch-scholastische Einflüsse verraten und schließlich der devotio moderna den Eintritt in das Opferzeremoniell verdanken. Die Heilige Messe, wie sie uns in der letzten vorkonziliären Form vorliegt, ist kein klassizistisches Pantheon, um es architektonisch zu sagen, sie ist, mit dem kalten Blick des Liturgiewissenschaftlers betrachtet, keineswegs ein makelloses logisches Gebäude nach dem Goldenen Schnitt, dessen Detailmaße kunstvoll und überall auf die Gesamtproportionen bezogen werden können. Viel besser kann man sie mit einer unserer alten Kirchen vergleichen: mit tief in der Erde steckenden romanischen Fundamenten, einem gotischen Hochchor, einem barocken Altarbild und mit Kirchenfenstern im Nazarenerstil. Man braucht nicht den verletzenden Blick des Reformers auf die Heilige Messe zu richten, um Unstimmigkeiten und Sonderbarkeiten in ihrem Ablauf zu entdecken. Natürlich ist jedem klar, daß es nicht so gedacht war, daß der Priester nach der Altarinzens des Beginns leise einen Psalmvers spricht, der eigentlich nur die Antiphon zu dem ganzen Psalm ist, der einstmals den Einzug begleitete. Natürlich merkt jeder, daß es wohl nicht immer so war, daß auf das „Dominus vobiscum" und das „Oremus" vor dem Offertorium keineswegs die zu erwartende Oration folgt, sondern wiederum ein „zweckentfremdeter" Antiphonvers, der einen Psalm eröffnen sollte, der nicht mehr gesungen wird. Es mag auch als seltsam empfunden werden, daß die Gläubigen zuerst ausgesandt werden – „Ite missa est" heißt nebenbei nicht: Geht, ihr seid entlassen, sondern: Geht, es ist Aussendung, Euer Apostolat in der

Welt beginnt, – und dann nicht nur dableiben müssen, um den Segen abzuwarten, sondern auch um in Gestalt der Verlesung des Anfangs des Johannes-Evangeliums ein zweites Mal gesegnet zu werden. Und wirkliche Kenner der Materie mögen da noch mehr zu erinnern finden.

Aber selbst wenn man sagen muß, daß die Heilige Messe in ihren Texten und Abläufen schon sehr lange im wesentlichen dieselbe Gestalt hat, so war ihr Aussehen doch in jedem Jahrhundert ein anderes, dazu muß man sich nur die Kirchenbauten der verschiedenen Epochen ansehen. Die Heilige Messe in Alt-St.Peter in Rom zur Zeit des Kaisers Konstantin in der dicht mit Schleiern verhängten Basilika schwankte in der Atmosphäre gewiß zwischen mystischem Geheimkult und senatorisch-patrizischem Staatsakt. Eine gotische Kathedrale, in der zum Wohl der armen Seelen vierzig Messen an sämtlichen Altären auf einmal gehalten wurden, besaß einen anderen Geist als die barocken Bühnenhäuser, in denen das Opfer zu pompöser Orchestermusik dargebracht wurde. Und der rationalistische Purismus der französischen Benediktinerklöster, die den alten Ritus heute feiern, wäre in keinem anderen Jahrhundert als dem unsern vorstellbar. Was will ich damit sagen? Selbstverständlich ändert sich der Ritus andauernd auf seinem Weg durch die Jahrtausende! Er tut es, ohne daß irgendeiner davon etwas merkt, und ohne daß Willkür im Spiel zu sein braucht. Wir sind als geschichtliche Wesen alle dem Geist der Epoche unterworfen, der wir angehören, wir müssen mit ihren Augen sehen, mit ihren Ohren hören und nach dem Gesetz ihrer Mentalität denken. Änderungen in einem uralten Vollzug, die durch die modellierende Hand der Geschichte geschehen sind, haben keinen Autor, sie bleiben anonym und sie sind, das ist das wichtigste, ihren Zeitgenossen unsichtbar, sie treten erst nach Generationen ins Bewußtsein. Solche Änderungen und allmähliche Verwandlungen sind niemals „Reformen“, denn es steckt nicht die Absicht hinter ihnen, etwas besser zu machen. Es hat zu den kostbarsten Weisheitsschätzen der Kirche gehört, daß sie imstande war, von hoher Warte auf diesen Geschichtsprozeß wie auf einen breiten Strom herabzublicken, indem sie das Unvermeidliche dieser Kraft erkannte und nur hier und dort behutsam Dämme errichtete oder Seitenarme in das Hauptbett zurückleitete. Weil die Heilige Messe keinen Autor hatte, weil man von fast keinem ihrer Teile genau hätte sagen können, wann es entstanden und wann es endgültig und überall seinen Platz in der Messe gefunden hatte, durfte jeder glauben, und konnte jeder fühlen, daß sie etwas Ewiges und nicht von Menschenhand Gemachtes war.

Eben diese Empfindung ist aber die entscheidende Voraussetzung, um die Heilige Messe richtig feiern zu können. Kein religiöser Mensch kann einen Kultus in einer Veranstaltung erblicken, die sich aus Kommentaren zur Kirchengeschichte und reformierter Pastoraltheologie zusammensetzt. Der Kultus will mit Sicherheit für alle Teilnehmer zwischen Himmel und Erde Fakten setzen; er wird zur Gefühlsunmöglichkeit, anthropologisch gesehen, wenn er nicht beanspruchen kann, objektiv, ungeschaffen, selbstverständlich zu sein. Als Teilnehmer der Heiligen Messe will ich gerade nicht tätig sein, denn ich habe allen Grund, mir und meinen geistigen und sinnlichen Antrieben zu mißtrauen. Was war denn die tätige Teilnahme der Apostel am Abendmahl? Sie ließen die erstaunlichen Ereignisse über sich ergehen, und wurden, als Petrus sich sträubte, sogar zu dieser Passivität noch eigens angehalten: „Wenn ich dich nicht wasche, dann hast du keinen Teil an mir!“ Ich will in der Heiligen Messe das Glück eines Mannes aus dem Neuen Testament finden, der am Wegrand sitzt und Christus vorübergehen sieht. Denn darum geht es ja in der Heiligen Messe, deshalb wird ja das Meßopfer mit dem Mahl der Juden beim Exodus in Beziehung gesetzt – „denn es ist Phase – Vorübergang des Herrn."

Das Gewachsensein des alten Ritus ist das Zeichen, der bildliche Ausdruck für seine göttliche Stiftung. Wie von Jesus können wir von ihm „gezeugt, nicht geschaffen" sagen. Am behutsamen Umgang aller Päpste vor Papst Paul VI. mit der Messe spüren wir, daß die Kirche dies Ikonenhafte der Heiligen Messe wünschte und diesen Eindruck fördern wollte. Und deshalb müssen wir, wenn wir die Heilige Messe feiern, versuchen, alles, was wir aus der Kirchengeschichte über sie wissen, wieder zu vergessen. Ihr Kern ist die Offenbarung Christi, und deshalb will der religiöse Mensch die Messe im Ganzen als Offenbarung behandeln.

Um Zeremonien und Rituale wirklich zu religiöser Bedeutung zu erheben und damit ihrer religiösen Funktion erst eigentlich zuzuführen, hat es keinen Sinn, nach der historischen Bedeutung der einzelnen Vorschriften zu fragen. Die historischen Gründe für Handlungen der Liturgie liegen oft in irgendwelchen praktischen Notwendigkeiten, in speziellen architektonischen Gegebenheiten irgendeiner römischen Kirche, in Gewohnheiten der Agrargesellschaft oder gewissen lokalen, durchaus profanen Bräuchen. Das ist alles hochinteressant und es ist wunderschön, wie stark das Schatzhaus der Liturgie uns mit der Vergangenheit verbindet, mit dem Riesenheer der Toten, die vor uns Christen waren und ohne die wir keine Christen geworden wären – aber religiös ist das ohne Wert.

So wie aus edlen Metallen die vasa sacra hergestellt werden und aus Profanem etwas Sakrales wird, so sind auch die Zufälligkeiten und Spezialfälle der Geschichte in der Liturgie zu etwas Heiligem geworden, und das Heilige muß immer anders betrachtet werden und anderen Maßstäben genügen als das Profane. Die chassidischen Juden, diese Zeugen der letzten mystischen Bewegung Europas, haben die Überzeugung ausgesprochen, jedes Wort in ihren heiligen Büchern sei ein Engel. So möchte ich die Rubriken des Missale betrachten lernen: jede Vorschrift des Meßbuchs als einen Engel sehen. Eine liturgische Handlung, deren Engel ich erkannt habe, wird nie wieder in Gefahr sein, mir als unbeseelt, formalistisch, bloß historisch, durch die Zeiten bis hin zur völligen Sinnlosigkeit mitgeschleppt, zu erscheinen. Diese Sicht bewahrt uns auch vor der letztlich ungeistlichen juristisch-scholastischen Betrachtungsweise, die mit den Kategorien der „Gültigkeit" und mit der Formulierung von „Minimalerfordernissen" die Geheimnisse der Liturgie glaubt bewerten zu können. Es geht nicht an, es ist vom Standpunkt des religiösen Menschen gesehen sogar absurd, eine Heilige Messe wie einen notariellen Kaufvertrag zu betrachten, zu dessen Zustandekommen die verschiedensten Voraussetzungen erforderlich sind. Erforderlich ist, daß ein Priester die Wandlungsworte spricht; auch die neue Liturgie ist so gesehen nicht erforderlich. Wie sehr mißachtet eine solche Betrachtungsweise aber das Wesen des Sakraments! Die Sakramente der Kirche sind fortgesetzte Akte der Menschwerdung, der Unterordnung Gottes in die reiche Formenwelt seiner eigenen Geschöpfe. Gott wurde Mensch nicht nur mit Herz und Seele, sondern auch mit Fingernägeln und Barthaaren. So komplex, so staunenswert wie dies gottmenschliche Wesen will zeichenhaft auch die Liturgie sein, die dies Geheimnis darstellt. Und so wie die Sünderin die Füße dieses Gottmenschen wusch und der Apostel Thomas seine Wunden betastete, so fragt der religiöse Mensch bei der Betrachtung des Leibes der Liturgie nicht danach, ob er alles richtig versteht, ob er gar mit Unnötigem, Veränderbarem, Verzichtbarem konfrontiert wird, sondern er möchte diesen Leib auch in seinen geringen und marginalen Teilen verehren und lieben.

Wir lächeln oft über die Erklärungen, die das Mittelalter liebte, wenn es darum ging, irgendeinen profanen

Sachverhalt geistlich auszudeuten. Ein Kirchenschiff etwa war nicht ganz gerade an den Hochchor angesetzt worden. Darauf sagte man, die ganze Kirche stelle den Gekreuzigten dar, und das schiefe Hochchor sei der auf die Schulter gesunkene Kopf. Ich finde diese Art der Deutung vorbildlich. Sie stellt den sichersten Weg dar, einen Ritus ganz mit Gebet zu erfüllen und Form und Inhalt eins werden zu lassen. Lange bevor viele der geistlichen Gewandstücke abgeschafft wurden, war die Pflicht entfallen, beim Anlegen eines jeden Gewandstücks ein den Sinn dieses Teils ausdeutendes Gebet zu sprechen. Dieser Vorgang kommt mir beispielhaft vor – wenn die Kasel nicht mehr das „süße Joch Christi" ist, dann ist sie nur eine mehr oder weniger geschmackvolle Textilie; nichts spricht dagegen, sie wegzulassen.

Ich möchte diese meditative religiöse Sinnerfüllung an Hand von zwei liturgischen Beispielen erproben, die auch in den Kreisen der Tradition nur eine untergeordnete, oder überhaupt keine Rolle spielen. Das eine ist die Wandlungskerze, die auch im Missale von 1962 noch vorgeschrieben ist. Ich habe sie noch niemals irgendwo gesehen. Das Missale schreibt vor, daß vor der Wandlung noch eine weitere Kerze auf den Altar neben den Tabernakel gestellt wird, die erst nach der Kommunion, wenn der Tabernakel geschlossen wird, wieder gelöscht werden soll. Diese Kerze stört die Symmetrie – ist es nicht eigentlich ganz einfach, in ihr den zu den Emmausjüngern oder in den Kreis der Apostel hinzutretenden Christus zu erkennen, der sich nach einer Weile den Blicken wieder entzieht? Wenn man die Wandlungskerze einmal so gesehen hat, dann kann man nicht anders, als ihre Abwesenheit zu bedauern. Oder die Bugia, der Kerzenleuchter, der dem Bischof während der Lesungen gehalten werden soll und der natürlich bei einem morgendlichen Hochamt gar nichts heller zu machen vermag – was hindert uns, ihn als Mahnung zu verstehen, daß man die heiligen Schriften nur im Licht des Glaubens lesen darf?

Die große ikonoklastische Krise der Liturgie gewährt aber auch Chancen. Wo ein Trümmerfeld geschaffen worden ist, da ist ja im Grunde nichts mehr zu bewahren, da geht es ja um einen Neuaufbau. Es muß erlaubt sein, über den Zustand, in dem sich die Gebäude vor ihrer Zerstörung befunden haben, nachzudenken, bevor man sie wieder errichtet. Lassen Sie mich Ihnen offen bekennen, daß ich nach der Form der Heiligen Messe, wie ich sie als Kind in den fünfziger Jahren in Frankfurt am Main erlebt habe, kein Heimweh habe. Ich möchte diese Bemerkung etwas genauer erklären und werde dabei auch immer wieder auf die Form zu sprechen kommen, in der die Heilige Messe heute vielfach in Deutschland in den Kreisen der traditionstreuen Katholiken gefeiert wird.

Ich habe die Heilige Messe als – allerdings besonders begriffsstutziges und lernunwilliges – Kind niemals verstanden, und das lag wohl daran, daß die gesamte Liturgie in der Ferne als stummes Schauspiel vorüberzog, während in der Nähe ein unablässig sprechender Vorbeter die Aufmerksamkeit von den heiligen Handlungen ablenkte, indem er Gebete, Betrachtungen, Erläuterungen vortrug, die häufig weit davon entfernt waren, bloße Übersetzungen des am Altar Lateinisch Gesprochenen zu sein. Ich erinnere mich besonders an lyrische Präfationen ad usum delphini, eine sprach von den Blümlein, Fischlein und Vöglein, die Gott lobten, an den eisernen Brauch, mit der Gemeinde auf deutsch das „kleine“ Glaubensbekenntnis zu sprechen, während der Priester lateinisch das „große“ betete, an gedämpfte Kommentare während der Wandlung, die an die sotto voce gesprochenen Reportagen der Radiosendungen über den Segen „Urbi et orbi“ erinnerten, kurzum an den aufrichtigen und sorgenvollen Eifer der mit diesen Aufgaben Betrauten, in mir die gehörige Ergriffenheit zu erzeugen. Das war das Bild einer Kirche, die ganz offensichtlich der Wirkung ihrer Riten nicht mehr traute. Ja, es ist richtig: Die Priester müssen die Laien belehren, anleiten, einweihen, zum rechten Gebet führen und dazu anhalten. Aber ich weiß, daß ich damals fühlte, wie sich vor allem während der heiligen Zeremonien das Gewicht verschob: nicht mehr der objektive Gottes-Dienst, das zugleich Gott geschuldete und von Gott geschenkte Opfer stand im Mittelpunkt, sondern ein in wachsendem Maße ängstlicher Blick auf die Gemeinde. Der Triumphalismus, der der vorkonziliären Kirche so gern zum Vorwurf gemacht wird, hatte längst etwas Überredendes bekommen. Ich erinnere mich deutlich auch des wachsenden schlechten Gewissens, das mich beim Aussprechen von Gebetsformeln befiel, die von enthusiastischer Jesusliebe und schrankenloser Hingabe hätten getragen sein müssen, wenn sie nicht einfach gelogen sein sollten.

Diese nicht auf den Dienst an Gott, sondern auf die Durchknetung und Zurichtung der gläubigen Seelen konzentrierte Seelsorge fand ihren liturgischen, oder vielleicht besser antiliturgischen Höhepunkt in den Kirchenliedern, die die Feier der Heiligen Messe völlig beherrschten. Ich kann nicht über die Liturgie sprechen, ohne die Frage des Kirchenliedes zu berühren; ich bin mir bewußt, daß in der Betrachtung dieser Frage in den Kreisen der katholischen Tradition keine Einigkeit besteht, und ich bitte jeden, der mir nicht zustimmt, mir meine Argumentation, die Meinung eines unmaßgeblichen Laien, nicht zu verübeln. Ich bin tatsächlich der festen Überzeugung, daß den Kirchenliedern für den Niedergang der Liturgie eine vielleicht ursächliche Rolle zukommt. Man erinnere sich, wie es zur Blüte der Kirchenlieder kam: Luthers Reformation war eine singende Bewegung, das Kirchenlied drückte das reformatorische Glaubensgut aus, die Lieder ersetzten die Liturgie und waren dazu bestimmt, sie zu ersetzen, sie waren von dem Kampfgeist dieser unseligen Zeit erfüllt und sollten die Seelen im Parteienstreit stärken. Eine eingängie Melodie aus voller Brust zusammen zu singen schaffte Gemeinschaftsgefühl – das wissen die Soldaten, die Vereine, die Politiker. Die katholische Gegenreformation fühlte die demagogische Kraft der Lieder. Die Leute sangen so gern; die heilsame Beeinflussung der Empfindungen gelang vermittels einschmeichelnder Melodien in strophischer Wiederholung so leicht. Allerdings gab es in der Meßliturgie eigentlich keinen Platz für ein Lied. Die Liturgie ist lückenlos; sie ist selbst ein einziger großer Gesang; wo sie Schweigen oder Flüstern vorschreibt, das Geheimnis also mit einem gleichsam akustischen Velum bedeckt, ist erst Recht kein Raum für ein Lied. Zum Lied gehört, daß es Anfang und Ende hat, es ist eingebettet in das Sprechen. Der Liturge der Heiligen Messe spricht aber eigentlich gar nicht, sein Sprechen ist Singen, weil er den „neuen Menschen" angezogen hat, weil er im heiligen Raum der Liturgie ein Gefährte der Engel ist. Das Singen in der Liturgie ist die Erhöhung und Verklärung der Sprache und ist also ein Zeichen für die Verklärung des Leibes, die die Auferstandenen erwartet. Die Nummernästhetik des Liedes – Lied 1, Lied 2, Lied 3 – ist dieser liturgischen Welt unvereinbar fremd. In den von Liedern bestimmten Gottesdiensten tritt der Gläubige beständig in neue ästhetische Welten ein. Er wechselt die verschiedensten Stile, er beschäftigt sich mit überaus subjektiven Dichtungen höchst unterschiedlichen Niveaus. Er wird gerührt und ergriffen – aber nicht von der Sache selbst, der Liturgie, sondern von dem gefühlvoll dazu vorgetragenen Kommentar. Demgegenüber ist das Band, das der gregorianische Choral zwischen liturgischer Handlung und Gesang webt, so eng, daß sich Form und Inhalt nicht mehr lösen lassen. Die das Schreiten begleitenden Prozessionsgesänge des Introitus, des Graduale, des Offertoriums und der Communio, die Responsorien des Ordinariums, die das Priester- und das Laiengebet ineinanderflechten und der rezitierende Gesangston der Lesungen und Orationen schaffen eine Stufenleiter des liturgischen Ausdrucks, auf der die Bewegungen, die Handlungen und die Inhalte der Gebete zu einer vollendeten Übereinstimmung geführt werden. Und das ist eine der katholischen Liturgie allein wesensgemäße Sprache, denn diese Liturgie ist in erster Linie nicht Andacht, Meditation, Betrachtung, Belehrung, sondern positives Handeln. Ihre Formeln bewirken eine Tat. Die geschlossene Formgestalt der Liturgie hat die Vergegenwärtigung des persönlichen und leibhaftigen Handelns Jesu Christi zum Gegenstand. Ihr Beten ist Vorbereitung des Opferns, nicht Erläuterung und Einstimmung der Gemeinde. Für den Protestantismus waren die Kirchenlieder konsequente Folge des Abschieds vom Meßopfer. Sie waren überaus geeignete Fortsetzungen der Predigt. Die versammelte singende Gemeinde fand aus den einsamen Zweifeln des Alltags zur kollektiven Sicherheit des Sonntags zurück. Einer Sicherheit, wohlgemerkt, die aus der sich gegenseitig versicherten Glaubensgewißheit stammte, nicht aus der Zeugenschaft der objektiven göttlichen Opfertat.

Es hat keinen Sinn, die Entscheidung der Jesuiten in der Gegenreformation zu beklagen, die Lieder, die den Erfolg des Protestantismus derart beflügelt hatten, nun auch für den Katholizismus nutzbar zu machen. Der Druck des Protestantismus war ungeheuer. Dem Protestantismus schien die Zukunft zu gehören. Man verteidigte die Liturgie, aber man glaubte offenbar nicht mehr so recht, daß sie die Herzen der Gläubigen wirklich erreichte. Man tastete die Liturgie nicht an, aber man ließ sie verstummen. Sie wurde eingepackt in eine die Grenzen des Phantastischen überschreitende Architektur, in die modernste Orchestermusik, virtuose Konzert-“Messen“, bei denen der Kenner voll Bewunderung den Sopran-Koloraturen des „Agnus Dei“ lauscht, und viele für das Volk entwickelte Andachts- und Gebetsformen, die die Liturgie hinter einem Vorhang glanzvoller oder naiver Rhetorik, je nachdem, verschwinden ließ. Und dann kamen eben auch die Lieder. Weil sie nicht genuin katholisch waren, weil sie dem Geist der Liturgie fremd waren und nicht einem spirituellen Bedürfnis, sondern einer taktischen Überlegung entsprungen waren, besaßen sie auch nicht die zum Teil doch eindrucksvolle künstlerische Kraft ihrer protestantischen Vorbilder. Aber dafür waren sie präsent: die akustische Wucht hunderter singender Menschen legte sich über die Liturgie und verwischte, was am Altar geschah. Es entstand die berüchtigte und vielfältig beklagte Zweigleisigkeit der Liturgie. Dass hier etwas geschehen mußte, war klar. Aber nicht die Liturgie, die Lieder blieben Sieger, wie wir wissen. Grob gesagt: die Liturgie verschwand und dafür blickt nun die Gemeinde dem in wallende Gewänder gekleideten Vorsteher in den zu fröhlichem Gesang geöffneten Mund.

Ich spreche ganz aus meiner persönlichen Erfahrung, und ich möchte hier noch ein Beispiel nennen, an dem mir der Unterschied zwischen Lied und gregorianischem Choral besonders deutlich geworden ist. Ich möchte von einem besonders schönen Lied sprechen, das sich dazu noch ausnahmsweise in die Liturgie einigermaßen gut einfügt. Ich meine das „Te deum" in seiner deutschen Fassung, „Großer Gott, wir loben Dich!" Das deutsche Lied tritt hier, nachdem der Priester „Te deum laudamus" gregorianisch gesungen hat, einfach an die Stelle des eigentlichen, lateinischen Hymnus, es verdrängt also nicht und deckt nichts zu. Als Kind war „Großer Gott, wir loben Dich" mein Lieblingslied. Schauder vor Ergriffenheit überliefen mich. Ich sang aus vollem Halse, und ich nahm wahr, daß alle, die mich umgaben, gleichfalls aus vollem Halse sangen. Es war ein Bad in einer nicht zu steigernden Erregung; in diesem Augenblick, während die Glocken läuteten und es nur darauf anzukommen schien, die Gewölbe der Kirche mit heiligem Lärm wie einst die Mauern von Jericho zum Einsturz zu bringen, glaubte jeder, war jeder kampfentschlossen und bereit, sich der Religion ganz hinzugeben. Dann hörten die Glöckchen der Ministranten auf zu klingeln, die nächsten Strophen waren nicht mehr allgemein bekannt, der Gesang war noch stark, verlor aber seine tosende Wucht, als man aus der Kirche drängte, hatte man sich allgemein wieder gefangen. An die Stelle der Begeisterung trat die Zufriedenheit, bei besonders innigen Sängern mit leiser Verlegenheit gemischt.

Wie verwundert war ich, als ich das erste Mal ein lateinisches Te deum hörte. Ein langer, schwebender Gesang, ein federleichtes Fragen und Antworten, eine Mischung aus Psalm und Litanei und Glaubensbekenntnis, Uraltes und erlösend Neues geradezu spielerisch miteinander verbindend. Die Legende, der Heilige Augustinus und der Heilige Ambrosius hätten diesen Hymnus am Altar improvisierend einer dem anderen antwortend geschaffen, erklärte sich beim Anhören von selbst: nur so, in höchster Inspiration, in, um einen Hölderlinschen Ausdruck zu gebrauchen, „Heiliger Nüchternheit“, in der Geistesgegenwart, die ein kompliziertes Spiel verlangt, konnte dieser Hymnus entstanden sein. Unmöglich, diesen Hymnus mit geschwellter Brust gleichsam auszustoßen. Er appelliert nicht an Kollektive, er setzt keine Emotionen frei. Das lateinische Te deum nimmt den Hörer und den Mitsänger sanft an der Hand und führt ihn auf einen hohen Berg, und dort eröffnet sich ein unbegrenzter Ausblick. Das Herz des lateinischen Te deum, auch wenn alle Glocken dazu geläutet werden, ist die Stille.

Ich möchte noch eine Stelle dieses Hymnus erwähnen, die bei der Übertragung in deutsche Strophen untergehen mußte, die für den Geist des Ganzen aber bezeichnend ist. Mitten im großen Lobpreis heißt es: „Dignare, Domine, die isto sine peccato nos custodire – wolle uns, Herr, diesen Tag ohne Sünde bewahren.“ Eine derart vorsichtige, maßvolle, von Skepsis gegen die menschliche Natur getragene Bitte könnte man niemals zu der Gewißheit forcierenden Melodie von „Großer Gott, wir loben Dich“ singen. Ihr fehlt jeder Überschwang, und doch liegt ihr eine geistliche Vorstellung zugrunde, deren Anspruch die Wirkung der Posaunen von Jericho weit übersteigt: ein Tag, an dem man Gott mit den Worten des Te deum gelobt hat und dabei ohne Sünde war – war das nicht ein Tag im Paradies?

Wenn ich hier mit aller Kraft für den Gregorianischen Choral in der Heiligen Messe werben möchte, dann weiß ich, daß ich für eine alte und älteste Tradition werbe, die schon vor dem Konzil an vielen Orten verdrängt war, die ich als Kind überhaupt nicht mehr erlebt habe und die vielen Menschen, die die vorkonziliare Kirche noch in ihrer ganzen Pracht erlebt haben, nicht das wichtigste Bedürfnis ist. Die Kirchenlieder haben auch eine geistige Heimat geschaffen. Es wäre gedankenlos, den Verfall und die Zerstörung der Tradition zu beklagen und aus dieser Klage die Traditionen auszunehmen, die einem nicht passen. Die Heiligkeit der Tradition besteht eben nicht in erster Linie in ihrer Zweckmäßigkeit und Brauchbarkeit, sondern in ihrer Dauer. Gebetsformen, die hundert, zweihundert, dreihundert Jahre lang zu wirklichen Gebetshäusern geworden sind, in die die Gläubigen mühelos eintreten konnten, müssen den Schutz erhalten, der jedem gottgeweihten und aus dem Profanen ausgesonderten Gegenstand zukommt. Die Rücksichtslosigkeit, mit der man einst Verehrtes, das nun nicht mehr verehrt werden soll, profaniert, ausrangiert, abschafft, wegwirft, einschmilzt und verhökert, ist vulgär. Den zahlreichen Zerstörungswellen, die in der Geschichte unseres Landes über unsere Heiligtümer hinweggebrandet sind, der Reformation, der Säkularisation mit ihrer hunderttausendfachen Profanierung, ist die jüngste, in ihrer Zerstörungskraft durchaus ihren Vorgängern ebenbürtige gefolgt: man müßte einmal Listen aufstellen, wieviele Altäre seit dem Konzil in Deutschland zerschlagen worden sind. Unsere aufwendig restaurierten, nach der jeweils letzten Mode der Innenarchitektur teuer hergerichteten Kirchen gleichen oft sorgfältig präparierten Skeletten, die auf eine museale Zukunft vorzüglich vorbereitet sind. Niemand, der an die Kraft des Segens und des Gebets wirklich glaubt, würde es wagen, das durch den Gebetsbrauch Geheiligte, von vielen Gnaden gleichsam elektrisch Aufgeladene zu verachten und zu vernichten. Ich möchte mich zu der Behauptung versteigen, daß eine falsche Reliquie, zu der viele Generationen in ihrer Not vertraut haben und durch sie ihre Gedanken Gott zugewandt haben, den gleichen Wert besitzt wie eine echte.

Was heißt das für die Kirchenlieder? Das heißt, daß ich auch in der klaren Erkenntnis, daß es sich bei den Kirchenliedern um eine unglückliche, dem Geist der Liturgie nicht entsprechende Tradition handelt, immer dafür plädieren würde, diese Tradition nicht anzutasten, solange ich befürchten müßte, damit ein tief in der Seele der Gläubigen verankertes geistiges Gut zu beschädigen. Das ist ja gerade die schlimme Lektion der letzten fünfundzwanzig Jahre: wir haben gesehen, daß der, der die altvertrauten, die durch zahllosen Gebrauch geheiligten Gebetsformen stört, damit den Weg zu Gott abschneidet.

Überlieferte Bräuche haben Anspruch auf Ehrfurcht, solange sie bestehen. Was aber, wenn die lückenlose Fortdauer unterbrochen worden ist? Ich habe zu Beginn gesagt, was es für eine Tradition bedeutet, wenn sie unterbrochen, in Frage gestellt, wird, wenn sie ihre Selbstverständlichkeit verliert. Und daß die Tradition der eintausendfünfhundertjährigen römischen Liturgie unterbrochen, unwiderruflich unterbrochen worden ist, das müssen wir uns in aller Härte eingestehen. Wir haben mit sprachlosem Entsetzen gesehen, daß die oberste katholische Autorität die ganze Macht, die ihrem Amt in Jahrtausenden zugewachsen ist, dazu verwandt hat, die Gestalt der Kirche, die Liturgie, auszulöschen und etwas anderes an ihre Stelle zu setzen. Bis auf den heutigen Tag arbeitet ein großer intelligenter und effizienter Apparat unablässig daran, die damals gefaßten Beschlüsse noch in das hinterste Andendorf und die letzte chinesische Katakombenkapelle zu tragen. Ein deutscher Bischof schilderte jüngst in der Zeitung die Not der bulgarischen Katholiken, die gewiß tausend Prüfungen ausgesetzt sind – aber der wichtigste Mißstand war doch, daß dort noch alte Meßbücher in Umlauf sind. Ein hoher Funktionär des Jesuitenordens erzählte mir von einer Reise nach Schweden, die er mit einem Ordensbruder unternommen hatte. Selbstverständlich seien sie in den protestantischen Gottesdienst und dort auch zum Abendmahl gegangen, und erst als sie beim Abendmahl die Handkommunion als einzige verlangt hätten, sei allen klar gewesen, daß sie Katholiken waren. So deutlich ist das Erscheinungsbild des Katholiken bereits verändert. Wer am klassischen römischen Ritus festhält, wer trotz der erdrückenden Tatsachen an der Verehrung und am Schutz des heiligen Raums festhalten will, der muß wissen, daß er das ohne die mindeste Berechtigung zur Hoffnung, sei sie politisch, historisch oder soziologisch begründet, tun muß. Wer dem eintausendfünfhundertjährigen Meß- und Opferritus treu bleibt, schwebt im luftleeren Raum. Dieser Ritus ist von der Hierarchie, die zu seinem Schutz erschaffen worden ist, verlassen. Den Priestern, die in Treue zur Liturgie den Ungehorsam wagen, drohen Bannflüche; die gehorsamen Priester, die dennoch nicht von diesem Ritus lassen wollen, werden von der zölibatären Bürokratie, ein Ausdruck Carl Schmitts, genußvoll zermahlen. Es ist zutiefst unvernünftig, seinen Seelenfrieden für den Kampf um die

Liturgie aufs Spiel zu setzen. Aber wer es dennoch tut, der kann es ja dann auch richtig tun – nicht für ein Kirchenlied aus dem Jahre 1820, sondern für das archaisch-junge Kleid, das die heiligen Geheimnisse wie eine Haut umschließt. Bewahrung der Liturgie ist, so scheint es mir, Wiederherstellung der Liturgie.

Es gibt noch andere Momente, in denen die Feier der Heiligen Messe, wie sie in den Orten der Tradition üblich ist, vom eigentlichen Geist der Liturgie abweicht, wenn ich ihn denn recht verstanden haben sollte. Das Hauptübel, ich habe es schon bei den Liedern erwähnt, ist die Zweigleisigkeit: mehrere kultische Handlungen oder Gesänge, die nicht zueinander gehören, aber zur gleichen Zeit dargebracht werden. Auch dort, wo nicht ein Eingangslied, sondern von der Schola der Introitus-Antiphon gesungen wird, singt man ihn nicht zur Prozession der Zelebranten oder dann, wenn der Priester diesen Antiphon im Meßbuch liest, sondern während des Psalms Judica und des Confiteor. Der Text des Psalms Judica ist aber so bedeutend, er trifft so gut die seelische Verfassung des aus der Welt den heiligen Raum Betretenden – quare es tristis, anima mea et quare conturbas me? – Was bedrückt dich, meine Seele, und warum verwirrst du mich? – , daß man ihn mitlesen können sollte. Die Gemeinde sollte auch Gelegenheit haben, für das Seelenheil des Priesters im Confiteor zu beten, nachdem sie seine Beichte entgegengenommen hat. Der Psalm Judica und das Confiteor sind durch gleichzeitigen Gesang im Erlebnis der Gemeinde so lange zu einem schnörkelhaften Gemurmel herabgedrückt worden, daß es niemanden besonders erregte, diese Gebete einfach zu streichen. Natürlich ist das der falsche Weg: einem an den Rand gedrückten Gebet wird man nicht dadurch gerechter, daß man es unter den Tisch fallen läßt oder daß man es weiterhin am Rand beläßt, sondern daß man es wieder in den Mittelpunkt rückt.

Das gleiche gilt für das Schlußevangelium. Der Priester liest es in den meisten Heiligen Messen im Sinne der Tradition schweigend, er macht seine Kniebeuge beim „Et verbum caro factum est", wie eine private, eigentümlich nachgeholte Andachtsübung, während die Gemeinde mit ganz anderen Inhalten singend beschäftigt ist. Dabei ist das Schlußevangelium ein weiterer Segen mit dem Wort, ein Sakramentale, das der Gemeinde gilt. Und was faßt die katholische Lehre von der Heiligen Messe besser zusammen als ebens diese mit der Kniebeuge geehrten Schlußworte? Bei der Elevation der Hostie haben die Gläubigen die Fleischwerdung des Wortes erlebt, sie haben seine Herrlichkeit gesehen, zugleich geopfert und verklärt, schutzlos und heilig. Wer die Notwendigkeit empfindet, an diesem monumentalen Text festzuhalten, darf ihn nicht als ein hastig weggemurmeltes Anhängsel behandeln. Es gilt auch hier wieder: nur ein ruhiges, konzentriertes In-den-Mittelpunkt-Stellen schützt davor, die Notwendigkeit des Schlußevangeliums zu verkennen.

Auch das Meßbuch von 1962 noch schreibt in seinen Rubriken vor, daß die Ministranten jeden Gegenstand, den sie dem Priester reichen, ehrfürchtig küssen, und daß sie dann die Hand des Priesters gleichfalls küssen. Ich kenne kein besseres Mittel als den ehrfürchtigen Handkuß, um die Stelle aus dem Kanon, wo von den „heiligen und verehrungswürdigen Händen" Jesu die Rede ist, kenntlich zu machen. Das geschieht genau in den Momenten, in denen der Priester immer gerade auch in Gesten verwandelt, was er ausspricht, und auf diese Weise ausdrückt, daß er nun in persona Christi handelt. In Deutschland ist auch in Kreisen der Tradition dieser Handkuß nur sehr selten zu sehen; er sei schon sehr lange nicht mehr üblich gewesen, sagt man gern zur Erklärung. Ich weiß nicht mehr, was üblich war. Seit fünfundzwanzig Jahren ist alles mögliche üblich und nicht üblich, und an die Zeit davor ist meine Erinnerung lückenhaft. Ich nehme das alte Meßbuch auf, als habe ich es an einem wüsten Strand gefunden. Ich schlage es auf und trete in seine reiche, sinnvolle Ordnung ein. Da habe ich den Maßstab. Die regionalen Bräuche sind dagegen doch samt ihren Beweggründen – ehrwürdigen und ernstzunehmenden, gewiß! – längst zu Schatten geworden.

Wenn ich in den heiligen Raum der Liturgie eintrete, dann leide ich unter jeder Unterbrechung, ich leide, um es in einem Bild zu sagen, wenn das Kleid der Liturgie zerreißt. Ein solcher Riß ist die Predigt. Lassen Sie mich noch einmal daran erinnern, was die Gläubigen erlebt haben, bevor die Predigt beginnt. Am Anfang stand die Prozession des Einzugs. Von Weihrauch und Kerzen begleitet, die die Gegenwart des Christkönigs verkünden, ist der Priester als zweiter Christus, als Christus beim Einzug in die Stadt Jerusalem, an den Altar gezogen. Dort hat er tief verneigt seine Sünden bekannt und die Hierarchien der Engel und Heiligen und die versammelte Gemeinde zur Fürbitte aufgerufen, er hat der gleichfalls bekennenden Gemeinde das Sakramentale „Indulgentiam, absolutionem“ gespendet. Er hat den Altar beräuchert, wie der Leib des toten Christus mit Spezereien versehen worden war – er hat gezeigt, daß der Altar Christus ist. Er hat den Hymnus des „Gloria“ gesungen und damit an die Gegenwart der Engel erinnert, die den anwesenden Herrn umgeben. Die Lesungen aus den heiligen Schriften wurden singend in größter Feierlichkeit vorgetragen; der sprechende Christus wurde wiederum mit einer Prozession mit Weihrauch und Kerzen geehrt. Der Gläubige ist nun schon tief in einer anderen Welt. Er hat verstanden, daß jede Willkür, jede Spontaneität verstummen muß, wenn es darum geht, das objektiv ganz andere sichtbar zu machen. Er sieht nun, daß der Liturge seine Persönlichkeit aufgegeben hat, weil er in eine viel größere Rolle eingetreten ist, ja, mehr als eine Rolle – eine objektive Verkörperung. Er sieht nur selten das Gesicht des Priesters, denn wenn sich der Priester kurz der Gemeinde zum „Dominus Vobiscum"-Gruß zuwendet, hält er den Kopf leicht zu Boden geneigt. Aber der Gekreuzigte, der den Altar überragt, blickt die Betenden an; er ist es, der handelt, während sein Leiden in authentischen Formeln der Überlieferung ins Gedächtnis der Versammelten zurückgerufen wird.

Und dann die Ruptur. Der Zelebrant tritt aus dem geformten Ablauf heraus und kehrt in seine Person zurück, er wird wieder der hochwürdige Herr Doktor XY. Zunächst beginnt er mit den Vermeldungen für die Woche – am Montag, dem Soundsovielten, Fest des Heiligen Z., Heilige Messe um 7 Uhr, nachmittags Treffen der Frauen mit Dia-Vortrag über die Oberschwäbischen Barockkirchen, Kuchenspenden erwünscht. Dann Kreuzzeichen und dann die Auslegung der Schrift, wie sie, ich weiß das wohl, schon in den Synagogen zur Zeit Jesu nach den Schriftlesungen gehalten wurde und wie sie dann auch in den ersten Gemeinden bereits an dieser Stelle stattfand. Damals sind die beiden Welten, die sakral-feierlich und die prosaische freie, offenbar noch aus einem Guß gewesen, sie fügten sich ineinander ein. Wir sehen ja, wie aus biblischer Prosa, aus theologischem Sprechen des Heiligen Paulus Gesang werden kann im gregorianischen Choral. In der Gründungszeit unseres Glaubens waren die einzelnen formalen Gattungen nicht streng geschieden, das ist das Abzeichen einer großen Stunde der Kultur. Inzwischen ist aber sehr viel Zeit vergangen. Mir geht es heute, wenn die Predigt beginnt, als verblasse die überzeitliche Welt, in die ich gerade erst eingetreten bin. Ich finde mich ernüchtert in meiner Gegenwart wieder, mit all ihren geistfernen Schwächen und Halbheiten. Die Aufgabe ist, das sei gerechterweise gesagt, ästhetisch nicht zu lösen. Welche Art Predigt verletzt die Einheit mit der Liturgie empfindlicher: die salbungsvolle oder die schnodderige, die intellektuelle oder die donnernde, die kunstvolle oder die holzschnittartige, die innige oder die nüchterne? Allgemein bekannt ist die Lehre des Bertolt Brecht vom epischen Theater, einer inzwischen zum Glück längst dahingewelkten, an ihrem eigenen Staub erstickten Kunstform. Brecht wollte aufklären; deshalb sollten seine Stücke keine Illusionen erzeugen, sondern als durchsichtige Parabeln den Zuschauer belehren. Beständig hatten die Schauspieler das Publikum darauf hinzuweisen, daß sie gar nicht seien, was sie gerade spielten. Brecht kannte sich gut aus in der alten abendländischen Kultur. Sollte er – das halte ich nicht für ausgeschlossen – bei der Entwicklung seines epischen Theaters am Ende an die Predigt in der Heiligen Messe gedacht haben? Der Effekt ist freilich der gleiche: der hierarchische Opferpriester wird wieder in den Kontext psychologischer Modernität gerückt, sein „Rollenspiel", um mich entsprechend auszudrücken, wird transparent. Ja, wenn es sich bei der Heiligen Messe um eine Theateraufführung handelte! Es ist doch genau umgekehrt: wir verlassen in Wahrheit in der Heiligen Messe unter dem Zeltdach ihrer Riten doch gerade das Reich der Täuschungen, wir treten doch gerade während der Heiligen Messe in das Reich der Wirklichkeit ein! Nicht Illusionen können uns genommen werden, wenn man den Ablauf der Heiligen Messe stört, wir werden vielmehr in die Illusion zurückgestoßen, wenn die Heilige Messe aufhört. Ich darf immerhin daran erinnern, daß die orthodoxe Kirche keinen Raum für die Predigt während der Liturgie gewährt, sie läßt die Predigt nach der Messe folgen, wenn der Priester die heiligen Gewänder abgelegt hat. Ich sehe noch das entrüstete Kopfschütteln eines russischen Freundes, den ich in eine Heilige Messe im klassischen Ritus mitgenommen hatte, als die bewußten Vermeldungen vorgetragen wurden, eine nach orthodoxem liturgischem Empfinden, gelinde gesagt, Denkunmöglichkeit. Ich bin weit davon entfernt, an dieser alten Gewohnheit, in der Heiligen Messe nach dem Evangelium zu predigen, mit Gegenvorschlägen rütteln zu wollen, aber ich meine doch, daß es wichtig ist, sich darüber klar zu sein, daß hier ein Problem liegt – ein Problem, das diesen Namen verdient, weil es dafür nicht so ohneweiteres eine Lösung gibt.

Weniger scharf als durch die Predigt wird der Fluß der Liturgie durch den Brauch unterbrochen, daß sich der Zelebrant während des von Volk und Schola gesungenen „Gloria" und „Credo" vom Altar zurückzieht und sich seitlich hinsetzt. In den Rubriken des lateinischen Meßbuchs habe ich nichts darüber finden können. Die Zweigleisigkeit der Zeremonie, ihr Stocken, wird aber in diesem Vom-Altar-Weggehen doch sehr unglücklich betont. Der Priester hat schnell und leise die entsprechenden Gebete von der großen Kanontafel abgelesen, alles Erforderliche ist nun geschehen, aber die Gemeinde ist noch nicht soweit, sie singt langsam und schleppend, und der Priester wartet, bis dies Hindernis im Voranschreiten endlich überwunden ist. Dabei ist es doch der Priester, der die Gebete der Gemeinde gleichsam auf den Altar legen muß, wie es der Erzengel Michael mit den Gebeten der Heiligen in der Geheimen Offenbarung des Johannes tut. Wenn die Gemeinde ihren Glauben bekennt und damit ihren Anspruch und ihre Berechtigung dartut, an den nun folgenden Geheimnissen überhaupt teilnehmen zu dürfen, ist es doch der Priester, der dieses Bekenntnis entgegennehmen muß, anstatt gleichsam, nach Sprechen des eigenen Gebets, abwesend zu sein. So wie wir alles „durch Christus" erbitten sollen, so geschieht liturgisches Beten immer durch den Priester, und das wird besonders schön deutlich in den Responsorien der großen Gebete. Erinnert das wechselnde Sprechen im

„Gloria“ oder „Credo“ nicht an die Art, in der ein Erwachsener, die Mutter oder der Vater, einem Kind ein Gedicht beibringt? Immer wieder wird ein kleines Stück aufgesagt und immer wieder fällt dem Kind der Rest der Zeile daraufhin wieder ein. So, wie ein Kind, würde ich gern von meinem Vater, dem Priester, durch das „Credo“ geführt werden.

Wenn ich es richtig sehe, stehen dem gemeinsamen Beten von „Gloria“ und „Credo“ auch keine wirklichen rubrizistischen Schranken entgegen. Das gibt mir die Hoffnung, daß ich mich mit meinen Anregungen noch im Bereich des Zulässigen bewege. Was ich auf jeden Fall vermeiden möchte ist alles, was an die eifrige Arbeit der zahlreichen Liturgieausschüsse erinnert. Es geht nicht darum, Liturgie zu „gestalten“, wie das heute heißt. Das Wunderbare ist, daß die Liturgie in den Rubriken und Meßtexten bereits ganz und gar gestaltet ist; wir brauchen nur einige Verhüllungen abzunehmen, um diese Gestalt in ihrer ganzen Skulptur sichtbar zu machen.

Große mystische Seelenführer haben seit der Reformation immer wieder dazu aufgefordert, den Alltag zu heiligen. Das ist ein erhabenes Ziel; im Leben der Mönche ist gewiß die beste Disposition gegeben, diesem Ziel näherzukommen. In großem Respekt vor dieser geistigen Bewegung möchte ich jedoch daran erinnern, daß diese Zielsetzung erst der zweite Schritt im religiösen Leben eines Menschen sein kann. Der erste Schritt ist, das Heilige zu sehen und heilig zu halten, im Alltag den Raum und die Zeit für das Heilige abzustecken, das Heilige vom Profanen abzusondern. In der Sprache des Dritten Gebots: Gedenke, daß du den Sabbat heiligest. Das ist das Gebot, das wir befolgen, wenn wir in der großen alten Liturgie am Auferstehungstag, dem Sonntag, das uns von Christus geschenkte Opfer feiern: als nicht alltägliches, nicht menschengewillkürtes, sondern offenbartes Wunder der Heiligkeit Gottes, als Bild der Erlösung aus der Hand der Kirche, das uns von oben gereicht wird, wie man die Heilige Kommunion empfängt.

Ich habe schon verschiedene Male von dem Lächeln gesprochen, mit dem viele moderne Geistliche bedenken würden, was ich ausgesprochen habe. Es scheint so, als lebten in der Kirche inzwischen zwei verschiedene Menschentypen, die sich nicht mehr miteinander verständigen können, auch wenn beide guten Willens wären. Und die Verständigung ist ja auch keineswegs nur vom guten Willen abhängig, sondern von einer gemeinsamen Sprache. Daß diese gemeinsame Sprache verloren gegangen ist, daß eine Frau, die den Rosenkranz beten will und ein Priester, der ihr rät, statt dessen lieber etwas Vernünftiges zu tun, nicht mehr miteinander sprechen können, das ist nicht nur Ergebnis menschlicher Schuld, es ist auch Ausdruck einer kulturellen Entwicklung des Westens, die den modernen, irreligiösen, rationalistischen, metaphysisch blinden Menschen hervorgebracht hat. Die Religionsforscher haben sich dieses Phänomens angenommen: sie nennen den Menschentypus, der glaubt, durch sakrale Akte eine Verbindung zwischen Makro- und Mikrokosmos herstellen zu können, der die materielle Gestalt als Spiegel der Transzendenz begreift und in der Gegenwart Gottes oder der Götter lebt, den homo religiosus. In diesem Sinne waren beinahe alle Menschen bis zum 18. Jahrhundert homines religiosi. Wir wissen, daß sich das im Westen seither geändert hat und wir kennen viele Beispiele gerade auch unter Christen, die in diesem Sinn nicht mehr homines religiosi sind. Haben wir den Weltgeist verschlafen? Sind wir Dinosaurier – kurz vor dem Aussterben? Ich hüte mich, hier eine Prognose zu wagen. Es ist auch gleichgültig – der homo religiosus kann aus seiner Haut nicht heraus; es grämt ihn nicht, mit den Massen Afrikas, Asiens und Lateinamerikas zu den Rückständigen der industriellen, fortschrittlichen

Weltgesellschaft zu gehören. Der hundertjährige Ernst Jünger erinnerte daran, daß die geistige Welt Voltaires, gemessen an der Dauer der Geschichte des Menschen, kaum mehr als eine Sekunde ausmache. Der homo religiosus rechnet in anderen Zeiträumen.

Braucht das Christentum eine Liturgie?

Ich möchte Sie zu Beginn auf einen hohen Berg führen, einen schroff abfallenden Felsen über dem Meer, den Monte Tiberio auf der Insel Capri. Dort oben lag die schönste und größte der Planeten-Villen des Kaisers Tiberius, die Villa Jovis; von ihren Terrassen blickte man auf einen mächtigen Minerva-Tempel, der auf dem Festland lag und von dem kein Stein erhalten ist. Auch die Villa Jovis ist bis auf ihre Grundmauern ausgeräubert; einige schöne Marmorböden aus den Salons des Palastes hat man in den Dom von Capri überführt. Was die Bauern, die aus Marmor Kalk brannten, an Statuen übriggelassen haben, steht im Museum. Tiberius galt in den vergangenen Jahrhunderten als eine Art Teufel wie Nero, womit man ihm sicher Unrecht getan hat, aber es bleibt die Tatsache bestehen, daß er in dem Jahr, als sein Prokurator Pilatus die Hinrichtung Jesu gestattete, hier oben residierte. Ein Erdbeben zerstörte in diesen Jahren den Leuchtturm der Villa Jovis. Die Tradition sieht diesen Leuchtturm, dessen Ruinen noch stehen, in unterirdischen Linien mit Golgatha verbunden. Und so war es dann naheliegend, inmitten des versunkenen Palastes auf der Bergspitze eine kleine Kapelle zu bauen, mit einem Zimmerchen daneben, in dem ein Einsiedler wohnte. Diese Kapelle wird heute nur einmal im Jahr geöffnet, zum Fest Mariae Namen am 8. September, das in Neapel unter dem Namen Madonna di Piedigrotta eines der kirchlichen Hauptfeste mit großem überbordendem Volksfest ist. Dann wird das Kapellchen mit Glühbirnchen wie ein Karrussell geschmückt, der Hochaltar ertrinkt in Gladiolen, das Ölbild der Madonna erscheint noch schwärzer und verrußter in der frischen Blütenpracht. Den Rest des Jahres laufen die Mäuse durch den verlassenen Raum und nagen sich Zugänge in die Schubladen der Sakristei.

In einer Zeit meines Lebens, in der ich mich viel in Capri aufgehalten habe, besuchte mich jedes Jahr ein englischer Priester, der in Genua lebte. Er gehörte zu den Priestern, die man an ihrer Kleidung erkennt und die auch in Süditalien selten geworden sind. Bei den Geistlichen in Capri war man von dem Mann in Soutane noch weniger erbaut, als man hörte, daß er allen Ernstes gedachte, jeden Tag allein eine Heilige Messe zu zelebrieren, obwohl man seinen religiösen Skrupeln so weit entgegenzukommen bereit war, daß man ihm anbot, in der Kathedrale an der Konzelebration teilzunehmen. Der englische Priester war ein sehr praktischer Mann, kein großer Theologe, aber mit einem ausgeprägten Sinn für das unmittelbar Notwendige und Naheliegende. Er erhielt schließlich den Schlüssel zu dem Kapellchen in der Villa Jovis, ein ferngelegener, ungefährlicher Ort. Da würde er niemanden irritieren. An einem späten Nachmittag stiegen wir zuerst dort hinauf, einen langen, beständig leicht ansteigenden Weg über die Höhen mit einem weiten Blick über den Golf. Oben wollte sich das Schloß nicht drehen lassen, es war in der hohen Luftfeuchtigkeit der Insel seit dem letzten Jahr eingerostet. Moderluft kam uns entgegen, als die Tür sich dann öffnete. Die Blechtüre des Tabernakels stand offen. Ein paar schmutzige Blumenvasen standen auf der Altarplatte, eine Plastikdecke schützte ein unter ihr verfaulendes Altartuch. Die Kerzen waren heruntergebrannt. Die Stühle standen unordentlich herum. Die Sakristei sah aus, als sei sie fluchtartig verlassen worden. Leere Flaschen, ein kitschiger Kelch aus irgendeiner kupfrigen Legierung, Mausefallen, elektrische Drähte für die alljährliche Illumination, verkrustete Blumenvasen, ein Stuhl mit drei Beinen – daraus bestand das Stilleben, worauf wir blickten. Der Priester öffnete die Schubladen. Von der Feuchtigkeit zusammengebacken lag da die Altarwäsche und die Alben, ein schimmelbedecktes zerfallendes Meßbuch kam zum Vorschein. Meine Eltern hatten mir gerade ein altes Meßbuch geschenkt, ich wollte gern eines aus der Zeit des Heiligen römischen Reiches haben, es war von 1805, also gerade noch richtig, in Regensburg herausgegeben und dies hier war dieselbe Ausgabe, mit denselben blassen naiven Kupferstichen. Die Verwahrlosung der Kapelle hatte keinen Charme, dies war kein Pompeji, sondern ein Müllhaufen, der noch nicht Kompost geworden ist. Üble Gerüche hingen in der Luft, dies war ein toter Ort.

Mein priesterlicher Freund erlaubte sich keine solchen Reflexionen. Er hatte etwas vor und verlor keine Zeit. Er öffnete das Fenster, warme Luft drang ein. Er nahm aus der Ecke einen Strohbesen und begann die Sakristei auszufegen. Er wischte die Tischplatte sauber. Er breitete die Stoffe aus den Schubladen aus und untersuchte sie – sieh da, eine Albe war sauber und heil geblieben. Er reinigte sorgfältig den Kelch. Er fand ein verbogenes Kruzifix und stellte es, nachdem er es geküßt hatte, auf den Sakristeischrank. Er richtete den Altar her, die Blumenvasen kamen in eine Ecke der Sakristei. Die Stühle standen bald wieder in einer Reihe. Ein neues Altartuch wurde ausgebreitet. Wir fanden zwei Kerzen, die auf die hohen Leuchter gesteckt wurden. Als „Volksaltar" stand da ein mit Holzimitation und metallenen Weintrauben beklebter Tisch – „Der gibt eine sehr gute Kredenz", sagte der Priester und mit einer Bewegung stellten wir ihn an die rechte Wand. Er entdeckte das Glockenseil, stellte sich draußen auf die Leiter und befestigte es an der kleinen Glocke. Jetzt war der Bann gebrochen, die Trübsalskruste gesprengt. Durch die geöffnete Kirchentür wehte der Wind wie der Atem, der ein Instrument zum Klingen bringt. Der Priester legte eine fleckige violette Satinstola um, leerte eine mitgebrachte Mineralwasserflasche in einen rosa Plastiktopf, begann zu beten, fügte Salz hinzu, machte die

Segensgeste und goß das Wasser in die kleinen Marmormuscheln neben dem Eingang. Ich glaubte, den Stein in einer Art Erwachen seufzen zu hören. In der Sakristei lag jetzt ein zerknittertes Meßgewand aus goldenem Lurexgewebe. Ich zog an dem Glockenseil. In der Abendluft schepperte es dünn, der Wind zerstreute den Klang in alle Richtungen. Von Fern näherten sich Leute. Der Glockenklang zog sie an. Als der Priester aus der Sakristei trat, mit dem zerknitterten Goldgewand angetan, saßen etwa zwanzig Frauen und Kinder in den Reihen. Der Priester verneigte sich vor dem Altar und begann zu sprechen: „Introibo ad altare Dei."

Niemals ist mir der Psalm „Judica" zu Beginn der Messe so deutlich, so mit Leben erfüllt erschienen. Die Verse schienen auf das, was ich soeben gesehen und erlebt hatte, genau zugeschnitten zu sein. Es gab den Aufbruch aus der Stadt, in der diese Messe nicht gefeiert werden durfte – „quare me repulisti, et quare tristis incedo, dum affligit me inimicus? – warum denn willst du mich verstoßen, was muß ich traurig gehen, weil der Feind mich bedrängt?" Es gab den langen Weg auf den Berg zu der Kapelle – „Emitte lucem tuam et veritatem tuam, ipsa me deduxerunt et adduxerunt in montem sanctum tuum et in tabernacula tua – Send mir dein Licht und deine Wahrheit, daß sie zu deinem heiligen Berg mich leiten und mich führen in dein Zelt". Und es gab dieses Aufräumen und Vorbereiten in der vernachlässigten Kapelle, und diese Vorbereitungen wollten mir jetzt nicht nur als ein banales Putzen, sondern auf mir neuartige Weise zur Liturgie gehörig erscheinen: „Judica me, Deus, et discerne causam meam de gente non sancta" – Richte mich, Gott, und scheide meine Sache von dem unheiligen Volk. Dieses Discernere hatte in meinen Augen der Priester vorgenommen, als er den Ort des Opfers reinigte, die Kerzen anzündete, das Wasser weihte, den Staub abwischte und die Mausefallen in die Ecke warf. Sein Aufräumen und Vorbereiten war für mich ein Abstecken des heiligen Raumes, ein Scheiden der gens sancta von der gens non sancta. Wie Abel oder Noah baute er erst einmal einen Altar, bevor er zu opfern begann, wie Moses steckte er den Platz für die Stiftshütte ab. Vor dem Beten stand dies Abstecken, Reinigen, Vorbereiten. Das Beten war überhaupt nur in einem solchermaßen abgesteckten Raum möglich. Mit dem Entschluß zu beten war das Überschreiten einer Grenze erforderlich, die man selbst zog, diese Grenze überschreitend verließ man das unheilige Volk und wurde zum heiligen Volk, das es wagen durfte, seine Sache Gott anzuvertrauen.

Ich möchte jetzt einmal eine Frage stellen, die mich selbst geradezu überrascht: Was hat das Christentum mit solchen Phänomenen, wie ich sie eben geschildert habe, eigentlich zu tun? Heilige Räume, die Scheidung des Heiligen vom Profanen – ist das etwas Christliches? Ich stelle diese Fragen vom frühen Christentum her, auch von der Zeit Jesu. Erleben wir das Wirken Jesu nicht als eine mächtige Revolution gegen jeden Ritus? Wer wird von den Verfluchungen des Erlösers härter getroffen als die Priester und Schriftgelehrten seiner Zeit? Wir sehen den zwölfjährigen Jesus im Tempel, im Haus seines Vaters, wie er selbst sagt, lehren, aber er kehrt später nur in einem Sinne dorthin zurück, der wenig von Gottesdienst und Opfer an sich hat, er dringt beunruhigend und aufrührend dort ein. Wenn wir an die Orte denken, die mit dem Wirken Jesu verbunden sind, ist kaum ein ritueller darunter. Höhlen, einsame Gefilde, die Wüste, eine flache Stelle am Jordan, irgendwelche Wohnhäuser, Viehtränken, Bootsanlegestellen, sind die Schauplätze seiner größten Handlungen. Er schweift umher; um ihn herum scheint Raum und alte Ordnung aufgehoben und eine neue Ordnung kaum sichtbar gegründet. Um ihn herum gilt kein Sabbat, kein Speisegebot, keine moralische Discernatio. Er betritt die Häuser der moralisch Unberührbaren und weist jedes rituelle

Bedenken schroff zurück. Wo Jesus ist, herrscht der bitterste Mangel oder der sorgloseste Überfluß. Wenn er zeichenhaft, in der Wurzel also rituell oder künstlerisch handelt, gebraucht er dazu die Gegenstände des täglichen Lebens. Man lese einmal die mosaischen Speisegesetze, was da alles nicht gegessen werden darf, was nicht mit diesem oder jenem zusammen, was nicht heiß oder kalt konsumiert werden darf, und sehe daneben Brot und Wein, die Beigaben, die das jüdische Opfermahl nur begleiteten. Er wäscht den Jüngern die Füße – bei dieser Gelegenheit entsteht übrigens der erste Ritenstreit der Christenheit, denn Petrus versteht diesen Akt offenbar als eine Art Taufe und will deshalb ganz gewaschen werden, und Christus belehrt ihn, daß es bei diesem zeichenhaften Waschen nicht um einen Akt der Sündenvergebung, sondern um einen Ausdruck der Liebe des Schöpfers zu seinen Geschöpfen geht. Aber auch dies Füßewaschen ist aus den Alltagsvollzügen des Lebens genommen. Der Menschensohn hat keinen Platz, wohin er sein Haupt legen kann – aber man spürt zugleich ganz deutlich, daß er einen solchen Platz, einen heiligen Ort, einen Gottesplatz, wo die Frommen um ihn herum Hütten bauen könnten, auch gar nicht haben will. Die großen Leidensstationen – ein Garten, ein Hof, eine Straße, der Hinrichtungsplatz, das zum Glück noch ganz schnell besorgte Grab – haben alle etwas Zufälliges, sie sind an die Stadt Jerusalem gebunden, das ist richtig, aber Jerusalem wird eben gerade nicht mehr als heiliger Ort erlebt, sondern als totgeweihte, zurecht der Verwüstung anheimgegebene Stadt. Judäa war auch zu vorchristlichen Zeiten bereits „Heiliges Land“, in dem überall Erinnerungen an Gottes Handeln durch Patriarchen, Richter, Könige und Propheten gepflegt wurden. Diese Haftung an den Boden, wie sie fast jede Religion kennt, löst Jesus mit einer geradezu sakrilegischen Achtlosigkeit auf. Man kann ja sagen, daß für die alte Welt die Gottheit auf das engste mit bestimmten Orten verbunden war; um sie zu verehren, mußte man sich an ihren Wohnort begeben; wenn man diesen Ort verließ, verließ man auch den Gott. Die frühe Christenheit nach dem großen Konstantin kennt ein teilweise sehr unerfreuliches Wüten gegen die heiligen Orte der alten Religion, als randalierende verwilderte Mönche und von Fanatikern aufgehetzter Mob die Tempel anzündete und die alten Götterbilder, die zu den größten künstlerischen Schöpfungen der Menschheit gehörten, umwarfen und zerschmetterten. Paulus wollte gar keine religiösen Feste gefeiert wissen. Für die Erlösten war jeden Tag Ostern; dieser Pilgerweg durch die Zeit, den die Menschheit, den Juden in der Wüste vergleichbar, unternommen hatte, war am Ziel angelangt, die Geschichte war zu Ende; der Getaufte lebte in einem ewigen Jetzt im Anblick Christi, zwar auf Erden nur wie durch einen Spiegel gesehen, aber in dem Bewußtsein, schon im Fleisch vom Schöpfer erkannt und umfangen zu sein.

Es kommt mir vor, daß der heftige antirituelle Affekt, den wir in vielen Phasen der Geschichte des Christentums entdecken können, in seinen Anfängen, beim Heiligen Franz von Assisi, bei den protoprotestantischen Bewegungen des Mittelalters, in der Reformation Luthers und Zwinglis, im Gallikanismus und Josephinismus des 18. Jahrhunderts, in der liturgisch ikonoklastischen Bewegung unserer Tage, daß dieser antirituelle Affekt also sich zwar mit der jeweiligen Geistessituation der einzelnen Epochen verbindet, daß er darüberhinaus aber doch sehr tiefe Wurzeln im Christentum hat. Meistens sind es heftige, radikale, leidenschaftliche Bewegungen, die sich gegen den Ritus im Christentum gewandt haben; unsere Zeit bietet meines Erachtens das erste Beispiel eines liturgischen Ikonoklasmus aus religiöser Blutleere, einen Antiritualismus aus religiöser Schwäche.

Ich habe aber als Kind jeden Sonntagmorgen einen

durchaus kraftvollen christlichen Antiritualismus kennengelernt, der mich tief bewegt hat. Mein Vater war Protestant, meine Mutter Katholikin. Wenn die Kirchenglocken läuteten, brachen wir noch keineswegs zur Messe auf. Meine Mutter wartete noch die Glocken ab, die zum Evangelium geläutet wurden, vielleicht war das auch nur eine einzige, wartete noch ein bißchen und verließ das Haus mit mir nicht früher, als daß sie sicher sein konnte, erst nach der Predigt in der Kirche einzutreffen. Wenn wir gingen, setzte sich mein Vater an seinen Schreibtisch und schlug eine kleine engbedruckte Bibel auf. In dieser Bibel standen hinten in einer Liste die Perikopen für die einzelnen Sonntage aufgeführt: es waren, von ganz vereinzelten Ausnahmen abgesehen, dieselben wie in der katholischen Messe, ein ökumenischer Schatz, der durch die Neuordnung der Lesungen, durch unsere so hochökumenischen Reformatoren vertan worden ist. Ich sehe ihn immer noch so vor seiner kleinen Bibel sitzen, in einer Versunkenheit, als sei er der einzige Mensch auf der Welt. Er hatte, während er las, Anteil an der Raum- und Zeitungebundenheit Jesu. Sein Anblick ist mir ein Trost. Wir wissen ja nicht, wieviel Kirche das Wirken unserer Bischöfe in einigen Jahrzehnten in Deutschland übriggelassen haben wird. Mit dem Propheten Daniel müssen wir sagen: „Denn die Ungerechtigkeit zu Babylon ist von den Ältesten ausgegangen, von den Richtern, welche schienen, das Volk zu regieren." (Dan. 13,5) Das bewußte kleine schwarze Buch wird es dann aber immer noch geben, es ist der Zerstörung entzogen, oder, wie man gesagt hat: „Die Freiheit wohnt in den Antiquariaten und im Photokopierer."

Wenn wir nun das Nicht- oder geradezu Gegenrituelle im Christentum kursorisch betrachtet haben, müssen wir uns aber auch fragen, ob denn der christliche Ritus der lateinischen und der griechischen, der koptischen und der vielen orientalischen Kirchen tatsächlich etwas dem Christentum Fremdes, etwas Aufgesetztes womöglich, etwas bloß Kulturelles sein sollte? Könnte man sich wirklich das Christentum ohne jeden Ritus, allein mit dem kleinen schwarzen Buch vorstellen, ohne dabei das Fehlen von etwas Essentiellem beklagen zu müssen? Ist der christliche überlieferte Ritus nur das Ergebnis einer ungehemmten Inkulturation, wie das heute heißt? So könnte man das doch formulieren: die christliche Religion, die im elendsten und am wenigsten kultivierten Winkel des Römischen Reiches entstand, unter primitiven, formlosen Menschen, saugte, indem sie sich ausbreitete, alles auf, was sie an hochkultivierter Form, Sprache, Philosophie und Kunst rings um das Mittelmeer vorfand, ohne sich darum zu kümmern, daß diese Formen aus einer vollständig anderen Welt stammten, vollständig anderes ausdrückten, mit Jesus Christus nur höchst gewaltsam in Verbindung zu bringen waren? Was hat Jesus Christus mit dem hellenistisch-orientalischen Gott des Rausches, dem Dionysos zu tun, dessen Mysterienkult die griechischen Christen nicht vergessen konnten? Was hat Maria mit der Isis zu tun, von gewissen Äußerlichkeiten abgesehen? Mithraskult, kaiserliches Hofzeremoniell, Kronen und Throne, Troddeln und Quasten, antike Rhetorik, die platonische Akademie, das ägyptische Serapeion – wie verbindet sich das mit der christlichen Religion? Oder besitzt das Christentum etwas Wesentliches, das sich nur im Ritus erfassen läßt, das ohne Ritus verloren geht?

Es gibt Katholiken, die – mit Lust an der Provokation – behaupten, daß die christliche Religion eher ohne Bibel als ohne Liturgie auskommen könne. Was ist mit dieser Behauptung gemeint? In den Jahrhunderten der Säkularisation wurde Jesus von den philosophischen, philanthropischen, aufgeklärten Schriftstellern viel Bewunderung und Sympathie entgegengebracht. Auch erklärte Atheisten sahen in Jesus einen großen Lehrer der

Menschheit, einen neuen Sokrates, einen neuen Buddha. „Ich beuge mich vor ihm als der göttlichen Offenbarung des höchsten Prinzips der Sittlichkeit“, sagt Goethe zu Eckermann, wobei man Goethe keineswegs auf die Rolle des Aufklärers festnageln darf, sein Zitat sei nur erwähnt, weil es besonders klar eine Haltung zum Ausdruck bringt, die bis in unsere Zeit hineinreicht. Folgerichtig heißt es in den „Wanderjahren“: „Und so ist sein (Jesu) Wandeln für den edlen Teil der Menschheit noch belehrender und fruchtbarer als sein Tod.“ Jesus Christus als Lehrer – das ist auch für Christen einer der hohen Ehrentitel des Erlösers. Die wesentliche Zeit seines öffentlichen Wirkens hat er lehrend zugebracht. Aber was war seine Lehre? War es etwas Neues, was er verkündete? Man versteht schon, daß es in der Religion nicht darum gehen kann, etwas Neues zu verkünden; der Gegenstand der Religion ist nicht das Neue, sondern das Wahre. Wenn das Wahre uralt ist, dann bleibt es immer noch wahr; manchmal mag es dann auch, wenn es vergessen wurde, unversehens wieder neu erscheinen. Jesu Wahrheit war eine alte Wahrheit, er erinnerte mit seiner Autorität an vielfach Offenbartes. Daß der Mensch sich betrügt, wenn er den göttlichen Geboten durch Spitzfindigkeiten zu entkommen sucht, hatten eindrucksvoll schon die Propheten gelehrt. Das Liebesgebot stammt aus dem Alten Testament. Die einzelnen Vaterunser-Bitten stammen aus alter Gebetstradition, und das begründet ja auch ihren tiefen Wert. Es ist bezeichnend für Jesus Christus als Religionsstifter, daß er nichts Neues lehrte, erst recht keine neue Moral. Die gern in diesem Zusammenhang angeführte Bergpredigt widerspricht dem nicht, denn sie befaßt sich nicht mit moralischen Gesetzen. „Selig sind die Armen im Geiste – selig seid ihr, die ihr Hunger leidet – selig seid ihr, die ihr jetzt weinet – selig seid ihr, wenn euch die Menschen hassen.“ Das sind keine moralischen Gesetze, das sind Beschreibungen und Beschwörungen einer neuen Schöpfung. Der Mensch, der weint, wird in einer neuen Welt und nachdem er, wie Paulus sagt, Christus angezogen hat, lachen. Es heißt nicht: „Selig sind die Gerechten" sondern „Selig sind, die hungern nach der Gerechtigkeit" – diejenigen, die ein Gespür für die Gefallenheit der Welt und ihre eigenen Fehler besitzen und sich nach der Heilung sehnen. Diese Ungeduld, die Sehnsucht, von der Jesus spricht, sind keine moralischen Kategorien. Sie sind nicht etwas, was man mit Willenskraft erwerben könnte. Man kann nicht arm im Geist sein wollen und hoffen, es dann auch zu werden. Die Notwendigkeit, ein neuer Mensch zu werden, ist keine Forderung der Moral. Moral und Heiligkeit sind ihrem Wesen nach Begriffe, die sich kaum berühren, was natürlich nicht heißt, es sei ein unmoralischer Heiliger vorstellbar, obwohl die russische Literatur zum Beispiel hier sehr weitgehende Seelenexpeditionen unternommen hat. Nein, was das einzigartig Neue des Christentums angeht, das, was es von allen anderen Religionen unterscheidet, man könnte auch sagen, zum krönenden Schlußstein aller Religionen macht, das ist nicht die Lehre, sondern die Person des Gottmenschen, seine Geburt von einer Jungfrau, sein Opfertod für die Sünden der Menschen, seine Auferstehung von den Toten. Eine historische, nicht mythische Person und die historischen Ereignisse ihres Lebens, die uns durch die Nennung obskurer römischer Provinzbeamter ziemlich genau datierbar sind. Es verhält sich eben ganz genau umgekehrt, wie Goethe es sah: fruchtbar sind weniger die Lehren Jesu, als seine Geburt, der Tod und die Auferstehung für die Menschheit, und zwar keineswegs nur für deren edlen Teil. Erst in ihrem Kontext gewinnen die Lehren Jesu ihre Verbindlichkeit, sonst wären sie Erkenntnisse höchster Weisheit, die damit aber keineswegs der Diskussion entzogen worden wären. Im Mittelpunkt des Christentums steht das Wunder der Fleischwerdung. Erst vor ihrem

Hintergrund gelangen alle Worte und Taten Jesu zu ihrer verpflichtenden Bedeutung.

Es ist dieser körperliche Gottmensch, der im Herzen der christlichen Verkündigung steht. Mit den Augen der Evangelisten erleben wir ihn, trotz der klassischen Lakonie der Evangelien, keineswegs nur lehrend, sondern auch essend und trinkend, hungernd und vor der Bitterkeit des Gallenschwamms schaudernd, den Wohlgeruch der Parfümflasche genießend, empfänglich für die Schönheit der Blumen, in furchtbaren Zorn geratend, und vor allem immer wieder schweigend. An zentralen Stellen der Evangelien schweigt der Gottmensch, oder er tut andere rätselhafte, niemals entschlüsselte Dinge: er spuckt in den Staub und macht einen Teig, er schreibt mit dem Finger in den Sand Worte, die niemand entziffern kann, er brät den Jüngern einen Fisch, er vergießt Tränen, als er vom Tod des Lazarus erfährt. Ohne daß wir einen Begriff von seiner Statur und seinen Gesichtszügen erhalten, sehen wir in den Berichten der Evangelisten unablässig die Wirkungsspuren seiner Erscheinung. Die großen Konversionen der Evangelien geschehen niemals als geistige Kämpfe, als Folge von Lehrgesprächen, sokratischen Dialogen, Widerlegungen und Überzeugungen, sondern stumm. Jesus faßt irgendeinen Menschen ins Auge und fesselt ihn damit für immer an sich. Er geht vorüber und am Straßenrand sitzen die Bettler und Kranken, deren Ruf: „Ich glaube" ihre Heilung auslöst. Was glaubten die Blinden und Lahmen, wenn sie Jesus vorübergehen sahen? Gewiß nicht das konstantinopolische Glaubensbekenntnis. Sie hätten vielleicht gar nicht genau darlegen können, was sie meinten, als sie „ich glaube" sagten; sie kannten Jesus ja gar nicht und sie konnten auch seine Lebensgeschichte noch nicht kennen. Aber die körperliche Gegenwart des Gottmenschen und die Gewißheit, daß er genau um ihretwillen da war, schufen in diesen Kranken eine Vereinigung mit Jesus, die über alles, was man von ihm hätte wissen können, hinausging und gesund machte.

Die frühen Christen wußten, daß Jesus selbst die christliche Botschaft war. Fleischwerdung Gottes, Gegenwart des Gottmenschen, das war die Essenz des neuen tieferen zwingenderen Gottesbildes der Evangelien. Schon den Aposteln war klar geworden, daß sie ohne die physische Gegenwart Jesu ihren Glauben nicht bewahren könnten, und so verheißt der scheidende Jesus ihnen denn auch, daß sie auf diese Gegenwart niemals würden verzichten müssen. „Ich bin bei euch bis zum Ende aller Tage." Die Ankündigung des Paraklet ist die Versicherung, daß die Verbindung der Seelen zu ihrem Schöpfer nicht abreißen wird, daß der Geist Gottes in seiner Kirche anwesend ist, gewiß – aber vor allem weist sie den Weg, wie sich die physische Präsenz des Gottessohnes in gewandelter Form auch nach seinem Abschied aus der sichtbaren Welt fortsetzen wird – durch das Handeln des Heiligen Geistes in der Liturgie. Einer der eigentümlichsten, großartigsten geistigen Prozesse der Weltgeschichte begann: um das spontanste, unerforschlich rätselhafteste, das im höchsten Maß persönliche Wesen der Geschichte, den Gottmenschen Jesus Christus gegenwärtig werden zu lassen, schuf man oder vielmehr, bildete sich eine im höchsten Maß gebändigte, durchformte, unpersönliche und unsubjektive Liturgie. Wenn wir das Wirken des von Christus verheißenen Heiligen Geistes in der Kirche benennen wollen, dann wird gern auf die Geisterfülltheit der Konzilien und Synoden, auf die Standesgnade der Bischöfe und Priester verwiesen, die vom Heiligen Geist in ihren Lehrentscheidungen erleuchtet werden. Ich will das nicht im geringsten in Abrede stellen, nur ist es oft nicht leicht, das Wirken des Heiligen Geistes hier mit Gewißheit herauszuspüren; wir kennen Fälle, in denen der Episkopat eines ganzen großen Landes nicht nur im säkularen Sinn ehrlose, sondern auch ersichtlich vom

Heiligen Geist und allen guten Geistern verlassene Entscheidungen gefällt hat. Zweifelsfrei ist der Heilige Geist nur in der Liturgie und den Sakramenten gegenwärtig, wenn er die körperliche Gegenwart Jesu bewirkt. Man könnte verkürzt sagen, daß die Heilige Messe der den Jüngern verheißene Heilige Geist ist. Jesus, dessen physische Existenz den Kern seiner Botschaft darstellte, lebt in ihr physisch, in Handauflegung, Salbung, und in den Körpern von Brot und Wein fort.

Nun wußten die frühen Christen aber auch, daß diese Gegenwart Geschenk sein mußte, wenn sie denn real werden sollte, nicht Erzeugnis, nicht selbstschöpferisch behauptet sein durfte. Das Herzstück des Ritus hatte Jesus selbst gesetzt: die Brotbrechung im Abendmahlsaal, aber diese Szene durfte nicht nur einfach nachgespielt werden, weil sie, wie sich der Urgemeinde nach und nach, aber doch schon bald nach der Himmelfahrt Jesu erschloß, nicht nur den Abendmahlsaugenblick, sondern auch das Opfer von Golgatha und die ewige Hochzeit des Lammes, von der die Apokalypse spricht, in sich enthielt. Man erfand für diesen Vorgang nun nicht einfach einen Ritus. Wenn die Brotbrechung Opfer war, dann brachten heidnische und jüdische Opferliturgien das am besten zum Ausdruck; es gab sie, Unzählige hatten in ihnen zu Gott gesprochen, sie waren Ausdruck des Wartens auf den Erlöser und konnten deshalb auch das Warten auf seine Wiederkunft darstellen. Wer tadelnd Elemente des antiken Heidentums in der Meßliturgie feststellt, der müßte ebenso streng auch die darin vorhandenen Elemente des Judentums beklagen. Als Gott in der römischen Kolonie Palästina Mensch wurde, war es klar, daß das Christentum eine römische Religion werden mußte, wenn es nicht jüdische Sekte, sondern das Licht zur Erleuchtung der Heiden, die universelle Religion schlechthin sein wollte. In der orthodoxen Kirche sind Sokrates und Platon ebenbürtig neben die Propheten gestellt, und Paulus sagte den Griechen auf dem

Aeropag, daß er denselben Gott verkünde, der ihnen von ihren Dichtern besungen worden sei – gewiß hat er da an das Gottesbild der griechischen Tragödie vor allem des Sophokles gedacht. Vorgefundene anonyme, von der Menschheitsgeschichte seit dem Opfer des Abel geschaffene Formen wurden nun mit der ganzen Tiefe der göttlichen Gegenwart gefüllt. Und durch diese Anfüllung wurde aus den alten Formen natürlich auch etwas anderes. Erinnern wir uns an die heiligen Orte, die heiligen Berge und Quellen des Heiden- und Judentums. Als die Epoche der Christenverfolgung vorbei war und das Christentum Staatsreligion wurde, wählte man vielfach heilige Orte des Heidentums, um Kirchen darauf zu errichten, aus Venustempeln wurden Marienkirchen, aus Merkurstempeln Michaelskirchen. Aber die „christliche Ortlosigkeit", wie ich diese eigentümliche Ungebundenheit einmal nennen will, behauptete sich dennoch: heilig war nun der Ort nicht, weil er es aus sich heraus war, sondern weil dort die Messe gelesen wurde. Und der Ort, wo eine Kirche stand, war überhaupt nicht mehr dieser Ort, sondern er war Jerusalem, und er war auch nicht das reale Jerusalem, sondern ein ideales, er war der Himmel. Und das gefeierte Opfer war nicht mehr in erster Linie eine Hinwendung der Menschen zu Gott, in der Hoffnung, durch Geschenk und Anbetung in Verbindung zu ihm zu treten, sondern es war Hinwendung Gottes zu den Menschen geworden. Immer wieder neu staunenerregend ist die Reform Jesu Christi, die einzige Reform, die diesen Namen verdient: in überlieferter geheiligter Gestalt etwas vollkommen Neues, die Umkehrung aller bis dahin geltenden Verhältnisse auszudrücken.

Ich sagte, daß Jesus und seine Jünger und die ersten Christen die Notwendigkeit erkannten, daß es zur vollständigen Erfassung der Botschaft Jesu nicht genügte, seine Lehren getreu zu tradieren – in dem kleinen schwarzen Buch, in dem mein Vater am Sonntag las zum

Beispiel –, sondern daß es zum Wirksamwerden dieser Lehren der Erfahrung und des Einflußes des leiblich anwesenden Jesus bedurfte. Wenn die Liturgie aber diese zum Christsein notwendige Erscheinung des körperlichen Christus sein soll, dann muß es möglich sein, sie als etwas nicht von Menschen Gemachtes zu erfahren, als etwas Vorgegebenes, Offenbartes, wie denn der östliche Mönchsvater Basilius der Große die Messe als ebenso große Offenbarung wie die Heilige Schrift ansah und daraus das strenge Verbot ableitete, an der Liturgie herumzuändern und herumzureformieren. Tatsächlich sind ja die Meßreformierer und die modernen Exegeten, die die Offenbarung der historisch-kritischen Methode unterziehen, aus demselben Holz geschnitzt. Seltsam nur, daß bei soviel archäologisch-philologischem Sachverstand dann ein Jesus herauskommt, der Ehrenmitglied der SPD hätte sein können, ebenso frauenfreundlich wie Willy Brandt und ebensowenig auferstanden.

Natürlich wissen wir, daß der Ritus seit den Tagen der frühen Christenheit nicht unverändert auf uns gekommen ist. Und dennoch können wir die alte Messe, die zu Unrecht die Tridententinische genannt wird – man sollte sie eigentlich die Messe Gregors des Großen nennen, so wie die Orthodoxen von der Liturgie des Heiligen Johannes Chrysosthomos sprechen – als immer unverändert, immer gleich von oben geschenkt ansehen, weil diese Veränderungen etwas Unwillkürliches, allmählich Gewachsenes waren, die so langsam geschahen, daß niemand sie so richtig bemerkte. Nicht Wissenschaftler am Schreibtisch, sondern die Beter in der Messe haben die allmählichen und beständigen Veränderungen des Ritus im Lauf der zweitausendjährigen Liturgiegeschichte geschaffen. Nur Heilige wie Ambrosius oder Augustinus oder Thomas von Aquin sollten der Heiligen Messe etwas hinzufügen dürfen, niemals Männer in Büros, und lägen dieselben auch in der Vatikanstadt. In Bezug auf das Priestertum der Frau sagte mir ein Priester: „Der Gedanke, daß die Frauen durch die Verweigerung des Priestertums von den Entscheidungen der Kirche ausgeschlossen sind, ist nur eine Frucht des Modernismus, der in die Kirche eine Flut von Entscheidungen gebracht hat: theologische, liturgische, moralische, juristische. Ein Priester hatte früher gar nichts zu entscheiden. Er hatte sich zu unterwerfen. Ein Priester besaß keine Macht und er hat auch keine Macht zu haben." Das gilt genaugenommen sogar für das Papsttum: die päpstliche Unfehlbarkeit ist nichts anderes als die Unterwerfung des Papstes unter die Offenbarung und die Lehre aller Zeiten.

Wir wissen, daß die geheimnisvolle Wirkung der Tradition, das längst Vergangene gegenwärtig zu machen, empfindlich gestört worden ist. Sakralität heißt eigentlich Unantastbarkeit, und diese Unantastbarkeit ist gründlich verletzt worden und wird freventlich oder töricht täglich aufs neue verletzt. Sogar in der Schar, die vom Ritus nicht lassen will und kann, gibt es Reformeifer, der nur mit der Sucht zur Selbstzerstörung erklärt werden kann, wie sie erfolglose Oppositionsgruppen gelegentlich befällt. Das hochbelastete Wort „Pastoral" klingt stets an, wenn liturgische Änderungen durchgesetzt werden sollen. Hirtensorge heißt Pastoral, aber wir sind schon gewohnt, es anders zu übersetzen: „Wir, die Kleriker, entscheiden, wieviel vom Glanz der Wahrheit dem verwirrten dummen Volk zuträglich ist." Wer unter Opfern und Kämpfen den Weg zur großen christlichen Liturgie gefunden hat, wird sie sich aber von niemandem, keinem progressiven und keinem konservativen Kleriker mehr nehmen lassen. An die Zukunft müssen wir dabei nicht denken. Die Aussichten für ein liturgisches Christentum sind schlecht. Das Zukunftsmodell der christlichen Religion scheint, von heute aus betrachtet, die nordamerikanische Sekte zu sein, das schrecklichste Gesicht, das die Religion auf der Welt angenommen hat. Aber was geht einen Christen die Zukunft an? Er ist für sein eigenes Leben verantwortlich; er kann nur entscheiden, ob er von dem Anblick des liturgischen Christus lassen kann, solange sich dieser Christus uns noch zeigt.

„Die Bilder aus den Herzen reißen“

Bildersturm und Liturgie

Der Fall ist beim ersten Hinsehen banal. Die Kirche, um die es geht, zählt nicht zu den Brennpunkten der geistlichen Geschichte Deutschlands, sie stammt auch nicht aus einer der großen Architekturepochen; die Architekten und Künstler, die gemeinsam an ihrer Entstehung gewirkt haben, sind weitgehend unbekannt. Was in dieser St. Raphaelskirche in dem Heidelberger Vorort Neuenheim geschah, ist aber beispielhaft für Tausende Kirchen auf der ganzen Welt, für Meisterwerke und anonyme Schöpfungen, für Kathedralen und Kapellen. Kaum eine Kirche ist nach dem Zweiten Vatikanischen Konzil unangetastet geblieben, und wenn man dennoch einmal auf ein unversehrtes Ensemble stößt, dann nicht, weil Ehrfurcht oder Geschmack ihre schützenden Flügel darüber gebreitet haben. Zu danken war es dem Mangel an Geld, ein im Land der Kirchensteuer beklagenswert seltenes Phänomen. Kein deutscher Bischof kann leugnen, daß sich etwas Ähnliches wie in St. Raphael in seiner Diözese vielfach abgespielt hat. So sehen die geistlichen und liturgischen Früchte der nachkonziliaren Entwicklung aus. Wer den ganzen Schrecken, der in dem vieldeutigen Begriff „Aggiornamento“ enthalten ist, verkörpert sehen möchte, der betrachte die kurze, überschaubare Geschichte von St. Raphael.

Banal habe ich die Neuenheimer Kirche genannt. Gibt es banale Kirchen? Vielleicht von einem künstlich säkularen, einem strikt wissenschaftlichen Standpunkt aus, der sich jede Beziehung zur Funktion seines Objekts verbietet. Eigentlicher Baumeister jeder Kirche war die Liturgie; sie schuf sich einen oft prächtigen, bedeutungsvoll geschmückten Rahmen, in dem sie sich entfalten konnte. Eine Kirche, in der eine konsekrierte

Hostie, das Altarsakrament, aufbewahrt wird, ist kein banaler Ort. Aber es gibt natürlich Kirchen, denen anzumerken ist, was in ihnen vor sich geht, und Kirchen, denen es nur sehr undeutlich oder überhaupt nicht anzumerken ist. Und es ist bei grundsätzlicher Unabhängigkeit der Liturgie von den räumlichen Umständen, unter denen sie vollzogen wird, vielleicht verzeihlich, wenn der Betrachter einer Kirche von ihrer Gestalt Rückschlüsse auf die in ihr gefeierte Liturgie zieht und sich angesichts eines Kirchenraums, der keine sakralen und liturgischen Funktionen mehr erkennen läßt, fragt, ob Liturgie hier eigentlich noch stattfinden soll.

Als der Grundstein der St. Raphaelskirche im Jahre 1903 gelegt wurde, stand für Priester und Gemeinde fest, daß man eine Kirche bauen wollte, die für jedermann auf den ersten Blick als solche zu erkennen war. Eigentlich baute man damals nicht mehr im neuromanischen Stil, der Entwurf des Bistumsarchitekten Ludwig Maier war also ein wenig altmodisch. Maier war ein erfahrener Fachmann. Sein Bau ist wohlproportioniert und schlank. Man merkt, daß die Fassade des Doms von Pisa ihm Eindruck gemacht hat, aber der helle Backstein ruft auch Maiers Gegenwart, die Industriearchitektur mit ihren – längst zu Recht denkmalgeschützten – Fabrikhallen in Erinnerung. Eine gewisse Kälte hat St. Raphael mit vielen historistischen Bauwerken gemeinsam. Sie ist ein offenbar notwendiges Merkmal des industriellen Jahrhunderts und wird in der Bauhausarchitektur sogar als Qualität gepriesen. In ihrer zierlichen Kompaktheit gleicht St. Raphael einem kirchenförmigen Reliquiar, einer Modellkirche. Das Innere hat Maier reich ausgeschmückt. Es ging ihm nicht um Stilreinheit, sondern um einen aus der Fülle der christlichen Vergangenheit geschaffenen neuen Stil, der den Weg der Kirche durch die Geschichte deutlich machen sollte. Frühchristliche Mosaiken aus den römischen Basiliken, die byzantinische Kunst Ravennas, die italienische Renaissance, das Barock der Gegenreformation, die Herz-Jesu-Spiritualität und die Heiligen bildeten in Malerei und Skulptur ein wahrhaft erstaunliches Kompendium der katholischen Religion. Wer einem Kind in St. Raphael die Kirchenfenster, Fresken und Altäre erklärte, konnte ihm damit einem Begriff von Glauben und Geschichte der Kirche vermitteln.

Wie die Kirche in ihrer bunten Pracht ausgesehen hat, welche Qualität die Malerei besessen haben mag, ist heute nur zu ahnen, denn die wenigen erhaltenen Fotografien geben weder von Farbigkeit noch Faktur einen Begriff. Aber wir wissen aus zeitgenössischen Quellen, wie genau die Bildwerke aufeinander bezogen waren. Die großen Gebete, Kreuzweg und Lauretanische Litanei, schmückten Wände und Kassettendecke, als sollte der heilige Raum gleichsam aus Gebeten gebildet werden.

Dies alles wurde in genau den Jahren geschaffen, als Kandinsky sein erstes abstraktes Aquarell malte. Der große Bürgerkrieg im Reich der Kunst brach aus und dauert bis heute an. Hier ist nicht der Ort, auf die Entwicklung der Kunst im 20. Jahrhundert einzugehen. Nur so viel sei gesagt: Auch im 20. Jahrhundert gibt es große realistische Kunst, aber sie ist kaum sichtbar. Alles, was seit Beginn der Kunst von Bedeutung war, das Studium und die künstlerische Neuschöpfung der Welt, wurde nun geächtet. Bis zu dieser Revolution hatte die Kunst gerade in ihren erhabensten Werken immer auch Funktionen erfüllt: Sie hatte einen Raum geschmückt oder das Gedächtnis an einen Menschen bewahrt. Die Künstler malten die Biblia pauperum an die Wände, und sie schufen Andachtsbilder, die dem Gebet eine überprüfbare Richtung gaben.

Die siegreiche Kunst der Moderne sprach nun ihr „non serviam“. Sie diente nicht mehr. Sie forderte die Ehrfurcht, die bisher dem Dargestellten gegolten hatte, unverkürzt für sich selber ein. Die Kirche hätte es schon lange merken können, daß die Kunst, die sie in ihrem Schoß herangebildet hatte, sich von ihrer Mutter loszumachen suchte. Revolutionen kommen nicht über Nacht, sie bereiten sich vor. Die Kirche war schon seit einiger Zeit nicht mehr der größte Auftraggeber für die Kunst – und Kunst geht nach Brot – ; die Kirche befand sich schon zu lange in einer, oft furchtsamen, Verteidigungshaltung, um freie Geister noch anziehen zu können. Was in Philosophie und Gesellschaft bereits geschehen war, mußte man nun auch in der Kunst zur Kenntnis nehmen: Die Kirche hatte ihre Herrschaft und ihren Einfluß verloren.

Die Zerstörungen des Krieges halfen aus mancher Verlegenheit und erleichterten ein entschlossenes Handeln. Eine Fliegerbombe hatte einige Kirchenfenster von St. Raphael weggeblasen; als die Gerüste dastanden, ergriff man im Jahre 1954 die Gelegenheit und ließ die ganze Kirche weiß streichen. Die Schneedecke der Abstraktion senkte sich über die gestaltenreiche Communio sanctorum.

Noch war der kostbarste Schmuck der Kirche erhalten, der Hochaltar und die Seitenaltäre. Diese Altäre des Holzbildhauers Alfons Marmon aus Sigmaringen waren bedeutende Kunstwerke, die Selbständigkeit und theologische Kühnheit bewiesen, wie sie großer Kirchenkunst eigen ist – eine Erforschung des Anteils der Maler und Bildhauer an der Entwicklung des kirchlichen Lehramtes würde zu manchen Überraschungen führen. Obwohl die Kunsthistoriker den Historismus inzwischen rehabilitiert haben, wird weiterhin zu oft bezüglich der Bauten des 19. Jahrhunderts von Nachahmung, Mangel an Originalität und Eklektizismus geredet; gegen jeden Augenschein, denn der unbefangene Betrachter sieht sofort, daß diese Kunstwerke in ihrem Spiel mit der Tradition völlig neuartige Formen hervorbrachten. Wird das Neue erkannt, macht man es dem Künstler, hier Alfons Marmon, wiederum zum Vorwurf: sein Altar sei überhaupt nicht romanisch.

Marmons Altäre waren tatsächlich nicht romanisch, schon allein deswegen, weil es in der Romanik seinen Typus des Hochaltars nicht gab. Sein Triumphbogen stammte aus der florentinischen Renaissance. Man kennt solche vollplastischen Reliefaltäre von der Familie della Robbia. Marmons Skulpturen aus Lindenholz halten ein überaus kunstvolles Gleichgewicht aus Naturbeobachtung und Stilisierung: nervöse, große Hände, geistvolle Köpfe, umwallt von fließenden Jugendstilgewändern. Es lohnt sich, bei der Konzeption des Altars zu verweilen. Sein Thema ist die Inkarnation. Die Tore rechts und links vom Tabernakel führten in die Casa Santa von Nazareth und in die Geburtsgrotte von Bethlehem, die beiden Orte, die mit der Fleischwerdung des Wortes verbunden sind. Auf dem Altar der historischen Casa Santa, die sich heute in Loreto befindet, steht in Bronzebuchstaben: „Hic verbum caro factum est" – hier ist das Wort Fleisch geworden. Das hat einen doppelten Bezug, denn in den Mauern dieses Hauses hat Maria Jesus empfangen, und auf dem Altar in der Messe findet gleichfalls eine Fleischwerdung statt. Indem Marmon beides, Verkündigung und Christi Geburt auf seinem Altar gestaltete, betonte er diesen Aspekt der Messe. Er verlagerte den Akzent vom Opfer auf die Opfergabe, den Gottmenschen. Die Botschaft des Altars war, daß Christus auf dem Altar nicht nur geopfert, sondern auch geboren wurde.

Der theologischen Kraft und der sinnlichen Verbindlichkeit der byzantinischen Ikonen lassen sich nur wenige Bilderfindungen der lateinischen Kirche zur Seite stellen; die wichtigsten entstanden bezeichnenderweise aus Visionen: die Pietà, die in die Betrachtung ihres toten Sohnes versunkene Gottesmutter, die aus der Mystik Thüringens stammt; die Immaculata von Lourdes aus der Vision der Bernadette und das Herz Jesu aus der Vision der Marie-Marguerite Alacoque. Im Herz-Jesu-Bild ist das Gottmenschenmysterium am sinnfälligsten ausgedrückt. Der Körper, in dem es sich verwirklicht, manifestiert sich in einem brennenden Herzen, einem blutroten Stück Eingeweide, aus dem die göttlichen Liebesflammen schlagen. Alfons Marmon setzte unter den Rundbogen seines Gottmenschenaltars einen Herz-Jesu-Christus, aber nicht in der Intimität des auf die Meditation eines einzelnen ausgerichteten Andachtsbildes, sondern als Pantokrator. Diese Vereinigung des göttlichen Weltenrichters mit der Herz-Jesu-Darstellung war eine vielleicht einzigartige Leistung; sie enthält ein Theologem von unerschöpflicher Tiefe. Auch für die Seitenaltäre fand Marmon ungewöhnliche Motive; man sah da den heiligen Karl Borromäus, der dem heiligen Aloysius von Gonzaga die Kommunion reicht. Gerhard Tersteegen schreibt, die wahre Geschichte der Kirche sei die Geschichte der Heiligen, den Rest könne man getrost der Profangeschichte zuordnen; selten habe ich diesen Gedanken so eindrucksvoll dargestellt gefunden wie auf diesem Altar.

Die Liturgie baut sich ihren Raum, das gilt auch für die neue Liturgie Papst Pauls VI. 1968 erklärte man der Gemeinde von St. Raphael, in der noch Stifter der Altäre lebten, die Marmon-Altäre seien „umstritten". Man beachte das Datum, ein Achsenjahr im Sinne Karl Jaspers: Studentenrevolten in Deutschland, Frankreich, in den Vereinigten Staaten; der Beginn der chinesischen Kulturrevolution mit Millionen Toten, mit ihrer Bilderstürmerei, der Verwüstung von Tempeln und Kunstschätzen – und das Jahr der Liturgiereform. Diese Ereignisse gehören zusammen, auch wenn sie nicht zusammenzugehören scheinen. Die künftige Geschichtsschreibung wird nicht anders können, als hier einen tiefen Zusammenhang zu erblicken. In St. Raphael zu Neuenheim vollzogen sich die Umwälzungen dennoch nicht revolutionär. Die Gemeinde hatte einen Pfarrherrn, der zugleich Stadtpfarrer von Heidelberg war. Ihn rühmte man, er habe „die vielerlei Umstellungen im geistigen und geistlichen Bereich ebenso wie im Äußeren der Kirche (nach dem Konzil) in meisterlicher Weise durchzuführen verstanden". Wie ein erfahrener Chirurg bereitete er die Gemeinde, wie es in der Laudatio zu seinem fünfzigsten Priesterjubiläum heißt, „behutsam auf die Umstellung" vor, um den Schnitt dann plötzlich und radikal zu vollziehen. Daß die Behauptung, der Marmon-Altar sei aus Gips, falsch war, wurde offenbar, als die Skulpturen zerhackt und zersägt wurden und das Lindenholz unter der farbigen Fassung zum Vorschein kam. Der würdige alte Geistliche, der in seiner korrekten Priesterkleidung nicht wie ein Vandale aussieht, blickte, wie Fotografien zeigen, mit einem still leuchtenden Lächeln auf sein Zerstörungswerk.

Wie war so etwas möglich geworden?

Ich bin nach dem Krieg, 1951, geboren. Als Kind erlebte ich bei meinen Eltern ältere Herrschaften, Intellektuelle mit schlohweißem Haar, die Männer hatten einen sogenannten Cäsarschnitt, die Frauen Pony, und sie trugen unförmige Bernsteinketten zum Sackkleid. Die Moderne hatte für mich ein greisenhaftes Antlitz. Die prägende Erfahrung dieser Menschen war die Jugendbewegung vor dem ersten Weltkrieg. Sie ist der große Ideenkochtopf des Jahrhunderts. Politische Bewegungen, die Todfeinde wurden, haben Pate gestanden, man denke an den Kommunismus und Nationalsozialismus. Und nicht nur Nacktkultur, Feminismus, Vegetarismus, Lebensreform, Neuheidentum, pseudoindische Meditation, Gay Liberation, Klampfenmusik und das Bauhaus haben hier Wurzeln und Ursprünge, sondern auch die Liturgiereform. Daß am Grund all dieser Bewegungen auch der glühende Idealismus von guten Menschen zu finden ist, die mißbraucht und verraten wurden, steht auf einem anderen Blatt. Aber die Zerstörungslust, die man einst an den Lagerfeuern mit heißen Backen beschwor, als man den Sturz des Alten und das Kommen herrlicher neuer Zeiten zusammenphantasierte, hatte sich aus der infantilen Phase bis in ein erstaunlich hohes Alter erhalten. „Wenn sich der Most auch ganz absurd gebärdet, / Es gibt zuletzt doch noch einen Wein", sagt Goethes Mephisto angesichts des jugendbewegten Baccalaureus. Im 20. Jahrhundert, das konnte Goethe nicht ahnen, ist das Verfahren ersonnen worden, die Gärung zu stoppen. In falscher Jugendlichkeit bleibt dann die Süße des Mosts erhalten, ein fatales Kopfschmerzgebräu wird daraus, das man Wein nicht nennen möchte. Der Jugendkult des 20. Jahrhunderts erfüllt sich in einem grausigen Fluch: Nicht das Altern ist aufgehoben, aber der alternde Mensch darf nicht reifen und muß bis an sein Lebensende die längst erstorbenen Spiele seiner Jugend spielen. Am deutlichsten zeigt sich das in der Kunst, dieser engsten Verwandten der Religion, wo die Avantgardismen von 1905 als erstarrtes Ritual fast hundert Jahre später immer noch nachvollzogen werden müssen. Und diesem vergreisten Avantgardismus meinte sich die Kirche in ihrem Aggiornamento öffnen zu müssen, um zu überleben.

Die Geschichte von St. Raphael in Neuenheim ist noch nicht zu Ende. Die Apsis war nur leergeräumt. Der „Umbau sei in harmonischer, ja eleganter Weise bewerkstelligt worden", heißt es in der Festschrift für den Pfarrer. „Der Altar in Tischform ist Mahltisch der neubundlichen Gemeinde (…), keine Chorschranken hemmen den Zutritt der Gläubigen. Der Vorsitz der eucharistischen Gemeinde gebührt dem Priester (...), er steht der Gemeinde vor, er leitet die Versammlung" – und zwar von der Stelle aus, wo früher der Tabernakel gestanden hat. Der ist nun als Schränkchen in Form eines zerklüfteten Bronzezahnes an den Rand gerutscht. „Es hat sich einfach die Wertordnung etwas verschoben", teilte der Pfarrer der Gemeinde mit: „der Vollzug des Mahles und die tätige Teilnahme des mündigen Christen stehen im Vordergrund." Ja, die Wertordnung hat sich etwas verschoben. Worin bestand die tätige Teilnahme der Jünger, als sie sich von Christus im Abendmahlsaal die Füße waschen ließen? Worin bestand die tätige Teilnahme von Maria und Johannes, als sie unter dem Kreuz standen? Im Anschauen, Geschehenlassen, Warten und Beten. Aber ich will mich nicht länger mit dem oft und gründlich entlarvten Reformjargon auseinandersetzen. Dem Stadtpfarrer war es wie Moses nicht vergönnt, das Gelobte Land zu erreichen. Er führte seine Gemeinde in die weiße Steppe. Das Ausfüllen des leeren Raums war der nächsten Generation zugedacht.

Mit der Jugendbewegung ist auch das Basteln in die Welt gekommen, das Basteln als weltanschauliche und geistig hochstehende Tätigkeit. Allen möglichen Abfall zusammenzukleben, zusammenzuhämmern und das entstandene Sammelsurium mit Bedeutung aufzuladen, wurde zur Schamanentätigkeit des avancierten Künstlers. In dem Maße, in dem das christliche Priestertum demontiert wurde, bildete sich eine neue Kaste aus Kunstpriestern, die beliebigem Zeug die segnende Hand auflegten und es zum „Werk" weihten. In Joseph Beuys wurde von der Kritik der „niederrheinische Mystiker" erkannt; Otto von Simson, der sich mit mittelalterlicher Malerei wahrhaft gut auskennt, entdeckte, daß zwei leere Blutplasmakunststoffflaschen, die Beuys neben ein abgebrochenes Stöckchen montierte – „Kreuzigung" heißt das Werk – „die Wucht eines Giotto" hätten. Wenn das am grünen Holze geschieht, dann kann man den Pfarrer von St. Raphael nicht tadeln, der von einem im Beuysschen Sinn mit Müll bastelnden Priesterfreund – Kunstpriester im doppelten Sinn – eine Kreuzigung für die leere Apsis bestellte; ein Kreuz fehlte ohnehin, auch auf dem Altar stand selbstverständlich keines. Wieder wurde die Gemeinde „behutsam" vorbereitet. „Wer einen Kreuzweg auf Anhieb schön findet, ist nicht auf Golgatha, sondern in einem Schrebergarten gelandet", sprach ein Funktionär der Katholischen Akademie in Mainz. Diese Maxime mögen sich Cimabue, Botticelli, Tintoretto und Raphael, die es wagten, die transzendente, unzerstörbare Schönheit des Gottmenschen auch durch sein Leiden hindurchleuchten zu lassen, gefälligst hinter den Spiegel stecken. Symptomatisch ist auch die Verachtung kleinbürgerlicher Lebensformen. In Parenthese sei bemerkt, daß ein katholischer Funktionär der Welt eines Schrebergartens zwar weit enthoben ist, daß die Beschäftigung in einem solchen Garten jedoch human und würdig ist, und jedenfalls weit sinnvoller als die Teilnahme an Gesprächsabenden der Katholischen Akademie. Liturgische Kunst hat ganz ausdrücklich auch Schrebergärtnern zu dienen. Das katholische Wunder bestand in einem Ritus, der den erlauchtesten Geistern der Menschheit und analphabetischen Ziegenhirten genügte, Chinesen und Afrikanern, Kreuzrittern und Atomphysikern.

Anders als bei der Vernichtung der Marmon-Altäre, die vom fassungslosen und verwirrten Schweigen einer Gemeinde begleitet wurde, die zu Gehorsam und Vertrauen gegenüber ihren Hirten erzogen war, regte sich Widerspruch, als der Pfarrer daranging, der Gemeinde den Ankauf der Collage des Priesters und Künstlers Udo Körner schmackhaft zu machen. „Schrei und Wolke" hieß das Werk. Das Corpus des Gekreuzigten ist aus Baumrinde und nur angedeutet, ein Mund, dem sich ein Schrei entringen könnte, ist nicht erkennbar. Kreuz und Körper sind gespalten, aber wohl nicht, um an das Zerhacken des Marmon-Altares zu erinnern. Über dem Kreuz schwebt im Dunkeln rostiger Maschendraht. „Fromme Sehgewohnheiten stören" wollte Körner mit seiner millionenfach zu findenden Graphikeridee. Es werden in der ästhetischen Diskussion ja immer noch ganz falsche Fronten beschrieben – als kämpfte der berüchtigte „Röhrende Hirsch" gegen ein todesmutiges Häuflein der Avantgarde. Den „Röhrenden Hirschen" gibt es aber gar nicht mehr. Seine Stelle wird heute durch Werke wie „Schrei und Wolke“ eingenommen, „aufrüttelnde Kunst, die bohrende Fragen stellt von schonungsloser Aufrichtigkeit“, wie die schon unsäglich veralteten Phrasen heißen. Zu etwas Gutem hat die Auseinandersetzung um den Ankauf von „Schrei und Wolke“ für die Apsis von St. Raphael allerdings geführt. Das Werk hängt zwar nun dort, wo der Marmon-Altar stand. Aber ein älteres Gemeindemitglied sprach einen Satz aus, der den Kampf wohl wert war, einen Grundsatz von wahrhaft großer Einfachheit: „Christus hat Fleisch angenommen und ist Mensch geworden – sollte man ihn nicht wie einen Menschen darstellen?“

„Sie hauen hinein wie in ein Gebüsch und Wald, gleichviel ob sie einen Altar oder Gemälde treffen“, so klagte Martin Luther, als er von den Exzessen der Bilderstürmerei nach den Hetzpredigten seines einstigen Protegés Andreas Bodenstein von Carlstadt hörte. Luther war an den Bilderstürmen von 1521 und 1522, denen noch viele calvinistische Bilderstürme folgten, allerdings nicht unschuldig. Er erschrak, als offenbar wurde, was seine Schriften anrichteten. Wie ein Bildersturm aussah, zeigt ein zeitgenössischer Bericht über die Zerstörung des Klosters Reinhardtsbrunn, der Grablege der thüringischen Landgrafen: „(...) im Kloster steigerte sich der Frevelmuth in ausgelassenster Weise. Mit kirchenschänderischer Hand zerschlugen die tollen Menschen die dreiundzwanzig Altäre mit kostbarer Schnitzarbeit und Skulptur und die Bildwerke als Gegenstände des katholischen Heiligendienstes, und warfen sie ins Feuer, zerrissen und zerschnitten die kostbaren Altardecken, zerschlugen die drei Orgeln und zwölf Glocken und theilten unter sich, was davon brauchbar schien, schütteten das heilige Salböl aus seinem kunstvollen Krug auf die Erde und zerstreuten die Hostien mit dem hochwürdigen Sakrament herum; die Heiligen rissen sie aus ihren Schreinen, warfen sich damit im tollen

Übermuth und traten sie mit Füßen." Es folgen Grabschändungen und eine große Bücherverbrennung, die ganze handgeschriebene Bibliothek des Klosters geht in Flammen auf. Nein, in „harmonischer, ja eleganter Weise" wurde das Zerstörungswerk nicht ausgeführt, es wurde auch niemand „behutsam" vorbereitet. Die Bilder des großen nachkonziliaren Zerstörungswerks und der nachreformatorische Bildersturm ähneln, aber gleichen sich nicht.

Und doch ist es ein Ikonoklasmus, was wir in den letzten 35 Jahren erlebt haben. Bildzerstörung und Unfähigkeit zum Bild kennzeichnen diese Jahrzehnte. Das überaus typische neue Altarbild von St. Raphael ist nur vordergründig Bild, in Wirklichkeit ist es Bildverweigerung.

Nun könnte man fragen: Woher sollen liturgische Bilder des Gottmenschen kommen in einer Zeit, in der die herrschende Kunstrichtung die Darstellung des Menschen überhaupt verfemt? Ist der Rückzug auf das Zweite Gebot des Dekalogs – „Du sollst dir kein Bild machen" – da nicht vielleicht sogar das Bequemste? Im Zeichen dieses Zweiten Gebots standen der byzantinische und der reformatorische Ikonoklasmus. Man warf der Kirche vor, mit ihren Ikonen und Heiligenbildern dieses göttliche Gebot vom Berg Sinai zu mißachten. Das war ein furchtbarer Vorwurf, denn wer durfte es wagen, gegen ein göttliches Gebot derart zu verstoßen? Aus diesem Vorwurf erklärt sich auch die Wut, mit der in Byzanz und während der Reformation die Bilder zerschlagen wurden; diese Wut beanspruchte, ein heiliger Zorn zu sein, und hier liegt vielleicht der größte Unterschied zum gegenwärtigen Ikonoklasmus, der eine Zerstörung aus Angst und Schwäche ist.

Beging die Kirche ein Unrecht, als sie in den Katakomben zu einer Kirche der Bilder wurde? Das Zweite Gebot ist eindeutig. Nur Gott selbst kann es zurücknehmen. Und Gott hat es zurückgenommen. Er hat sein

Ebenbild geschaffen. Man könnte soweit gehen und Jesus Christus das Selbstporträt Gottes nennen, denn wenn einer nach Adam Gottes Ebenbild war, dann Jesus. Seit Jesus lautet das Zweite Gebot des Dekalogs: „Du sollst dir von Gott ein Bild machen, und diese Bild ist Jesus Christus."

Dieses Bild unterscheidet sich deshalb auch völlig von den großartigen Bildnissen der mythischen Gottheiten. Es gehört zu einem ganz anderen Kunstgenre. Der Begriff ist schon gefallen – das Jesus-Bild gehört zur Gattung des Porträts, es ist das Porträt einer realen Person. Zur Zeit der frühen Christen war die Porträtkunst hochentwickelt. In Fayum im hellenistischen Ägypten entstanden damals Porträts, die zu den realistischsten Menschenbildern gehören; zur gleichen Zeit blühte in Rom die Kunst der Porträtbüste. Man wußte, was ein Porträt war. Und natürlich durfte man Christus nicht wie eine griechische Gottheit idealisieren. Das war auch nicht nötig, denn man besaß ein reales Porträt, den Abdruck auf dem großen Leinentuch, das die frühen Christen für das bei Johannes erwähnte zusammengefaltete Tuch aus dem leeren Grab hielten. Dieses Tuch hat den ersten Malern von Christus-Ikonen als Vorbild gedient. Das einzigartige Gesicht auf diesem Tuch wurde Modell für den Christus-Typus, der zwar duch die Jahrhunderte, vor allem im Westen, ständig modifiziert wurde, aber bis in die jüngste Vergangenheit hinein, auch bis hin zu unserem Herz-Jesu-Christus des Marmon-Altars, für jedermann erkennbar war. Es ist bezeichnend, wie gerade die Meister einer Epoche, in der sich die Malerei von der Religion zu lösen begann, mit diesem Christus-Typus umgingen: Auf den Abendmahls- und Hochzeit-von-Kana-Bildern eines Veronese etwa erscheint der Christus inmitten einer lebensvoll nach Modell gearbeiteten Menschenschar seltsam blaß, weil der Maler es nicht wagte und nicht wagen durfte, bei einer Christus-Darstellung von der Tradition abzuweichen. Auch für Künstler, die nichts von dem Grabtuch wußten, blieb der überlieferte Typus verbindlich. Ähnliches gilt für die Bilder der Muttergottes, wobei es nicht in erster Linie darauf ankommt, ob der Evangelist Lukas Maria wirklich porträtiert hat – wichtiger ist, daß es den frühen Christen darum ging, kein fiktives, sondern ein reales Bild Mariens zu besitzen.

Christus ist die Wahrheit, die angeschaut werden muß, weil sie über alles Wissen geht, um ein Wort des Gregor von Nyssa zu zitieren, und deshalb ist das, was die Reformation „Bilderdienst" nannte, ein wesentlicher Bestandteil der christlichen Religion. Als schwache Spuren der Fleischwerdung können die Christen die heiligen Bilder gar nicht genug verehren. Noch das unbeholfenste Bild ist wie jener Gewandzipfel Jesu, den die Frau im Gedränge hinter ihm ergreift, „denn es ging eine Kraft von ihm aus", wie es im Evangelium des Lukas, des Madonnenmalers, heißt. Es gehört jedenfalls zu den eigentümlichsten Koinzidenzen der Geschichte, daß zum Beginn dieses Jahrhunderts, als die Fähigkeit verlorenging, das Bild des Menschen zu malen, die fotografischen Negative den Körper auf dem Turiner Grabtuch wieder in das allgemeine Bewußtsein gerufen haben, als solle das Bild des Gottmenschen auch in der kulturellen Katastrophe der Bilderlosigkeit nicht verlorengehen.

So wie das Christusbild von Gott selbst gewählt wurde und so wie die Christen versuchten, dieses reale Bild festzuhalten, so verknüpften sie auch die Liturgie, die ja ihrerseits ein großes Bild ist – deshalb geht die Krise der heiligen Bilder mit einer Krise der Liturgie einher –, auf das engste mit den konkreten Orten des Heilsgeschehens. Im Heiligen Grab, wo das zusammengefaltete Tuch gefunden wurde, feierte man schon in frühesten Zeiten die Messe, weil man wußte, daß die Eucharistie eben nicht in erster Linie das Abendmahl des Gründonnerstags vergegenwärtigt, sondern Tod und Auferstehung des Herrn. Noch heute kann man in der Grabeskirche zu Jerusalem erleben, wie die örtlichen Gegebenheiten des Grabs die große Liturgie schufen. Ich spreche nicht vom Kirchenraum, der sich über dem Grab auftut, sondern von den engen Grabkammern, dem Vorraum, in dem die Frauen den Jüngling im weißen Gewand sahen, und der eigentlichen Grabkammer mit ihrer Nische für den Leichnam. Nur wenige Menschen können dort an einer Messe teilnehmen. Der Priester bleibt bis zum Credo bei der Gemeinde im Vorraum. Zur Opfermesse geht er in die Grabkammer. Dort ist er allein und unsichtbar. Der Altar ist die Nische, in der der Körper Jesu lag. Das weiße Altartuch ist das Leichentuch, die Hostie der Leib. Die Art und Weise, wie die Hostie mit dem Leben der Gottheit erfüllt wird, bleibt der Gemeinde verborgen, sie hört nur das Flüstern des Priesters. Meßopfer und Auferstehung werden eins. Zugleich aber wird auch deutlich, woher der Wunsch der frühen Christen stammt, die heiligen Mysterien hinter Ikonostase, Lettner, Chorschranken, verborgen vom Körper des Priesters, erscheinen zu lassen. Das hermetische, entrückende Moment, mit dem auch die alte lateinische Liturgie die Wandlung umgibt, stellt nichts anderes als das mit einem Stein beschwerte Heilige Grab dar, in dem der Gottmensch aus dem Tod erwachte. Dieses Ereignis hatte den Kosmos zum Zeugen, aber keinen lebenden Menschen. Was in der Liturgie als spätere Zutat erscheint, als Begleiterscheinung konstantinischer Basiliken und gotischer Kathedralen, erweist sich als mit dem Kern der Heilsgeschichte am engsten verbunden. Christliche Liturgie ist Warten unter dem Kreuz und vor dem Grab. Auch dieses Bild hat die Liturgiereform versucht auszulöschen.

Das Grab von Jerusalem ist das Bild der alten Liturgie. Sie hatte den Auferstandenen im Blick und wandte sich deshalb nach Osten. Die aufgehende Sonne war für sie Zeichen der Welterschaffung, der Auferstehung und der Wiederkunft Christi. In ihrer Erwartung beteten Priester und Gemeinde in derselben Richtung. Nach der Liturgiereform hat sich der Priester umgedreht, sieht die Gemeinde an, während er vorgibt, mit Gott zu reden. Das Modell der neuen Liturgie ist der Vorstandstisch bei einer Partei- oder Vereinsversammlung mit Mikrophon und Papieren, links steht eine Ikebana-Schale mit alter Wurzel und bizarrer orangefarbener exotischer Pflanze, rechts befinden sich zwei Fernsehkerzen in handgetöpfertem Leuchter. Würdig und gesammelt blicken die Vorstandsmitglieder ins Publikum, wie die Kleriker während einer Konzelebration. Eine solche Vereinssitzung mit demokratischer Geschäftsordnung ist der Phänotyp der neuen Liturgie, und das ist auch nur konsequent, denn wer das überzeitliche Mysterium nicht will, der wird unvermeidlich in der politischen und gesellschaftlichen Wirklichkeit landen. Einen dritten Weg gibt es nicht. Natürlich kommt es gelegentlich zu Brüchen. Es soll Kleriker geben, denen es Schwierigkeiten bereitet, zur Wandlung das richtige Gesicht aufzusetzen. Welcher Gesichtsausdruck paßt zur Wandlung? Auch hierzu ein Goethe-Zitat aus dem Dialog von Faust und Wagner: „Ich hab es öfters rühmen hören / Ein Komödiant könnt einen Pfarrer lehren. – Ja, wenn der Pfarrer ein Komödiant ist; / Wie das denn wohl zuzeiten kommen mag." Konsequenterweise hat man die uralten Meßtexte etwa vom Fest der Märtyrerinnen Perpetua und Felicitas gestrichen, in denen in bezug auf die Messe von „seligen Geheimnissen", von „geheimnisvollen Gaben und Freuden" die Rede war. Es ist ja offensichtlich, daß von keinem Vorstandstisch der Welt „geheimnisvolle Gaben und Freuden" zu erwarten sind.

Denn wo der Ritus in seiner die Fleischwerdung vergegenwärtigenden Kraft nicht mehr erkennbar ist, können auch jene Teile der Messe, die auf den ersten Blick nicht-ritueller Natur sind, nicht mehr in der Fülle verstanden werden, die sie in der Liturgie besitzen, etwa

Evangelienverkündung und Credo. Was ist liturgisch? Man könnte sagen: Liturgisch ist wirksames und wirkendes Beten. Liturgisches Beten ist immer sakramental – es bewirkt das heiligende und segnende Handeln Christi. Das Lesen des Evangeliums in der Messe ist deshalb nicht das Mitteilen eines Textes, mit dem die Zuhörer sich auseinandersetzen sollen, sondern die sündenvergebende Gegenwart des lehrenden und heilenden Christus, und so scheinen die Evangelien auch konzipiert zu sein. Das Glaubensbekenntnis ist als liturgisches Gebet keine Sammlung von – auf verschiedenen Konzilien – teilweise brachial durchgesetzten Dogmen, sondern ein neues Eintreten jedes einzelnen in die reinigende Frische der Taufe, Anwesenheit der Gemeinschaft der Heiligen, kirchenschaffende Wirkkraft der Dreifaltigkeit. An diese Wirkungsweise ist in der neuen Liturgie nicht zu denken, sie ist auch gar nicht gewollt.

Es liegt in der eigentümlichen Natur dieses Jahrhunderts, daß man die Axt an den grünen Baum der Liturgie legte und zugleich die tiefsten Erkenntnisse über die Liturgie formulierte, allerdings nicht innerhalb der römischen Kirche, sondern in der Kirche von Byzanz. Ein Papst hat die Liturgie angetastet. Die vom Papst abgespaltene Orthodoxie hat Liturgie und liturgische Theologie unter den furchtbaren Prüfungen des Jahrhunderts bewahrt. Diese Tatsachen bergen für einen Katholiken, der sich die naheliegenden zynischen Rückschlüsse verbietet, ein quälendes Rätsel. Man ist versucht, von einem tragischen Geheimnis zu sprechen, obwohl das Wort tragisch in christlichen Zusammenhängen eigentlich nichts zu suchen hat. Die Messe des Heiligen Gregor des Großen, die alte lateinische Liturgie, befindet sich heute am „lunatic fringe" der römischen Kirche, während die Göttliche Liturgie des Heiligen Johannes Chrysosthomos in vollem Glanz in der Mitte der orthodoxen Kirche lebt. Der Gedanke, von der Orthodoxie zu lernen, ist nicht populär. Man wird sich aber daran gewöhnen müssen, gründlich zu studieren, was die byzantinische Kirche zu den heiligen Bildern und zur Liturgie zu sagen hat. Das betrifft ungeschmälert auch das Wesen des lateinischen Ritus, ja, es scheint, als lerne man ihn in seiner Geisterfülltheit überhaupt erst aus östlicher Perspektive richtig kennen. Der größte liturgische Schriftsteller unseres Jahrhunderts ist der russische Priester Pawel Florenski, der 1938 unter Stalin erschossen wurde. Für mich gehört es zu den größten Hoffnungszeichen, daß der Papst das Bild Florenskis, der übrigens kein Heiliger der orthodoxen Kirche ist und dessen Kanonisierung wohl auch nicht erwogen wird, in seine Privatkapelle aufgenommen hat.

Chesterton erinnert daran, daß Hoffnung, die sich auf die geringste Wahrscheinlichkeit gründet, eigentlich nicht mehr als christliche Tugend bezeichnet werden kann. Sollte man also die Hoffnung, daß durch einen Florenski lesenden Papst die alte christliche Liturgie wiederbelebt werde, als allzu naiv empfinden, bleibt für die große absurde christliche Hoffnung immer noch genügend Raum. Wer glaubt, daß die Liturgie der Inkarnation und die heiligen Bilder innig und wesentlich mit dem Glauben an Christus verbunden sind, ja aus ihm hervorgehen, wer sich eher den Untergang der Religion vorstellen kann als ihr Fortbestehen ohne Liturgie, der mag sich insgeheim, was den Ausgang der Katastrophe angeht, sogar in Sicherheit wähnen. Wie das Beispiel des byzantinischen Ikonoklasmus zeigt, sind hundert Jahre für die Überwindung einer solchen Krankheit nicht viel. Bis dahin bedarf es wie einst in Byzanz des Widerstands unbeugsamer Priester und Mönche, um die Tradition lebendig zu halten, damit sie nicht eines Tages aus Büchern rekonstruiert werden muß. Aus der Heidelberger St. Raphaelsgemeinde haben manche bei der Zertrümmerung ihrer Altäre Spolien gerettet und nach Hause getragen. Nach dem Vorbild des Heiligen Franziskus, der die Portiuncula-Kapelle wiederaufbaute, könnten sie versuchen, den Herz-Jesu-Pantokrator-Altar wiederherzustellen. Am ersten Fastensonntag feiert die orthodoxe Kirche das Ende des Ikonoklasmus mit dem großen „Fest der Wiederherstellung der Orthodoxie". Und so träume ich davon, daß an diesem und an vielen anderen wiederaufgerichteten Hochaltären einst auch der Wiederherstellung der lateinischen Orthodoxie dankbar gedacht werden kann.

Die Avantgarde der Tradition

Die Benediktiner von Fontgombault

In dem breiten steinernen Gang auf unregelmäßig großen, gelegentlich buckligen Platten gehen zwei junge Männer in schwarzen Lederjacken und mit kurzgeschorenen Haaren, Kadetten einer Militärakademie in Zivil. Ihnen folgt ein beleibter älterer Herr mit goldener Brille, das rote Bändchen der Ehrenlegion am Revers der dunkelblauen Anzugjacke. Dann kommt ein alter Priester in fleckiger Soutane, dann ein kleiner Junge in kurzen Hosen mit rotgefrorenen Beinen. Es ist so kalt, daß der Atem weiße Wolken bildet. An einem Türchen in der langen Mauer hält der kleine Zug an; man wartet. Dann tritt ein junger Mönch in schwarzer Kutte heraus. Er trägt ein vergoldetes Becken und eine Kanne, über seinem Arm liegt ein dünnes Leinenhandtuch. Der Mönch hält den Kopf gesenkt; man erkennt, daß er mit dieser Haltung einer Vorschrift folgt.

Ein grauhaariger Mönch kommt der Gruppe entgegen. Er trägt an einer Kette ein goldenes Kreuz auf der Brust, seine Hände verbirgt er unter dem Skapulier, dem breiten schwarzen Stoffstreifen, der über Brust und Rücken herabhängt. Er begrüßt jede Person einzeln; die Gäste treten zu ihm heran, beugen das linke Knie und küssen seinen goldenen Ring. Dann winkt er dem Mönch mit Becken und Kanne. Jeder Gast hält die Hände über das Becken, während der grauhaarige Mönch Wasser aus der Kanne darübergießt und daraufhin das Handtuch reicht. Die Gäste durchschreiten die kleine Tür und gelangen in einen großen, kahlen Saal mit gotischen Gewölben. In langer Front stehen etwa hundert Mönche, die Hände unter dem Skapulier verborgen, vor den Reihen der Eßtische. Alles schweigt. Es beginnt das Abendessen im Benediktinerkloster Notre-Dame de Fontgombault.

Wenn der Fremde die Vielzahl von Eindrücken eines solchen rituellen Mahles in einer einzigen abstrakten Formel zusammenfassen sollte, wäre er vielleicht geneigt, von einer Aufhebung des Unterschiedes zwischen dem Wichtigen und dem Unwichtigen zu sprechen. Alle Gerätschaften, die zum Essen dienen, werden, ohne kostbar oder auch nur schön zu sein, mit Bewußtheit und Bedeutung behandelt. Kanne und Becken, die eben noch dem Abt zur Handwaschung bei den Gästen dienten, stehen nun in einer steinernen Nische, genau wie in der Abteikirche, wo das Wasser für die Handwaschung während der Messe in der Nähe des Altars bereitsteht. Jeder Mönch reinigt am Schluß des Essens seinen Löffel und sein Messer mit der Serviette und wickelt das Besteck dann in das weiße Tuch, gleichfalls wie in der Messe, bei der das sorgfältige Auswischen des Kelches nach der Kommunion den Abschluß der liturgischen Handlungen bildet.

Die Lesung während des Essens, die zunächst ein Kapitel der Ordensregel, dann aber ein Werk über die neuere französische Geschichte zum Gegenstand hat, wird von einer Kanzel und trotz des säkularen Inhalts psalmodierend vorgetragen, eigentlich sogar gesungen. Die Mönche, die servieren, verneigen sich bei jedem Betreten oder Verlassen des Saales vor dem großen Kruzifix über dem erhöhten Platz des Abtes; wenn sie dem Abt etwas zu sagen haben, flüstern sie auf Knien in sein ihnen zugeneigtes Ohr. Mit einem hölzernen Hammer hat der Abt das Zeichen gegeben, die Mahlzeit zu beginnen; ein gleiches Zeichen beendet sie. Auch in den großen Messen des Konvents gibt der Zeremoniar den Zelebranten solche Zeichen, indem er mit dem Knöchel auf sein Gebetbuch klopft, um einen Einschnitt in der Zeremonie anzuzeigen.

Die Speisen: einige Radieschen mit Butter, eine klare

Gemüsebouillon, etwas Karottensalat, ein Stück Fisch in weißer Soße, grüner Salat, Käse aus eigener Molkerei, Zichorienkaffee, dazu ein frisch-säuerlicher, vollkommen sauberer Rotwein. An Fasten- oder Festtagen spiegelt die Speisenfolge durch drastische Kargheit oder angedeutete Eleganz die Strenge oder den Reichtum der Liturgie des Tages. Der formalen Strenge des täglich auf die Minute gleichen Ablaufs zum Trotz scheint niemand sich beengt oder getrieben zu fühlen. Ein alter Schuster, Pensionär des Klosters, der die Schuhe der Mönche herstellt und flickt, ißt in gesammelter Ruhe seine Birne mit einem Stück Brot und hat die Serviette genau in dem Augenblick zusammengefaltet, in dem der Abt den kleinen Hammer in die Hand nimmt.

Die Abtei Fontgombault wurde vor neunhundert Jahren gegründet und ist dennoch ein vergleichsweise junges Kloster. Nach Errichtung der mächtigen romanischen Abteikirche und Jahrhunderten der Blüte folgte ein früher Niedergang, die Zerstörung in den Religionskriegen, ein immer schattenhafteres Dasein unter „Kommendataräbten", die das Kloster vorwiegend als wirtschaftlichen Betrieb ansahen, und schließlich die Aufhebung kurz vor der Großen Revolution. Die Abteikirche wurde zum Steinbruch; Chor und Fassade blieben erhalten, die behauenen Steine des Kirchenschiffs aber findet man in den Mauern der grauen umliegenden Bauernhäuser wieder. In der zweiten Hälfte des 19. Jahrhunderts wurden die fehlenden Teile des Baus auf eine etwas kalte Weise ergänzt. Die alten Steine aber haben jeder für sich einen eigenen Charakter, sind an den Rändern abgeschliffen und glänzen wie poliertes Bein; nach dem mit dem Lineal gezogenen neuen Schiff biegt sich die Achse des Chores leicht zur Seite. Sie ahme das auf die Schulter gesunkene Haupt des Gekreuzigten nach, sagt man im Kloster. Französische Kirchen sind nach den Wechselfällen der Geschichte häufig recht kahl zurückgeblieben. Der dreischiffige, kathedralenhaft weite Bau enthält denn auch nur ein einziges Bildnis: „Notre-Dame de Bien-Mourir“, „Unsere Liebe Frau vom Guten Sterben“ – die Steinskulptur einer thronenden Muttergottes, in deren majestätisch starren Augen noch etwas vom späten Rom des Kaisers Konstantin zu ahnen ist.

Benediktinermönche sind in das Kloster erst 1949 wieder zurückgekehrt. Die Neugründung ging von der Abtei Solesmes aus, die im 19. Jahrhundert an der Wiederentdeckung des alten Gregorianischen Chorals teilhatte. Aber erst nach dem Zweiten Vatikanischen Konzil sollte die Abtei ihren geheimen Ruhm weit über Frankreichs Grenzen hinaus gewinnen. Die Rückkehr zur vollständigen Regel des heiligen Benedikt, zum unverkürzten Stundengebet und zu der großen Liturgie des Westens, die im wesentlichen aus der Zeit Papst Gregors des Großen (540–604) stammt, wird in einer reformfreudigen Zeit als besonders wagemutige Reform begriffen.

Vor allem junge Leute fahren nach Fontgombault. Auch die meisten Mönche sind jung. In ihren Kutten gleichen sie Gestalten aus einem Fresko des Giotto, aber wenn sie Besuch bekommen und mit ihren Brüdern und Verwandten, die moderne Kleidung tragen, im Garten des Gästeflügels auf und ab gehen, wird sichtbar, daß sie keineswegs im Mittelalter zu Hause sind. Mit Blick auf den Familienbesuch wird deutlich, was die Einkleidung eines neuen Mönchs bewirkt: Der Kopf wird kahlrasiert, der Körper, den die bürgerliche Kleidung möglichst vorteilhaft zur Geltung bringen wollte, verschwindet unter dem weiten schwarzen Gewand. Ein Höchstmaß an Gleichförmigkeit scheint das Ziel zu sein, und doch kommt das Gegenteil dabei heraus. Was dem Beobachter zunächst altertümlich vorkam, begreift er nun als eine ins Zeitlose gesteigerte Individualität, die sich hinter modischer Frisur, bunten Pullovern und Jacken zeitgenössisch-kollektiv verborgen hatte.

So wird für den Fremden, dem die Messen und ihr Choralgesang womöglich zunächst als überaus detailreiches, schwer mitzuvollziehendes Schauspiel erscheinen, vor allem an kleinen Beobachtungen im Laufe des Tages deutlich, daß es sich gerade nicht um ein Schauspiel handelt oder jedenfalls um eines, das niemals ein Ende hat. Man entdeckt, daß es in diesem Kloster keine Welt „hinter den Kulissen" gibt, keine triviale Alltagswelt, die gelegentlich in festliche Zeremonien mündet. Die Regel Benedikts und ihre Umsetzung in Fontgombault versuchen, ein Leben in Parenthese zu verhindern, indem sie den ganzen Tag zur Liturgie erklären. In überraschender Weise verschränken sich auf diese Weise Liturgie und Höflichkeit. Zwei Mönche, die sich tagsüber begegnen, begrüßen sich mit der gleichen geformten Verneigung, die auch dem Priester während der Messe zukommt. Wer an die Tür klopft, erhält von innen die Antwort: „Deo gratias!" Jedes profane Schriftstück, jeder Brief beginnt mit dem Wort „Pax!" Der eben eingetroffene Gast wird als erstes in die Kirche geführt, wo der Mönch, der ihn empfangen hat, stumm für ihn betet. Im Kreuzgang, der die Kirche mit dem Speisesaal, dem „Refektorium", verbindet, vermeiden die Mönche, die durch ein steinernes Band gekennzeichnete Mitte zu betreten; sie ist bei der festtäglichen Prozession dem Priester vorbehalten. Die Mönche, die auf dem Feld, im Weinberg und mit dem Vieh arbeiten, bleiben über die unterschiedlichen Glockenzeichen aus dem Vierungsturm der Abtei mit dem Rhythmus des geistlichen Lebens im Haus in Verbindung. Die Priester sprechen, während sie ihre Ornate anlegen, bei jedem einzelnen Stück ein bestimmtes dazu gehörendes Gebet, aber genauso hat jeder Mönch, wenn er morgens seine Kutte anzieht, dazu ein Gebet gesprochen und sie dadurch zu einem liturgischen Kleidungsstück gemacht.

Das meiste von diesen Verhaltensweisen bleibt dem

Außenstehenden selbstverständlich verborgen. Er bewohnt die „Hotellerie", den Gästetrakt, der durch schwere, beständig verschlossene Tore von der Klausur, der Wohnung der Mönche, getrennt ist. Nur mit vorher eingeholter Genehmigung des Abtes ist es einem Mönch erlaubt, mit einem Fremden zu sprechen. Man hat nicht den Eindruck, daß diese Vorschrift als besonders lastend empfunden wird. Die über den Tag verteilten sieben Gebetsstunden, die große Messe des Konvents, die Mahlzeiten und die in dieses Gerüst hineingepaßte körperliche Arbeit erlauben ohnehin kaum Abweichungen vom Zeitplan. Die jüngeren Mönche gehen fast immer sehr schnell; sie haben etwas Zielbewußtes und sind zugleich in Gedanken versunken. Wer sie anspricht, erlebt trotz der lächelnden Aufmerksamkeit, die ihm augenblicklich entgegengebracht wird, daß er gestört hat. Es kommt einem vor, als habe der streng geregelte Tagesablauf die Schleusen eines Gedankenstromes geöffnet, der die Aufmerksamkeit des einzelnen vollständig ausfüllt.

„Der höchste Aristokrat ist nicht der Feudalherr auf seinem Schloß, sondern der kontemplative Mönch in seiner Zelle", schreibt der kolumbianische Philosoph Gómez Dávila. Die Einsamkeit eines solchen beschaulichen Lebens, die durch den Umstand, daß es in Gemeinschaft mit zahlreichen anderen Einsamkeiten stattfindet, nicht beschränkt wird, scheint zunächst mit dem Begriff der Aristokratie, die ein Höher und ein Niedriger kennt, also von der Beziehung zum Ganzen der Gesellschaft lebt, nicht vereinbar. Winzige Äußerungen, geradezu unabsichtlich wirkende und zunächst unverständliche Bemerkungen im Gespräch mit dem einen und anderen Mönch lassen dann aber diese Einsamkeit in einem ganz anderen Licht erscheinen. Es sieht so aus, als ob es in diesem Kloster viele Mönche gibt, die die Ermahnung Benedikts in der Ordensregel, „daß man im Angesicht der Engel stehe, während man bete", überaus wörtlich verstehen. Die im Hochgebet der Messe genannten „Cherubim und Seraphim, Throne und Herrschaften, Mächte und Gewalten" werden offenbar in einem liturgisch geführten Leben der Einsamkeit in Gemeinschaft fühlbar, womöglich sogar sichtbar. Der Begriff Aristokratie erhielte unter dem Eindruck solch unsichtbar kosmischer Ordnung tatsächlich eine völlig neue Bedeutung.

Von den Mönchen wird der Besucher über solche Erfahrungen allerdings nie anderes erfahren, als was in den Worten des Psalmisten, der Kirchenväter und des Evangeliums vorgeprägt worden ist. Dies Kloster ist kein Ort der geistlichen Konferenzen, des theologischen Erfahrungsaustausches oder gar programmatischer Bekundungen. Liturgische Gegebenheiten einem Für und Wider auszusetzen, würde hier vermutlich als bereits dem Wesen der Liturgie unangemessen empfunden. Für den Außenstehenden könnte keine Erörterung der Prinzipien des Klosters derart belehrend sein wie die Beobachtung seiner Praxis. Wer sich mit den literarischen Zeugnissen der Mystiker befaßt hat, ahnt ohnehin, welche Absichten und Ziele hinter der Einübung gemeinschaftlicher Einsamkeit stehen.

Keine Worte aber vermögen den Eindruck zu ersetzen, den der Anblick einer der wenigen geistlichen Übungen des einzelnen Mönches, die der Außenstehende miterleben kann, hervorruft. Es ist die Rede von den Messen, die jeder Mönch, der zugleich Priester ist, morgens nach dem Stundengebet für sich allein zelebriert. Am späteren Vormittag gibt es natürlich eine lange feierliche Messe mit Choralgesang, mit Priester, Diakon und Subdiakon und dem gesamten Konvent, aber da nach alter Regel jeder Priester täglich selbst eine Messe zelebrieren sollte, erfüllen die zahlreichen Priester der Gemeinschaft diese Pflicht einige Stunden vorher. Es gibt nur noch wenige Klöster des Benediktinerordens, die an diesem Brauch festhalten; die meisten davon stehen in einer engen Verbindung mit Fontgombault.

Die Kirche ist leer. Es ist noch dunkel, wenn die „Privatmessen“ beginnen, wie man sich umgangssprachlich und falsch ausdrückt, weil, wie ein Mönch sagt, „die Messe niemals etwas Privates“ sei. Vor jedem Pfeiler des Schiffes ist ein kleiner Altar aufgemauert, vollkommen schmucklose steinerne Tische. In den Seitenschiffen des Chores, bereits hinter den Chorgittern, sind weitere Altäre zu ahnen. Ein langer Zug verläßt die Sakristei. Je ein Priester in farbigem Ornat, die weiße Kapuze seines Chorhemdes tief über den Kopf gezogen, in den Händen den Opferkelch unter einem zum Meßgewand passenden Tuch, wird von einem jungen Ministranten in schwarzer Kutte begleitet. Der Zug teilt sich; bei jedem der kleinen Altäre bleiben ein Priester und ein Ministrant zurück, bis alle zwölf sichtbaren Altäre besetzt sind. Überall dieselbe tiefe Verneigung vor dem Altar, überall das An-die-Brust-Schlagen des Schuldbekenntnisses, zu gleicher Zeit der Schritt auf die Stufe und das lautlose Lesen des Eingangspsalms.

Wer sich hinten in die Mitte des Kirchenschiffs setzt, erblickt ein einzigartiges Bild. Die Messe, die sonst das Zentrum einer Kirchenhalle ausfüllt, erscheint hier auf einmal wie durch vielfache Spiegelung omnipräsent. Die Perspektive des auf den Chor zulaufenden Raumes ist bevölkert von einsam zelebrierenden Priestern, von denen jeder mit jeder seiner feierlichen Gesten, dem Heben der Hände, den Verneigungen und Kniebeugen, beansprucht, etwas Einzigartiges zu tun. Noch hinter dem Hochaltar wird plötzlich, beim Heben der Hostie, ein winziges Stück Rot eines Meßgewandes sichtbar. Keine Mauer, keine Kapelle, keine Säule, vor der nicht geopfert wird. Jeder Priester bewegt sich langsam; die Lippen der Lesenden formen sichtbar Wort für Wort. Für die Dauer dieser frühmorgendlichen Messe ist jeder Zelebrant aus der Gemeinschaft der Klosterfamilie, wie

Benedikt als altrömischer Patriarch seine Gründung nennt, herausgetreten. Das Priesteramt hat höchstpersönliche Pflichten geschaffen, von denen kein Kollektiv entlasten kann. Mehr noch als der musikalische und hieratische Glanz der großen gemeinschaftlichen Liturgien machen diese stillen Messen, deren einzige Geräusche die Schritte der ein- und ausziehenden Priester sind, eine mögliche Wirkung der Liturgie sichtbar: Kelch oder Sammelbecken zu sein für die vor einem bloß analytischen Zugriff zerfließende letzte Substanz der Person.

An einem einzigen Augenblick des Tages sieht der Beobachter die Ordnung der Bewegungen zerfallen. Das letzte gemeinsame Gebet ist die Komplet, das Abendgebet, das auf Benedikt selbst zurückgeht. Zwei Lichtquellen gibt es nun noch im Kirchenschiff: das Kerzenmeer zu Füßen der Muttergottes vom Guten Tod und das rote Pünktchen der Ampel, die vor dem Tabernakel am Ende des Chores hängt. Die Mönche haben in einem Hymnus um Schutz vor den „phantasmata", den dämonischen Beunruhigungen des Traumes, gebetet, sie haben von ihrem Vater, dem Abt, den Nachlaß von den Sünden des Tages erhalten und haben sich im Sprechen der Vaterunser-Bitte: „Et dimitte nobis debita nostra, sicut et nos dimittimus debitoribus nostris", miteinander ausgesöhnt. Der Abt hat jeden von ihnen mit Weihwasser besprengt und den ganzen Konvent gesegnet.

Nun beginnt die Zeit des auch durch vermeintliche Notwendigkeit nicht mehr zu unterbrechenden Schweigens. Nach drei Glockenschlägen stehen die Knienden auf und verlassen zum ersten Mal nicht in geformtem Zug, sondern frei durcheinanderlaufend den Chor und verteilen sich in der Kirche. Jeder sucht sich einen Platz für das eigene Gebet. Dort, wo die Leuchtkraft der Kerzen nachläßt, zeichnen sich vereinzelte Umrisse von schwarzen Körpern ab. Aber auch auf den Stufen der kleinen Altäre findet man plötzlich eine vertiefte Dunkelheit, die sich durch eine kleine Bewegung als Mensch zu erkennen gibt. Vor der Grabplatte des ersten Abtes, Petrus a Stella, erhebt sich ein einzelner kleiner Berg, und in den Seitenschiffen, in denen man kaum die Hand vor den Augen erkennt, findet man immer wieder solche Berge, die in der doppelten Umhüllung der Kutte und der Nacht nichts Menschliches mehr haben. In dem ungeordneten Aufbruch hatte für Sekunden etwas eifrig Wimmelndes gelegen. Es war, als versuche jeder einem erwarteten Ziel zuzustreben. Aber schon nach wenigen Schritten ist dies Ziel erreicht. Die Dunkelheit hebt das Gefühl des Räumlichen auf. Wer eine Weile still an seinem Platz bleibt, meint, auf eine ruhige und gewaltlose Weise zu fallen.

Carl Schmitt notiert in seinem Tagebuch unter dem 1.8.1948: „Nicht Robespierre, sondern Metternich hat die monarchische Krone zerstört. Es gibt nur Selbstzerstörung, suicide. Restaurationen sind eine spezifische Methode zur Erledigung und zur Zerstörung des Restaurierten. Warum? Weil sie Selbstzerstörungen sind. Also nur keine Restaurationen! Weder der Kirche noch des Staates, weder der Monarchie noch der Demokratie, weder von Thron noch von Altar, weder vergangener Formen der Freiheit noch vergangener Formen der Bindung und Autorität. ‚Wir ordnens. Es zerfällt. Wir ordnens wieder und zerfallen selbst' (8. Duineser Elegie)."

Die gelegentlich anzutreffende Neigung, das Leben der Mönche von Fontgombault als Versuch einer Restauration anzusehen, wird verständlich, wenn man die Ausstrahlung des Klosters bedenkt. Die Abtei steht in ihrem Zurückkehren zu den benediktinischen Quellen längst nicht mehr allein. Um des Zustroms Herr zu werden, sind von Fontgombault aus bereits vier weitere große Klöster gegründet worden. Mit Fontgombault eng verbunden sind außerdem das gleichfalls neu gegründete Kloster Ste. Madeleine du Barroux am Mont Ventoux, dem auch ein Frauenkonvent zugeordnet ist, das

Kloster St. Joseph in Flavigny in Burgund, das Frauenkloster Jouques und eine Reihe ähnlicher Gründungen und Seminarien, die allesamt eine große Anziehungskraft ausüben und in vollem Wachstum begriffen sind. Was diese Form eines für unsere Zeit ungewöhnlichen und jedenfalls unerwarteten Klosterlebens jedoch von dem Begriff der Restauration, wie ihn der Name Metternichs bezeichnet, trennt, ist der vollständige Mangel an politischem und sozialem Ehrgeiz. Das Wort Erziehung weckt in Fontgombault sehr lebendige Vorstellungen, aber es ist dabei ganz sicher niemals von einer Erziehung gewisser Gruppen, Volksschichten, Eliten, kurzum von der Erziehung fremder Leute die Rede.

Wer den Entschluß faßt, Mönch des Klosters Fontgombault zu werden, hat die Erziehung eines einzigen Menschen im Auge: seine eigene Person. Welche Früchte diese Erziehung trägt, wird im wesentlichen gleichfalls einer einzigen Person bekannt werden, nämlich dem Erzogenen selbst. Die in der Regel vorgeschriebene „stabilitas loci“, wie Benedikt das lebenslange Ausharren in ein und demselben Kloster nannte, sieht Wirkungsmöglichkeiten durch Herumreisen nicht vor. Wer die Wirkung dieser Erziehung kennenlernen will, muß vielmehr selbst nach Fontgombault tief in die Provinz fahren; was er dort sehen wird, sind vornehmlich die Mittel dieser Erziehung, die sich – das ist das Wesen der Liturgie – in einer sonst nur in der Kunst zu erlebenden Weise mit den Zwecken dieser Erziehung unauflösbar verbinden. Ob diese bisher vor allem von Frankreich ausgehende monastische Bewegung jemals Einfluß auf die Kirche der Gegenwart und der Zukunft wird nehmen können, ist unter diesen Umständen fast ebenso unwahrscheinlich, wie es die Entwicklung war, die von der Berufung des Fischers Simon und des Zöllners Matthäus zur Weltkirche geführt hat.

Liturgie ist Kunst

Wenn in Deutschland bei einer Auseinandersetzung über die große katholische liturgische Tradition erst einmal der Vorwurf des Ästhetizismus gefallen ist, dann weiß man schon, welche Partei verloren hat. Für die Verteidigung der Liturgie ist der Vorwurf des Ästhetizismus meist tödlich. Auch wenn wir Katholiken sind, so entstammen wir doch einem Land mit lange Zeit militanter Vorherrschaft protestantischer Kultur, und die kulturelle Prägung hinterläßt mindestens ebenso starke Spuren wie die religiöse; T. S. Eliot würde sogar sagen, daß die Kultur der praktische reale Ausdruck des religiösen Glaubens ist – wenn das stimmt, dann bewegt sich der katholische Deutsche in einem Zustand dauernder Schizophrenie, weil sein praktisch kultureller Glaubensausdruck sich von seiner Religion unterscheidet. Der Vorwurf des Ästhetizismus fährt uns wie ein Schuldvorwurf in die Knochen.

Das deutsche Laster Philosophie hat bis in die bescheidensten Gehirne hinein das Konstrukt eines Unterschieds von Inhalt und Form verankert. Nach dieser Doktrin seien Inhalte und Formen von einander ablösbar: Was sie den Inhalt nennt, die Abstraktion, der theoretische Extrakt, das ist für sie die eigentliche Wirklichkeit; die durchbluteten Körper, die sinnlich tastbaren Gestalten hingegen sind bloße Form, austauschbare Schattengebilde; wer sich mit dieser Form befaßt, verbleibt im Peripheren, im Akzidentiellen – wer aber durch die Form hindurchstößt zu den ewigen Abstraktionen, der ist ans Licht der Wahrheit gelangt. Formen sind hier fast etwas Beliebiges geworden, und manchmal sogar Schlimmeres – sie sind unwahr, sie sind verlogen. Wer die Form wahrnimmt und ernstnimmt, schwebt bereits in der Gefahr, gleichfalls verlogen zu sein. Er ist der Ästhetizist. Er sucht die Wahrheit an der falschen Stelle, nämlich im Bereich des Anschauens, und er sucht mit den falschen, mit den verbotenen Mitteln: mit seinen Sinnen nämlich, seinem Geschmack, seiner Erfahrung und seinem Verstand. Aus diesem denkerischen Aufstand gegen das Offensichtliche ist die Grundstimmung unseres Zeitalters geboren worden: ein die ganze Öffentlichkeit erfüllendes Mißtrauen gegen jede Art von Schönheit und Vollkommenheit. Etwas sei „nur schön“ – das ist heute die schärfst mögliche Verurteilung. In der Kunst wird das Unfertige, das Fragmentarische, das Zerbrochene begünstigt. Die Beherrschung handwerklicher Regeln und Fähigkeiten, die zum Gebrauch einer vollendeten Formensprache notwendig sind, wird verachtet. Am erregendsten ist es für den zeitgenössischen Kunstfreund, wenn gar nichts irgendwie Sichtbares geboten wird, nur noch ein paar verhuschte Zeichen, kryptische Spuren, die den neuen Schriftgelehrten zu Auslegungsexzessen dienen, die umso wortreicher ausfallen, desto weniger zu sehen ist.

Unter der Wucht des Angriffs dieser Zeitstimmung sind die Katholiken ängstlich und unsicher geworden, wenn es darum geht, ihre überlieferte Form des Opferns und Betens zu verteidigen. Diese Form, diese mächtige Architektur aus Sprache, Musik und Gebärden, war zu anschaulich, zu gestalthaft, um nicht den heftigen Widerspruch der Zeitgenossen zu erregen. Diese Form trat auf, als komme ihr Ehrfurcht zu, als wisse sie nichts von ihrer bloß dienenden Funktion, ihrer Austauschbarkeit, ihrer historischen Bedingtheit. Diese Form war so körperlich, so vollplastisch, daß sie die Feiernden daran hinderte, der Abstrahierung, Philosophisierung, Historisierung und Soziologisierung des Glaubens, wie sie eine neue Theologie leistete, willig zu folgen. Und dann besaß sie die schreckliche, die zutiefst verlegen stimmende, die frivole Eigenschaft, die angesichts der Blässe der neuen Verkündigung so gänzlich unpassend war: sie war schön. Nein, da gibt es nichts zu lachen: Aus seiner Zeit auszubrechen, ist schwer oder unmöglich, und manchmal scheint es, als sei kaum ein Mensch zu finden, der von diesem von der Zeit geforderten Schuldgefühl gegenüber der liturgischen Schönheit immer und überall frei geblieben ist.

Dies sind die Präliminarien, mit denen ich den Nachweis erbringen möchte, daß ich weiß, was ich tue, wenn ich mich dem Thema „Liturgie und Kunst" annähere. Und wie immer, wenn man einen Widerstand zu überwinden hat und Schwung dazu holt, läuft man Gefahr, über sein Ziel hinauszuschießen. Ich bin mir auch dieser Gefahr bewußt und wage mich in sie in voller Absicht hinein. Was ich versuche, erhebt nicht den Anspruch theologischer Deutung, es ist die Betrachtung Christi und seiner Werke aus einer bestimmten Lebenserfahrung heraus.

Oscar Wilde, der große Provokateur, hat in seinem letzten Werk, dem im Zuchthaus verfaßten Brief, der unter dem Titel „De profundis" gedruckt worden ist, Christus einen Künstler und zwar den größten Künstler genannt. Wilde achtete bei seinen Provokationen stets sorgfältig darauf, möglichst vielen Leuten auf einmal auf die Füße zu treten. Die Bezeichnung Christi als Künstler mußte die Frommen irritieren und argwöhnen lassen, er versuche Christus in seinen dekadenten Künstlerbetrieb hereinzuziehen, aber auch die Aufgeklärten waren verstimmt, denn sie freuten sich, Christus gerade losgeworden zu sein und wollten ihn nicht in Verbindung mit etwas so Ernstzunehmendem wie der Kunst wieder zurückgeholt sehen. Ich gestehe, daß ich bei erster Lektüre von „De profundis" diesen „Künstler Christus" als etwas gewagt empfunden habe, vor allem, weil Wilde dann nicht sehr viel brachte, um diesen Einfall zwingend zu begründen: Christi Einfachheit, sein Blick auf die Menschen, seine Phantasie, seine Anmut und seine Armut wurden da als künstlerische Eigenschaften angeführt – gut und schön, aber auch ein wenig enttäuschend in dieser für Wilde eigentlich untypischen lyrisch predigenden Begeisterung. Und doch hat mich das Wort „Christus, der Künstler“ nicht losgelassen.

Ich möchte mich hier, wie gesagt, mit „Liturgie und Kunst“ befassen. Das Thema klingt nach einer Erörterung von Kunstwerken, die zum liturgischen Gebrauch geschaffen worden sind; auch davon soll später die Rede sein. Zunächst interessiert mich aber das große Überkunstwerk, das die Liturgie selbst ist; ich möchte also die Liturgie der lateinischen Kirche hier einmal unter dem einen Gesichtspunkt betrachten, daß sie ein Kunstwerk ist und daß ihre Gestalt mit den Maßstäben, die für die Beurteilung von Kunstwerken gelten, besser erkannt werden kann. Der Schöpfer eines Kunstwerkes aber ist Künstler, und deshalb möchte ich hier einmal den Blick darauf lenken, daß Christus nicht nur nach der Lehre der Kirche der eigentlich Handelnde jeder Liturgie ist, sondern daß er die Liturgie von ihren ersten Augenblicken an durch seine Handlungsweise mit einem künstlerischen Impuls ausgestattet hat, und daß dieser künstlerische Impuls es war, der die Entwicklung und Ausformung der Liturgie aus ihren Kernhandlungen bis hin zu der großen lebenden Ikone eines feierlichen Pontifikalamtes bewirkt hat.

Das ganze Leben Jesu ist von liturgischen Handlungen durchzogen, ob er sich nun vorgefundenen liturgischen Formen unterwarf oder eine neue sakramentale Zeichensprache schuf. Aus den Ereignissen im Leben Jesu sei hier beispielhaft aber nur der Gründonnerstag herausgegriffen.

Der Logos ist Fleisch geworden in der Zeit der späten Antike. Wir alle ernähren uns bewußt oder unbewußt bis heute aus dem unerschöpflichen Schatzhaus dieser Menschheitsepoche, wir bilden, ob wir es wollen und wissen oder nicht, bis heute unsere Maßstäbe an den Werken der antiken Künstler und Schriftsteller. Aber die erstaunlichste Kunstleistung dieser Zeit hat keinen großen Urheber, sie ist kollektiv: die Fähigkeit der antiken Völker, die Gegenstände der Natur in eine Sprache der Kunst zu übertragen, eine höhere zweite Natur zu schaffen, die aus der Anschauung der Natur geboren war und zugleich eine veredelnde Neuschöpfung darstellte. Wer hat die griechische Säule erfunden? Wer hat als erster den aufrechtstehenden Menschen in diese zugleich abstrakte und durch die Schwingung ihrer Linien, ihr Anschwellen und Abschwellen, auch wieder organische Form verwandelt? Wer hat aus den Blättern der Akanthusstaude das korinthische Kapitell entwickelt, wer hat aus den gedrehten Ziegenhörnern der Opfertiere, die an den Pfosten der Opferstätten angebracht wurden, das ionische Kapitell gemacht? Die urälteste Balkenbauweise ist stilisiert und zum schmückenden Fries verwandelt, aufgehoben in den Marmortempeln der großen klassischen Zeit. Diese Gnadengabe der antiken Völker, die sie befähigte, in der Natur das in ihr ruhende Kunstwerk zu erblicken, besaß Christus in höchstem Maße, er hatte die Erde, wie wir glauben, „in der Fülle der Zeiten" zu dem Augenblick betreten, in der diese Gabe gerade noch blühte.

Die Szenerie des Gründonnerstags ist bekannt. Christus versammelt seine Jünger, um in Jerusalem mit ihnen das jüdische Ostermahl zu halten, zusammen mit Tausenden von Pilgern in der Stadt; dieser Ansturm hatte es notwendig gemacht, das rituelle Mahl über mehrere Tage hinweg zu erlauben, nicht nur am eigentlichen Festtag. Wir wissen auch, was Christus aus diesem Festmahl machte: das Opfer- und Erlösungsfest des Neuen Bundes, eines der größten Mysterien seiner an Mysterien reichen Wirkungszeit. Wie ging er dabei vor? Kein größerer Abstand zwischen der Neuheit der Tat und dem Alter ihrer Form ist denkbar. Christus verschmäht es, an geheiligte uralte Bräuche aus den Zeiten früherer Offenbarung zu rühren. Er spricht die alten

Gebete, er gebraucht die alten Gesten. Er, der aus dem Tempel die Händler, aber nicht die Priester vertrieben hatte, ändert bei der Stiftung des Neuen kein Wort. Er sprengt das Ritual nicht, obwohl er alles Recht dazu besessen hätte, als einziger. Und danach, *postquam coenatum est*, ergreift er ein Stück des übriggebliebenen Brotes, und er verleiht mit dieser einfachen Geste, die nichts stört, sondern die aus dem Ritus wie eine neue Blüte herauswächst, allem was vorher und was nachher geschieht, eine neue Bedeutung.

Man könnte hier fragen, was an dieser Unterwerfung unter die alte überlieferte Form eigentlich künstlerisch sei? Sind Künstler nicht Schöpfer von Neuem, vor allem beständige Erneuerer der Form? Ist Originalität der Form nicht geradezu Abzeichen des Künstlertums? So denken wir uns das in den Zeiten eines von uns noch kaum in seinem ganzen Umfang geahnten Niedergangs. In den großen produktiven Epochen beschäftigten sich die Künstler nie mit dem Problem der Originalität, sie schufen etwas Neuartiges, etwas Unerhörtes und bis dahin Niegesehenes gerade dann, wenn sie glaubten, einer großen überlieferten Form besonders liebevoll und verehrend zu dienen. Das Neue, das wirklich Neue, nicht das zurechtgebastelte Experiment, entsteht unbewußt aus neuer individueller Belebung des Alten. So ist das in der Kunst. Bei Christus kann von Unbewußtheit freilich nicht gesprochen werden. Aber es ist doch unübersehbar, wie er in seiner höchsten Bewußtheit die Gesetzmäßigkeit dieses Prozesses bestätigt. Und nun die Wahl der Substanz, die er für seinen Akt, den Einsetzungsakt des Altarsakraments, gebrauchte. Hier nimmt er nun etwas Unerwartetes. Hätte er angesichts seines bevorstehenden Opfertodes als Lamm Gottes für den Satz: Dies ist mein Leib! nicht eigentlich von dem auf dem Tisch liegenden Osterlamm nehmen müssen, statt eines Stückes Brot? Nun, wir wissen, wie rein sich das zum Leib Christi gewordene Brot in die vom Gründonnerstag aus betrachteten vorbereitenden Worte Jesu fügt: in das Gleichnis vom Weizenkorn, in die Vaterunser-Bitte vom täglichen Brot, in die Mahnung, der Mensch lebe nicht vom Brot allein, sondern von jedem Worte Gottes – hier war nun ein Brot, das zugleich Wort Gottes war.

Das Ende der blutigen Opfer kündigt das Brot an. Jesu Tod soll das letzte blutige Opfer sein. Aber liegt nicht auch etwas von der genialen Naturverwandlungs- und Überhöhungsfähigkeit der griechischen Künstler in der Wahl, ein Stück Brot zur Wirklichkeit des geopferten gottmenschlichen Fleisches zu erheben? Und dabei ist ein entscheidender Unterschied zum griechischen Künstler evident: der Künstler schuf nach der Natur, in Anschauung und Studium – Christus aber schuf das unblutige Opfer in Vorwegnahme der realen Hinrichtung und ihrer grauenhaften Umstände. Man könnte sagen, daß er in Vorahnung und Vorwissen – das ganze Gründonnerstagsmahl ist von Ankündigungen durchzogen – ein Bild seines Todes malte, daß er den Qualen seiner Hinrichtung selbst formschöpfend die künstlerische Gestalt gab, die ihren wichtigsten Kern, das nährende erlösende Liebesopfer, am reinsten und unmißverständlichsten wiedergab.

Noch ein Ereignis des Gründonnerstags verdient die Würdigung unter dem Gesichtspunkt des Kunstwerks. Es ist die Fußwaschung, an der man geradezu eine Theorie der Natur des Kunstwerks aufstellen kann. Auch hier geschieht zunächst Außergewöhnliches. Solche Waschungen gingen einem Gastmahl voran, sie gehören zu den religiösen und profanen Riten der alten Welt. Außergewöhnlich ist nur der Waschende. Christus wäscht zur Verwirrung und zum Staunen der Jünger ihnen die Füße und leistet damit einen Dienst, der Unterordnung und Gehorsam ausdrückt. Danach erklärt er, was er getan hat: „Ein Zeichen habe ich euch gegeben." Aber ist es unerlaubt, diese Erklärung schwächer zu finden als das Zeichen selbst? Daß die Jünger einander lieben und einander dienen sollten, das hatten sie schon einige Male von ihm gehört, es besaß deswegen auch nicht geringere Bedeutung. Ich wage aber zu behaupten, daß dieses Zeichen, diese Fußwaschung in Erwartung der bevorstehenden Verhaftung mehr war als die wirkungsvolle Illustration einer moralischen Verpflichtung. Wie bei einem Kunstwerk stellt sich eine die Aussage übersteigende Wirklichkeit dar. Es bleibt ein Rest, der nicht einfach verstanden werden kann, sondern der angeschaut und angestaunt werden muß.

Und nur die Kunst verfügt über die Mittel, dem Auftrag Christi beim Gründonnerstagsmahl zu entsprechen. Dieser Auftrag ist die Memoria, die immer aufs neue wiederholte Vergegenwärtigung des zu unblutiger Gestalt von Christus geformten eigenen Opfers. Die großen Werke der Kunst haben diese unbegrenzte Gegenwart. Ein neues Paßphoto sieht schon aus, als werde es bereits von der Polizei zur Identifizierung eines im Fluß gefundenen unbekannten Toten verwendet, aber eines der Mumienportraits aus Fayum in Ägypten, zweitausend Jahre alt, flößt uns das unbestimmte Gefühl ein, diesen Menschen gerade eben bei einem Pizzabäcker gesehen zu haben. Das Merkmal des Kunstwerks ist seine Lebendigkeit – nicht seine Zeitgemäßheit; etwas Zeitgemäßes kann mausetot sein, ohne daß es in der jeweiligen Epoche schon auffällt. Das historische Dokument läßt uns die Kluft empfinden, die uns von einer untergegangenen Zeit trennt; das Kunstwerk läßt uns diese Kluft vergessen. Weil Christus die Vergegenwärtigung seines Opfers wünschte, goß er es in die Gestalt liturgischer Kunst.

Und aus demselben Geist, in dem Christus seinem Opfer Form gab, begann nun die Kirche, diesem größten Bild seinen Rahmen zu schaffen. Zunächst änderte man nichts. Die Zeugen der Auferstehung gingen sogar noch in den Tempel – ein im Nachhinein geradezu inkonsequentes Verhalten! –, weil ihnen Christus das Beispiel der unbedingten Verehrung gewachsener Form gegeben hatte. Als sie nicht mehr in den Tempel gingen, weil sie, wie Christus es vorausgesehen hatte, „aus den Synagogen herausgestoßen“ wurden, da begannen sie, das Gründonnerstags- und Karfreitagsopfer mit den Formen des Synagogengottesdienstes zu umgeben. Sie beteten die alten Psalmen wie Christus, der noch im Augenblick seines Todes einen Psalm gesprochen hatte. Hier, in diesem Prozeß der alten Kirche, in dem sich die Liturgie formt, so wie sich werdendes Leben entwickelt, ist beispielhaft zu erkennen, wie der homo religiosus eine Reform des Betens betreibt, und hier ging es, wohlverstanden, um die größte aller Reformen: er ändert nichts, aber er erfüllt mit einem neuen Geist. Der Faden war von dem göttlichen Meister „in der Fülle der Zeiten“ in eine gesättigte Lösung gehängt worden, die nun zu Kristall schoß. Ganz früh und scheinbar plötzlich ist die Liturgie dann da, in ihrer vollständig ausgebildeten Gestalt.

Judentum und Heidentum trugen ihre für diesen Augenblick aufbewahrten Schätze, den Magiern vergleichbar, herbei und fügten die edelsteinbesetzten Schranken zusammen, die den Mysterienbezirk von nun an umgaben. Von Anfang an hatte Christus deutlich gemacht, daß seine Brotbrechung am Gründonnerstag die gewaltsame Zerstörung seines Leibes am Karfreitag verkörperte, und er hatte angedeutet, daß es dennoch ein zukünftiges Mahl geben werde. Deshalb wußten die Jünger, daß hinter dem Velum der Stille und Abgeschiedenheit, das die Ereignisse im Abendmahlssaal umgab, andere Ereignisse der Vergangenheit und der Zukunft gegenwärtig verborgen waren: das Opfer Abels, das das Gebet der Völker, die die Uroffenbarung empfangen hatten, repräsentierte, das Opfer Abrahams, der die Verheißung empfangen hatte, das Opfer Melchisedechs, dessen geheimnisvolle Gestalt für die Völker stand, die keine Juden waren. Und dann das zukünftige Mahl, das Johannes „die Hochzeit des Lammes“ genannt hatte. Schon die ganz frühe Kirche wußte, daß die Liturgie in *conspectu angelorum* stattfindet; in den Engelsgebeten „Gloria“ und „Sanctus“ wird diese Gegenwart nicht beschworen, sondern festgestellt; die Ostkirche läßt die Gläubigen vor dem „Sanctus“ sogar singen: „Wir stellen jetzt in mystischer Weise die Engel dar.“

Die Liturgie wurde ein reiches Bild, mit wimmelnder Detailfülle; ein Bild, das im Ganzen mehr ist als die Summe seiner Teile, und das deshalb angeschaut werden muß und niemals ganz verstanden werden kann. Am besten haben sich noch die Künstler gegenüber der Liturgie geäußert. Ich denke hier etwa an den großen Enguerrand Quarton im französischen 15. Jahrhundert, seine Marienkrönung in Villeneuve-les-Avignon. Gott Vater und Gott Sohn treten hier in gleicher Gestalt auf, getreu dem bei Johannes überlieferten Satz: „Wer mich sieht, sieht den Vater“. Beide tragen ein rotes Pluviale, priesterliche Gewänder; das Gesicht der Maria, die unter ihnen kniet, ist weiß wie eine Hostie. Sie ist die Verkörperung der Erlösung, der Neuschöpfung des Menschen, das Ziel der Liturgie. Die zelebrierende Dreifaltigkeit ist umgeben von den Ordnungen der Engel und Erzengel, der Throne, Mächte und Gewalten, der Märtyrer, Jungfrauen und Bekenner. Das alles schwebt in tiefem stratosphärischem Blau über der Erde. Auf der Erde aber erkennt man Moses vor dem brennenden Dornbusch, und man sieht Gregor den Großen jene Messe zelebrieren, bei der ihm während der Wandlung der Gekreuzigte auf dem Altar erschien. Man sieht die winzigen Kreuze von Golgatha, im Meer der Geschichte verloren, man sieht die sich öffnenden Gräber des Jüngsten Tages, und man tut einen Blick in die Unterwelt, die noch auf die Erlösung wartet. Die Marienkrönung des Enguerrand Quarton ist eine präzise Vision der Liturgie, die deutlich macht, daß die Messe selbst eine Vision enthält, verborgen unter Schleiern alter Worte, unter der Stille der Gebärden, unter in der Frühzeit der Menschengeschichte wurzelnden Handlungsweisen. Die Meßliturgie ist eben mehr als die Verkündigung des lehrenden Christus. Sie ist ein großes Ecce homo – die Ausstellung, die Zeigung des schweigenden Christus. Sie ist unendlich mehr als das Gebet der Gläubigen. Sie ist ein Blick auf das Unausdenklichste: Gott betet.

Das Konzil von Trient hat in seiner Lehre über die heiligen Riten der Liturgie ausgesprochen, daß diese Riten „nichts Unnützes oder Überflüssiges enthalten". Dieser Satz fordert, wenn er richtig verstanden wird, wiederum dazu auf, die Liturgie als Kunstwerk zu betrachten. Unter dem Eindruck der unablässigen Schändungen und des Verfalls haben wir uns verstärkt wieder daran gewöhnt, die Liturgie oder was wir eben da im einzelnen vorfinden, unter dem Gesichtspunkt der „Gültigkeit" zu betrachten. Das ist römisch-juristischer Stil, der seine Tradition und seine Berechtigung hat, der aber für die Betrachtung liturgischer Handlungen im Grunde nichts beisteuern kann. Die Messe ist kein notarieller Akt, der bei Vorliegen der minimalen Formerfordernisse „gültig" wird. Man stelle sich einen Kirchenjuristen vor, der dem verwirrten und ratlosen Besucher einer modernen sonntäglichen Veranstaltung erklärt, daß in dem, was dort stattgefunden hat, erstens, zweitens, drittens verwirklicht worden sei, es sich also um eine „gültige" heilige Messe gehandelt habe – zur Bestätigung könnte er einem dann auch noch einen Stempel für die Erledigung der Sonntagspflicht mit nach Hause geben. Nein, die Messe ist kein Rumpfprogramm, dem bei Gelegenheit noch einige, die Besinnlichkeit fördernde Verzierungen angehängt werden können. Die Riten enthalten vielmehr „nichts Unnützes oder Überflüssiges". Wer würde wagen, bei einem großen Fresko, einer großen Dichtung „Überflüssiges oder Unnützes" zu entdecken! Es mag in einem Meisterwerk Brüche geben, es mag schwächere Partien enthalten, Wiederholungen, Unverständliches, Inkonsequentes – Überflüssiges und Unnützes jedoch nie. Wie lächerlich haben sich zu allen Zeiten übereifrige Schulfüchse gemacht, die die „Fehler“ der Meisterwerke beseitigen wollten und in den Fresken Michelangelos und den Tragödien Shakespeares herumpfuschten. Große Werke haben eine Seele, die auch da, wo ihr Körper womöglich beschädigt ist, spürbar bleibt, sich regt und leuchtet. Wie solch ein profanes Meisterwerk, hat man die Liturgie zu betrachten, mit mindestens derselben Ehrfurcht. Und diese Ehrfurcht öffnet die Augen. Ein hingegebenes Studium, eine Meditation des Details, vor allem des überflüssig erscheinenden Details, führt schon bei der Betrachtung eines profanen Kunstwerks häufig genug dazu, daß die Stelle, die eben den Anstoß erregte, unversehens sich mit Leben füllt und zum Schluß womöglich als eine besondere Qualität des Werkes erscheint, das sie eben noch zu stören schien. Bei den Riten der heiligen Liturgie ist dies aber immer so. Es gibt in ihnen nichts, das sich bei intensiver Betrachtung nicht mit geistiger Kraft geradezu vollgesogen erweist. Ich möchte jeden zu dem Versuch ermuntern, sich einen Teil des Ritus vorzunehmen – man wähle vor allem unter denen, die die Reform Papst Pauls VI. der Warnung des Konzils von Trient zum Trotz als überflüssig und unnütz angesehen hat – und seine Bedeutung und bildliche Erscheinung zu erforschen – man wird das Konzil von Trient glänzend gerechtfertigt finden.

Ein Beispiel: Als besonders überflüssig wurden lange schon die vielen Kreuzzeichen angesehen, die der Priester über der konsekrierten Hostie macht, und weil sie überflüssig waren, wurden sie dann eben auch schlampig gemacht, eine Art nervöses Fliegenverscheuchen, und schließlich wurden sie gestrichen; selbst die Anhänger der alten Messe weinten ihnen nicht lange nach. Kreuzzeichen sind üblicherweise mit Segnungen verbunden, und da gab es nichts Überflüssigeres auf der Welt, als eine gewandelte Hostie zu segnen, die allen erdenklichen Segen ja bereits enthält. Die Deutung der Funktion dieser Kreuzzeichen, die ich Ihnen nun vorlegen möchte, ist liturgiewissenschaftlich nicht abgesichert, aber sie erscheint mir so naheliegend, daß darüber gesprochen werden sollte.

Tatsächlich sind diese Kreuzzeichen keine Segnungen, aber was dann? Die Lösung liegt , so meine ich, in ihrer Zahl. Zweimal macht der Priester fünf Kreuzzeichen, einmal drei, einmal zwei. Beginnen wir bei den zwei Kreuzzeichen im *Supplices te rogamus* bei den Worten *Corpus et sanguinem*. Keine Segnungen, aber Bezeichnungen – und was bezeichnen sie hier? Nichts anderes, als daß beiden Substanzen, Brot und Wein, die gleiche Würde zukommt, weil beide zusammen und jedes für sich den ganzen Christus verkörpern. Fünf ist die Zahl der fünf Wunden Christi, die fünf Kreuzzeichen über den Opfergaben bezeichnen die fünf Wunden, die sie unsichtbar tragen, die Wunden, die bei der Schlachtung des Lammes geschlagen wurden.

Drei Kreuze bezeichnen die Dreifaltigkeit, und im besonderen, daß der aus fünf Wunden blutende Christus eine Person der Dreifaltigkeit ist. Wir sehen in diesen stummen Kreuzzeichen also auf die knappeste Art eine vollständige Theologie der Heiligen Messe und insbesondere des Geschehens bei der Wandlung zum Ausdruck gelangen: der eine Christus in beiden Gestalten, Gottes Sohn, liegt mit seinen Wunden auf dem Opferaltar, dessen schmale lange Leinentücher, auf die die Rubriken soviel Wert legen, nun wirklich zu den in der Bibel beschriebenen Grabtüchern werden, die bei der Auferstehung zusammengefaltet in einer Ecke des Grabes gefunden wurden. Sollten die Hinweise auf dies Ereignis „überflüssig und unnütz“ sein?

Ich möchte meine Betrachtung der Liturgie als Kunstwerk nicht schließen, ohne auf ein oder vielmehr zahlreiche kurze literarische Kunstwerke hinzuweisen, die sie enthält. Ich meine die Orationen – Collecte, Secret und Postcommunio – vor allem der Sonntage. Offenbar sind nur profane Philologen imstande, diese Gebetsformulierungen, die gewiß zu den ältesten Bestandteilen des liturgischen Erbes zu zählen sind, unter literarisch-künstlerischen Gesichtspunkten zu würdigen: „Der Großteil der Orationen (Priestergebete) und der Präfationen ist in den Sakramentarien des 5.–7.Jh. überliefert. In all diesen Texten ist – zumal unter dem eigentlich literarischen Gesichtspunkt – die Substanz des Missale Romanum gegeben: Schöpfungen von hoher theologischer Aussagekraft, nach den Regeln spätlateinischer Kunstprosa gestaltet. Gebilde von monumentaler Einfachheit und bestechender Präzision. Sie sind von einer solchen Vollendung, daß sie, im wesentlichen unverändert bewahrt, bis heute die Gebetsform der katholischen Kirche geblieben sind."(In *Kindlers Literaturlexikon* Bd.IV, 1968, Sp. 2721) Diese Orationen entstammen einer ganz anderen Sprachwelt als das Latein der Vulgata, das demgegenüber seltsam primitiv wirkt. In den Orationen spricht die römische Kirche, die das Erbe des römischen Reiches angetreten hat, indem sie aus einem staatlichen und kulturellen Universalismus einen spirituellen Universalismus machte. Geschult an den glänzendsten Beispielen antiker Rhetorik werden hier die Gebetsanliegen der Kirche auf das eleganteste zu kostbaren, dem Aphorismus nicht unverwandten Figuren geformt. Ihr Ausdruck ist von bezwingender Sanftheit. Nie hat sich die römische Kirche schöner dargestellt als in diesen Orationen, die eine Schule sakramentalen Empfindens sind. Die Eigenart der katholischen Kirche, ihre Nachsicht mit dem Sünder, ihre behutsame Führung der Seelen, ihr Vertrauen auf den ihr überlassenen Gnadenschatz, ihre Hoffnung auf das allmähliche Schmelzen der verhärteten Herzen kommt in einer Geschliffenheit zum Ausdruck, die Freude an dem sprachlichen Gelingen vermittelt und die diesen kurzen Sätzen in all ihrem Ernst etwas Lächelndes gibt. Die Orationen halten sich in klassischer Allgemeinheit, denn sie sind das öffentliche Gebet der Kirche für alle Menschen, und doch enthalten sie einen Stoff, der auch den einzelnen stillen Leser zu treffen vermag.

Nichts ist schwerer, als eine Oration beispielhaft herauszugreifen, weil darin der Verzicht auf so viele noch schönere liegt. Wahllos herausgegriffen also die Secret vom 4. Sonntag nach Pfingsten: *Oblationibus nostris, quaesumus, Domine, placare susceptis: et ad te nostras etiam rebelles compelle propitius voluntates* – „Durch den Empfang unserer Opfergaben, Herr, sei versöhnt, und dränge gnädig unseren Willen, wenn er auch widerspenstig ist, zu dir hin."

Von der Höhe eines solchen Gebets herabzusteigen, indem man sich vor Augen führt, welche Art von Sprachgebilden in dem in der Geschichte einzigartigen Gewaltstreich, „Liturgiereform" genannt, an die Stelle der alten Orationen gerückt wurden, das ist immer noch ein schmerzhaftes Unterfangen. Als in einer Messe die Dame, der die Formulierung der Fürbitten anvertraut war, in dem heute typischen Ton aus salbungsvoller Sentimentalität und Zeitungsjargon vorbetete, flüsterte mir ein Freund zu: „Herr, gib, daß unsere Urlaubsphotos gelingen mögen!" Leider erweist sich die Ohnmacht der Satire hier besonders krass. Das Gebet für die Urlaubsphotos ist inzwischen zehntausendfach von der Realität eingeholt und übertroffen worden. Der sprachliche Kitsch, der musikalische Kitsch, der Kitsch in Malerei und Architektur haben das Erscheinungsbild der öffentlichen Akte der Kirche vollkommen überflutet. Auf den Altären liegen beigefarbene Treviradecken wie auf Couchtischen, drei dicke Kerzen in handgetöpferten Tonschalen mit unappetitlich an Körpersekrete erinnernden Glasuren stehen in der einen Ecke, in der anderen schmückt ein nach den mißverstandenen Prinzipien des japanischen Ikebana geschaffenes Gesteck aus Wurzeln und Trockenblumen die Tischplatte, in deren Mitte sich statt eines Kreuzes das Mikrophon erhebt. Wo steht die Schale mit den Salzmandeln, fragt man sich, denn eines steht nach der äußeren Erscheinung dieser Altäre völlig unzweifelhaft fest: sie sind keine Opferaltäre, und sie sollen auch gar keine sein.

Diese Betonhallen, diese Teppichböden, diese massiven Birkenholzmöbel, die Ledersessel am Altar, die Punktstrahler – diese ganze Innenarchitekten-Solidität einer neuen oder restaurierten Kirche weiß nichts davon, daß der heilige Raum, der heilige Ort *terribilis*, schaudererregend, ehrfurchtgebietend, ist und auch so aussehen muß. Die erste religiöse Betätigung des Menschen bestand im Abstecken des heiligen Raums, und in den alten Kirchen geschieht das nicht nur durch die Mauern, die die Außenwelt abwehren, sondern im Innern zur sinnlichen Verdeutlichung gleich noch einmal: Chorschranken, Kommunionbänke, hohe Gitter, Lettner und Ikonostasen schaffen den Raum für das Allerheiligste. Das war gebauter Glaube an die körperliche Gegenwart Gottes.

Es ist für die Lebenskraft der Liturgie kein geringes Indiz, welchen Niederschlag sie in der profanen Kunst ihrer Zeit findet. Für das ästhetische Gesicht der neuen Kirche nach dem Konzil mag hier ein Gedicht von Robert Gernhardt stehen. Gernhardt ist der Kirche denkbar fern; er ist ein brillanter Nonsenskünstler, Satiriker, Humorist, aber in dem Gedicht, das nun folgt, scheint ihm das Lachen irgendwie vergangen zu sein, der Abscheu ist wohl zu groß gewesen. Das Gedicht hat die Kirche St. Mariä Himmelfahrt in Ahaus zum Gegenstand, die aus einem hochgotischen Turm und einem neuen Betonschiff besteht, man nehme aber ruhig an, daß der Autor dies besonders böse Beispiel als symptomatisch empfindet, Ahaus ist längst überall, und die Gesinnung, die solche Bauten hervorbringt, herrscht ungebrochen.

St. Horten in Ahaus

In Ahaus steht eine Kirche,
die nennen die Bürger St. Horten.
Der Fremde verharrt entgeistert
in und vor solchen Orten.

Das Ding das ragt und steht,
die Dummheit ist konkret.

Für diese Kirche in Ahaus
wurde eine alte abgerissen.
Grad noch der Turm blieb übrig,
der Rest hat für immer verschissen:

Er dräut ganz grau und kahl,
die Dummheit ist brutal.

Der Anblick der Kirche in Ahaus
läßt zugleich weinen und lachen.
Traurig, was die da sich trauen,
Komisch, was die da machen:

Das rühmt sich noch des Drecks,
die Dummheit ist komplex.

Die Kirche St. Horten in Ahaus
wird noch in tausend Jahren
Entgeisterten davon künden,
wie willfährig wir waren:

Von wegen Qual der Wahl,
die Dummheit war total.

Man erinnere sich nur, welche Bedeutung die katholische Liturgie für das Werk eines James Joyce besaß. Joyce hat wahrlich keine Sympathien für die Kirche gehegt, und sein Roman *Ulysses*, eines der größten Werke der neuen Literatur, mag für manche Katholiken einen fast unerträglich lästerlichen Charakter besitzen. Aber wenn es in diesem Werk ein fühlbares ästhetisches Gerüst, eine letzte kulturelle Instanz gibt, dann ist das die alte lateinische Messe, deren Ritus und deren Sprache den wüsten Sprachwucherungen eine Art Halt geben. Der Ulysses beginnt mit dem Psalm Judica, dem Stufengebet der alten Messe.

Liturgische Spuren sind allgegenwärtig in diesem Werk, aber besonders eindrucksvoll ist die Szene, in der der jüdische Held des Romans, Leopold Bloom, voll Spott und Distanz einer Messe beiwohnt, und gegen seinen Willen einen gewissen Respekt für das, was er da sieht, nicht unterdrücken kann. Joyce hätte sich nie vorstellen können, daß er einen tödlich gefährdeten Kult beschrieb; für ihn war die Messe etwas Unveränderbares, Objektives, eine schon fast Natur gewordene Institution, die man befehden konnte, weil man im Geheimen wußte, daß sie unzerstörbar war. Ohne die alte Liturgie hätte *Ulysses* niemals geschrieben werden können – hier spürt man die große kulturelle Schöpferkraft der Liturgie: selbst ihre Gegner konnten sich nicht aus ihrem Schatten lösen, sondern zehrten von ihrer ästhetischen Substanz.

Niemals wird die reformierte Liturgie und das, was sie schmückend hervorbringt, zu einer kulturellen Grundtatsache im Leben der Völker werden können, dazu ist sie zu blaß, zu künstlich, zu wenig religiös, zu formlos. Auf der anderen Seite ist die alte Liturgie für die furchtbare Belastungsprobe, der sie ausgesetzt ist, nicht so schlecht gerüstet, wie es uns beim Anblick der täglichen Misere oft scheinen mag. Der Kampf gegen die alte Liturgie hat uns zu größeren Einsichten in ihre

Natur verholfen. Zunächst mußte man es fast als Todesstoß empfinden, als die Liturgie aus den herrlichen alten Kirchen, die für sie geschaffen waren, vertrieben wurde. Aber dann sah man, daß es die Kirchen waren, die starben, wenn der sakrale Geist aus ihnen schwand – die Liturgie lebte in den kümmerlichsten Umgebungen weiter. Sie ist es ja, die alle Festlichkeit hervorbringt – die Kunst kann ihr wesentlich nichts hinzufügen. Ein Dompfarrer stellte mir deutlich gereizt einmal die Frage, wozu ich denn in die alte Messe gehen wolle – im Dom gebe es doch hin und wieder sehr aufwendige Orchestermessen. Es war ihm nicht begreiflich zu machen, daß eine stille Messe nach dem alten Ritus in einer Garage gelesen festlicher ist als das größte Kirchenkonzert mit geistlicher Garnierung. Was wir in einer Zeit ohne heilige Bilder, ohne heilige Räume, ohne heilige Musik begriffen haben, das ist, daß die alte Liturgie selbst das allergrößte Bild ist, und daß, sollte es überhaupt noch einmal eine bedeutungsvolle religiöse Kunst geben, diese Kunst aus der alten Liturgie hervorgehen wird.

Über hundert Jahre dauerte die Epoche des Bildersturms in Byzanz, in dem übrigens auch damals ein Stückchen ökumenisches Kalkül – auf den bilderfeindlichen Islam bezogen – enthalten war. Der römische Ikonoklasmus nach dem II. Vatikanischen Konzil hat seinen Namen vorausahnend schon im vorigen Jahrhundert durch Dom Prosper Guéranger erhalten: die antiliturgische Häresie. In Byzanz siegte nach unermeßlichen Zerstörungen das heilige Bild. Unbeugsame Mönche hatten die Ikonen in ihren Schutz genommen. Auch wir brauchen viele unbeugsame Priester, die für uns den heiligen Ritus der Fleischwerdung hüten. Ihrem gehorsamen Ungehorsam gilt meine ganze Hoffnung.

Knien, Stehen und Gehen

Vom richtigen Verständnis der „Tätigen Teilnahme“

I

Vor der Liturgiereform war das Knien beim Beten eines der dem Außenstehenden unmittelbar ins Auge fallenden Erkennungszeichen der Katholiken. Inzwischen sind aus vielen Kirchen die Kniebänke herausgeräumt worden; neue Kirchen werden manchmal erst gar nicht mehr mit Kniebänken versehen; die Kommunionbänke, an denen die Kommunion auf Knien empfangen werden konnte, fehlt allgemein. Das Knien sei Zeichen privater Devotion, heißt es. Die frühe Kirche habe die Liturgie ausschließlich stehend gefeiert. Das Stehen sei das Zeichen der Auferstehung, mithin die einzig angemessene Haltung für den Vollzug des christlichen Kultes.

Das Gespräch über die der Liturgie entsprechenden Körperhaltungen ist deshalb so schwierig, weil die kirchenhistorisch-archäologische Argumentation fast immer in politisch-taktischer Absicht vorgetragen wird. Wer das Stehen beim Beten propagiert, der will heute in sehr vielen Fällen damit der Verehrung des eucharistischen Christus ein Ende bereiten. Daß das Stehen eine im Altertum Ehrfurcht und Feierlichkeit ausdrückende Gebetshaltung war, daß der Stehende sich zur Auferstehung berufen und den Auferstandenen verkündigend empfand, können wir als Information zur Kenntnis nehmen, ohne deswegen dasselbe zu empfinden – das Stehen als Gestus hat inzwischen jedwede Bedeutung verloren.

In meiner Jugend kamen bei Familienfesten Katholiken und Protestanten zusammen, wie das in den meisten deutschen Familien der Fall sein wird. Wenn dann die Messe gelesen wurde und die katholischen Tanten bei der Wandlung knieten, standen die evangelischen Onkel – das enthielt für mich folgende Botschaft: „Wir respektieren eure Andacht, haben aber mit der Sache selbst nichts zu tun.“ Das Stehen war zu etwas dezidiert weniger Feierlichem, Andächtigem geworden, es hatte jetzt etwas Ziviles, eine Haltung aus dem Bereich der „guten Manieren“, deren Unbequemlichkeit schmerzlich empfunden wird – und so folgte denn auch vielerorts, wo der mündige Christ weiß, daß „gute Manieren“ keine religiöse Kategorie sind, anstelle des peinigenden Stehens das behaglichere Sitzen.

Mit diesem Sitzen ist den liturgischen Neuerern eine wirkliche Erfindung gelungen, denn gesessen wurde in der alten Kirche überhaupt nicht. Wer eine römische Basilika oder eine byzantinische Kirche betritt, der stellt fest, daß es in ihnen keine Stühle und Bänke gibt (wenn man sie nicht in Rom nachträglich hineingestellt hat). Schon die häufig reich mit edlen Steinen inkrustierten Böden zeigen, daß sie gewiß nicht geschaffen worden sind, um durch Gestühl wieder verdeckt zu werden. Wer gebrechlich ist, kann sich in der byzantinischen Kirche in ein an der Wand befindliches halbhohes Gestell hineinlehnen; in der koptischen Kirche werden hohe Stäbe mit einem T-förmigen Griff verteilt, die man sich unter den Arm klemmt, aber von solchen Hilfen abgesehen wird die ganze vielstündige Zeremonie „durchgestanden“, unterbrochen nur von den zahlreichen tiefen Verneigungen, bei denen mit der Hand der Boden berührt wird, und der Proskynese, dem Knien auf dem Boden und dem Berühren des Bodens mit der Stirn.

Das Knien in der christlichen Liturgie hat zwei Wurzeln, die sich, wenn man sie verfolgt, zu einer einzigen vereinen. Die erste ist das Neue Testament. „Und er fiel nieder und betete ihn an“ – das wird nicht nur bei Johannes von dem geheilten Blindgeborenen gesagt, sondern es taucht immer wieder auf, wenn einem Menschen plötzlich die Gottheit Jesu klar wird. Der Kniefall des Neuen Testaments ist durchaus unliturgisch – er entsteht aus der Überwältigung des Augenblicks, er ist die Antwort auf die Epiphanie, die einem einzelnen gnadenhaft geschenkt wird. Man hat bei den Kniefällen des Neuen Testaments den Eindruck, daß der Niederfallende vom Blitz einer Einsicht getroffen ist. Der Kniende sieht in diesem Moment mehr als die Umstehenden; was er sieht, kann er nicht besser ausdrücken als mit dem Wort „Credo". Wie gelangt dieser geradezu unwillkürliche, höchstpersönliche, sich aus dem Augenblick ergebende Kniefall in die Ordnung einer überpersönlichen, überzeitlichen Liturgie?

Obwohl die wesentlichen Elemente der Liturgie sich schon in den allerersten Zeugnissen der Apostelzeit finden, konnte sich ihre Architektur erst entfalten, als auch eine äußere Architektur für sie geschaffen worden war. Die Liturgie wurde in den ersten drei Jahrhunderten in nicht für sie gebauten Räumen gefeiert, in den berühmten Katakomben und in Privathäusern, Provisorien, die der Unsicherheit und der Bedrohtheit der frühen Kirche entsprachen. Die ersten Kirchen hat Kaiser Konstantin der Große errichtet, und zwar unmittelbar nach seinem Sieg über Maxentius 313 – die Lateransbasilika, Alt-St. Peter und St. Paul vor den Mauern in Rom, die Grabeskirche in Jerusalem und die Vorläuferin der heutigen Hagia Sophia in Konstantinopel. „Die kaiserliche Großform steht am Anfang des christlichen Kirchenbaus" – diese Erkenntnis der kunsthistorischen Forschung (Gerke, *Spätantike* und *frühes Christentum*, Baden-Baden 1967) hat auch eine besondere Bedeutung für die mit dem Kirchenbau auf das engste verschmolzene Liturgie.

Bei der Betrachtung frühchristlicher Madonnen- und Heiligendarstellungen bis hin in das Mittelalter fallen oft Vorhänge auf, die beiseitegeschoben und oft noch dekorativ verknotet die Gestalt des Dargestellten umgeben. Diese Vorhänge entstammen dem byzantinischen

Hofzeremoniell, wie Konstantin es pflegte. Schon die Vorgänger dieses Kaisers entsprachen nicht mehr dem Vorbild des augustäischen, letztlich republikanischen Prinzipats, sondern hatten den Regierungsstil und das Selbstverständnis der orientalischen Großkönige angenommen – der Princeps war zum Basileus geworden.

Zu den Zeremonien, mit denen der Kaiser sich umgab, gehörte als die wichtigste die kaiserliche „Epiphanie“ – die Erscheinung des Kaisers in seinem Herrschaftsglanz vor dem Hof. Der Kaiser und seine Familie versammelten sich in edelsteingeschmückten Ornaten hinter einem Vorhang; der Hof stand in Erwartung in der Palastaula. Wenn der Vohang sich öffnete und den Blick auf den Kaiser freigab, sank der Hof in die Proskynese.

Die Assoziation einer solchen Szene mit dem Bild des geöffneten Tabernakels, dessen Vorhänge beiseitegeschoben sind, dem das Ziborium entnommen und von dem Ziboriumsvelum befreit ist, und der davor auf Knien anbetenden Gemeinde ergibt sich von selbst – hier haben wir tatsächlich den Keim, aus dem sich die kniende Verehrung in der Liturgie entwickelt hat.

Für den aufgeklärten Demokraten wird dieser Ursprung der kniefälligen Verehrung in der Messe aus dem spätantiken Kaiserkult die Bestätigung für eine noch entschiedenere Ablehnung des Kniens sein. Darüber ließe sich sogar streiten, wenn diese Übernahme des Epiphanie-Zeremoniells in die Liturgie eine pomphafte Aufblähung der Liturgie darstellte, die ihrem Wesen nicht entsprach. Statt dessen ist es genau umgekehrt: Konstantin und die Bischöfe seiner Zeit haben das Zeremoniell der Epiphanie der Liturgie hinzugefügt, weil sie wußten, daß die gesamte Liturgie die Epiphanie Christi ist. In den strengverschlossenen Kammern der Urkirche hatten das Geheimnis des Ortes, die Gefahr der Zusammenkunft und die Einweihung der Feiernden das Velum dargestellt, hinter dem sich Christus verbarg, bis der eucharistische Augenblick seiner Erscheinung gekommen war. In den Basiliken der in die Öffentlichkeit getretenen Kirche mußte die Liturgie zu deutlicheren Zeichen finden, um das Mysterium den Gläubigen von Stufe zu Stufe der Vollendung entgegenzubringen – von der Epiphanie des göttlichen Wortes zur Enthüllung der heiligen Gefäße und schließlich zur körperlichen Gegenwart. Wer diesem Vorgang hingegeben folgt und in Erwartung auf den Augenblick der Christus-Erscheinung lebt, der wird im glücklichsten Fall wie eine der Gestalten des Neuen Testaments, gleichsam unwillkürlich, von der Glaubenseinsicht überwältigt, knien können.

Und wenn wie in den sehr alten oder in den allzu neuen Kirchen die Kniebänke fehlen, dann wird der Kniende womöglich auch noch besser erfahren, was er da tut. Es gibt schöne alte Gestühle, die ein Schmuck des Kirchenraums sind, aber es sei nicht verhohlen, daß das Devotionsmobiliar als solches doch etwas sehr Bürgerliches an sich hat – der bedeutsame Akt eines Kniefalls wird in der womöglich noch bequem angeschrägten, gepolsterten Kniebank fast zu einer anderen Art des Sitzens. Daß eine Kirche keine Kniebänke hat, ist jedenfalls kein Anlaß, nicht zu knien. Als der Blindgeborene vor Jesus niederfiel, stand auch kein Prie-Dieu in der Nähe. Die pädagogische Absicht bei der Entfernung der Kniebänke wird nicht entschuldigt, aber sie könnte als Chance begriffen werden, dem Knien vor dem fleischgewordenen Wort eine neue Ursprünglichkeit zu geben.

Wann kniet man in der heiligen Messe? Aus den vorangehenden Überlegungen ergibt sich ganz klar: die Kniebeuge und das Knien bezeichnen und begleiten die Augenblicke der göttlichen Epiphanie innerhalb der Liturgie. Beim Eintreten in den heiligen Raum, beim Betreten der Kirche, kniet der Gläubige nieder wie Moses, der aus dem Dornbusch heraus die Stimme vernimmt, die ihn mahnt, die Schuhe auszuziehen, weil er sich auf heiligem Boden befinde. Wenn im Credo und im Schlußevangelium, dem Prolog des Johannes-Evangeliums, der Inkarnation gedacht wird, dieser Sichtbarwerdung Gottes, werden diese Worte auf Knien gesprochen. Nach dem Aussprechen der Wandlungsworte verehrt der Priester mit einem Kniefall die heiligen Opfergaben und die Gemeinde folgt ihm. Die Ausstellung des Opferleibs vor der Kommunion geschieht vor der knienden Gemeinde, die Kommunion wird auf Knien empfangen. Der priesterliche Segen schließlich wird zum Ausdruck dafür, daß er himmlischer Segen ist, der „von oben" kommt, auf Knien entgegengenommen.

Das sind die Ereignisse der Liturgie, die mit dem Knien verbunden sind – alle beziehen sich auf die besonderen Augenblicke göttlicher Gegenwart. Alle anderen Teile der Liturgie werden stehend gefeiert: der Einzug des Priesters, das Staffelgebet, das Kyrie, das Gloria, das Kirchengebet – bei der Lesung wird gesessen –, das Alleluja, das Evangelium, das Credo, das Offertorium, die Präfation, das Sanctus, nach dem Kanon dann das Pater noster, das Agnus Dei, nach dem Kommunionempfang die Postcommunio und nach dem Segen das Schlußevangelium. Wer die heilige Messe als heiliges Drama Schritt für Schritt mitfeiern will und die einzelnen Teile in der ihnen zugewiesenen Körpersprache ausdrücken möchte, sollte diese Ordnung berücksichtigen. Sie ist, wie viele Regeln der Liturgie, in Vergessenheit geraten. Fromme Volksbräuche haben den besonderen Ausdruck des Kniens als der Verehrung der göttlichen Epiphanie dadurch verdeckt, daß sie den Kontrast zwischen Stehen und Knien haben verschwinden lassen, indem sie viele andere Teile der Liturgie gleichfalls mit dem Knien begleiteten. Für die stillen Messen hatte sich eingebürgert, sie im ganzen kniend mitzufeiern. An vielen Orten kniet die Gemeinde – hier wird immer nur von Meßfeiern im klassischen römischen Ritus gesprochen – auch während des priesterlichen Confiteors und während des Offertoriums. „Richtig“ im liturgischen Sinn ist das nicht, und es lohnt sich vielleicht, in einer Zeit neuer geistiger Durchdringung der alten liturgischen Gebetsordnung auch den besonderen Sinn und Ausdruck, die eigentliche liturgische Funktion des Kniens wieder ins Bewußtsein zu rufen.

Ein mögliches Mißverständnis, das diese Erinnerung an die den einzelnen Gebeten entsprechenden Körperhaltungen hervorrufen könnte, sei jedoch gleich ausgeräumt. Die vielberufene „tätige Teilnahme“ der Gemeinde an der Feier der heiligen Messe wird in der Tradition der katholischen Kirche keineswegs so eng definiert, wie es inzwischen üblich geworden ist. „Tätig teilnehmen“ kann der Gläubige auf viele Weisen. Er kann mit dem Priester gemeinsam Schritt für Schritt auf die Höhepunkte der Geheimnisse zuschreiten und sein Beten ebenso wie die Gebete des Priesters den überlieferten Haltungen unterwerfen. Er kann aber auch das Werk Christi, das sich in der heiligen Messe vollzieht, einfach betrachten, womöglich sogar, ohne die Gebete der Liturgie im einzelnen mitzubeten, sondern das sich vor seinen Augen entfaltende Wunder in Einsamkeit stumm anbeten. Es gehört zu den großen Paradoxa der heiligen Messe, daß sie in ihrer liturgischen Strenge das unliturgische, das radikal persönliche betrachtende Gebet in besonderer Weise möglich macht. Ja, es ist „falsch“, während der ganzen heiligen Messe zu knien, oder während des Gloria oder des Offertoriums zu knien, aber niemand darf daran gehindert werden. In diesem „privaten“ Knien liegt kein Verlassen der Gemeinde und ihrer Gemeinschaftlichkeit, zu dem die Liturgie gerade einlädt – hier sprudelt eine der Quellen, die die geistliche Überlegenheit des klassischen Ritus ausmachen.

II

Meine Ausführungen über das Knien während der Liturgie haben gezeigt, daß die Feiernden durch den Kniefall die Epiphanie Jesu Christi ehren, alle Augenblicke also, in denen seiner körperlichen Gegenwart gedacht wird oder die von eben dieser Gegenwart erfüllt sind. In allen anderen Teilen der heiligen Messe wird nach ältestem Herkommen gestanden. Dieses Stehen, das für eine Reihe von Gebeten ausdrücklich vorgeschrieben ist – für Gloria, Credo und Pater noster, aber auch für den „Engel des Herrn“, das Magnificat und die Marianischen Antiphonen – ist für uns heute vielfach in seiner Qualität als sakrale Haltung nur noch schwer zugänglich. Das Stehen als Form, als bewußter Akt, kommt in unserem Leben nur noch allzu selten vor, und die liturgischen Ehrfurchtsformen leben in ihrer Herkunft genauso wie die heiligen Substanzen Brot und Wein von der innigen Verbindung mit dem alltäglichen Leben – die Sakramente sind Akte der Fleischwerdung und damit immer neue Eintritte des Schöpfers in die von ihm geschaffene Welt. Die Formlosigkeit unserer Welt hat die zahlreichen Entsprechungen zwischen Liturgie und alltäglichem Leben aufgehoben oder jedenfalls doch weniger sichtbar werden lassen.

Die formloseste Weise, sich festlich zu versammeln (von Festlichkeit bleibt da keine Spur) ist der Stehempfang, der von fern betrachtet wie eine Gruppe aussieht, die so lange auf den Omnibus wartet, daß man ins Gespräch gekommen ist. Bei Konzerten allseits gefeierter Künstler kann man noch „standing ovations“ erleben, das gemeinsame Aufstehen des Publikums bei der Rückkehr des Meisters aufs Podium. Ansonsten steht man, weil nicht genügend Sitzplätze da sind. Kein archäologisches Argument kann es herbeireden: Das Stehen, das in der frühen Christenheit als die hauptsächliche Gebetshaltung verbürgt ist, hat für unsere Empfindung diesen Charakter verloren, oder er ist uns jedenfalls nicht unmittelbar einleuchtend. Wenn man älter wird, kann das lange Stehen Schmerzen verursachen, die das Gebet zumindest beeinträchtigen. Da scheint geradezu das asiatische meditative Sitzen dem Gebet noch eher entgegenzukommen.

Heiliges Stehen – um dafür innere Bilder zu entwickeln muß man in die Frühzeit der christlichen Kunst zurückblicken. Aber Rückblicke sind für Christen ja niemals mit einem Stochern und Wühlen in uralten, staubigen Kästen verbunden, sondern vergleichbar dem Blick aus der Nacht der Zeitenhöhle einen langen Schacht entlang bis zu dessen Ende, wo in weiter Ferne strahlendes Sonnenlicht als Pünktchen zu ahnen ist. In den goldenen Mosaikkuppeln von Byzanz ist der thronende Christus Pantokrator von stehenden Gestalten umgeben, den Engeln und Heiligen. Sie umstehen Christus als Garde und Gefolge. Er kommt wieder und wird von dem Heer der Erlösten umstanden, die Waffen tragen, wie es manche Engel auch tun, oder Bücher, in denen sich das Geheimnis der Gegenwart in die Sprache hineinentfaltet. Wenn man unter dem Beten nur das Sprechen zu Gott versteht, dann beten diese Gestalten nicht. Sie können in diesem Augenblick auch gar nicht beten, weil das Gegenüber zu Gott aufgehoben ist; diese Stehenden sind gleichsam auf die göttliche Seite hinübergewechselt, sie sind zu Organen Gottes geworden, sie feiern und erhöhen und bestätigen seine Erscheinung, und sie leuchten wie Planeten, die von der Sonne ihr Licht empfangen.

Das nächste Bild ist kein künstlerisch vorgestelltes, sondern ein geschichtliches: das Stehen der Frauen und des Apostels Johannes unter dem Kreuz. Dieses Stehen war gewiß von Gebeten begleitet, aber es gab in diesem einzigartigen Augenblick, dem Wendepunkt der Weltgeschichte, für diese unter dem Kreuz stehenden Menschen noch etwas Wichtigeres als das Beten: nämlich mit Augen und Ohren am Gekreuzigten zu hängen, um sich keine Regung des Sterbenden entgehen zu lassen. So konnten Jesu Worte vor seinem Tod zu uns gelangen. Das Stehen unter dem Kreuz war mehr als ein bloßes Warten; wir sehen diese Stehenden gutmachen, was die Jünger im Garten Gethsemane verschlafen haben. „Beistehen" heißt helfen. Für Hilfe war es hier freilich zu spät. Aber diese Wachheit der Zeugenschaft hat doch etwas nicht ganz Passives. Die unter dem Kreuz Stehenden zeigten mit ihrer Haltung, daß sie die letzten Lebensmomente Jesu mit ihm durchleben und mit ihm durchsterben wollten. Auch sie waren, wie es oben hieß, auf die göttliche Seite hinübergewechselt.

Eine noch weiter in die Vergangenheit zurückführende Sonde eröffnet schließlich das Bild der Söhne Israels, die in der Nacht vor dem Auszug aus Ägypten jenes seltsame Mahl aus frischgeschlachteten Lämmern und Lattich aßen, nachdem sie die Türpfosten ihrer Häuser mit dem frischen Blut bestrichen hatten. Etwas Unheimliches liegt über der Szenerie dieser Menschen, die die Tische umstehen und mit „gegürteten Lenden", zum Abmarsch bereit, schweigend ihr Opfermahl halten, während draußen der Würgeengel die ägyptischen Erstgeborenen tötet. Auch dieses Stehen ist nicht eigentlich Beten, sondern mit geschäftigem Tun, dem Auseinanderreißen des Tieres verbunden. Die Stehenden vollziehen ein göttliches Gebot, das ihnen ein bedingungsloses Bereitsein befiehlt. Während an den Ägyptern durch Gott Entsetzliches geschieht, stehen die Auserwählten auf dem Sprung, Gottes Werk, so wie er es gebietet, fortzusetzen, sobald das Zeichen gegeben wird. So fern uns Christen dieses Exodus-Mahl auch sein mag, oder besser, wie fern uns dies Mahl durch Christus auch geworden ist, so bedeutsam war es, daß die frühen Christen dieses Mahl wie Jesus selbst in einer Verbindung mit dem schrecklichen Rache- und Opfermahl des Exodus gesehen haben. Jesus war jetzt das geschlachtete Lamm, und deshalb wurde es stehend gegessen. Man stellte eben nicht einfach das Letzte Abendmahl nach, bei dem Jesus und die Jünger zu Tische lagen, sondern trug dem Opfercharakter dieses Mahles Rechnung, indem man es mit den Riten des Exodus verband.

Alle diese Arten des Stehens und die damit verbundenen geistigen und seelischen Zustände sind gemeint, wenn es heißt, der in der Liturgie stehend betende Christ feiere in dieser Haltung den Auferstandenen. Nun, körperliche Haltungen kann man anordnen, geistige hingegen nicht ganz so leicht. Wir erleben in unserer Zeit die genaue Verkehrung der Zeichen und ihrer Bedeutungen. Wenn die frühen Christen durch ihr liturgisches Stehen ausdrückten, daß sie ein Opfermahl feierten, wollen die gegenwärtigen damit häufig zeigen, daß sie gerade nicht an einem Opfer teilnehmen. Das Knien spricht eine unmißverständliche Sprache, das Stehen nicht. Gegenüber dem Knien wird es heute als ein Minus an Ehrfurcht empfunden. Das liegt an der Entwicklung der profanen Geschichte und ihren Umwälzungen. Es liegt auch an den in Deutschland üblichen wuchtigen Kirchenbänken, in denen ein Stehender immer wie ein vom Lehrer aufgerufenes Schulkind aussieht, das etwas aufsagen soll. Die Bänke sind im Grunde etwas Protestantisches, zum Anhören stundenlanger Predigten geschaffen. Für Kirchenneubauten sollte man vielleicht einmal erwägen, das Vorbild der romanischen Länder mit ihren leichten Strohstühlchen zu studieren, die mit einer Handbewegung in eine Kniebank verwandelt sind. Was liturgisches Stehen ist, werden wir uns wahrscheinlich nur durch große Anstrengungen zurückerobern können, in Kirchenräumen, die dieser Haltung entgegenkommen, und mit dem Bild der den Herrn umstehenden Engel und Heiligen im Herzen.

III

„Procedamus in pace!"

Wie das Stehen und das Knien hat auch das Gehen seinen besonderen liturgischen Ausdruck. Die Verbindung von Gehen und Beten ist uralt. Schon die alttestamentlichen Juden empfanden das vierzigjährige Irren durch die Wüste, bei dem die Bundeslade mitgetragen wurde, in der Erinnerung als großen vorbereitenden Bußgang. Die Übertragung der Bundeslade in den Tempel von Jerusalem geschah in einer Prozession, der König David vorantanzte, und die nachbabylonischen Juden, die von fern zum Berg Zion wallfahrteten, sahen den Aufstieg zum heiligen Berg als Gebetsgang, wie viele Psalmen bezeugen. Denken wir aber auch an die großen Prozessionen der Heiden, an die Panathenäen, die gleichfalls einen heiligen Berg hinanführten um das Bild der Göttin zu schmücken. Die Bewegung der Seele zu Gott hin läßt sich im Gehen besonders deutlich ausdrücken und für den Andächtigen selbst sichtbar machen; was sonst ein bloßer Gedankenakt oder Gefühlszustand bliebe, wird im Voranschreiten gleichsam zu etwas Objektivem.

In der römischen Liturgie hat die Prozession ursprünglich dasselbe Gewicht wie in der griechischen, obwohl im fortschreitenden Rationalisieren und Intellektualisieren der westlichen Liturgie dieses Element dann zurückgedrängt worden ist. Für die frühen Christen begann jede Messe mit einer Prozession. Die heidnischen und jüdischen Prozessionsvorbilder wurden für die Christen durch die beiden großen Prozessionen des Neuen Testaments mit einer neuen Bedeutung erfüllt: den Einzug Christi in Jerusalem am Palmsonntag und die Via Dolorosa am Karfreitag. Beide Züge, der ruhmreiche und der schmerzensreiche, formen sich um Christus herum; sie sind Geleitzüge Christi, die ein Bekenntnis zu seiner gott-menschlichen Gegenwart darstellen. Wie heute noch den Meßbüchern zu entnehmen, versammelte sich die Gemeinde von Rom vor jeder Messe an einer bestimmten Kirche, um von dort zu der Kirche zu ziehen, die der Ort der jeweiligen Liturgie war. In den französischen Benediktinerklöstern, die dem alten Ritus treu geblieben sind, beginnt jede Sonntags- und Festmesse mit einer solchen Prozession durch den Kreuzgang. Es gibt eigene Hymnen für diese Prozessionen, die in dem „Processionale", herausgegeben von der Abtei Solesmes, zu finden sind. Erneut ist festzustellen, daß die Meßreformer mit ihrem Blick auf die christliche Frühzeit immer nur eine Verarmung und Reduktion, einen spätkatholischen Puritanismus zum Ziel hatten, anstatt den Reichtum der Anbetungsformen des ersten Jahrtausends aufzugreifen.

Dafür sollten aber die Kreise der katholischen Tradition sich einmal mit diesem „Processionale" beschäftigen. Die räumlichen Gegebenheiten werden eine Prozession zu Beginn der Messe an vielen Orten nicht zulassen, an manchen aber vielleicht doch. Die Erfahrung des langsamen Gehens zu den gregorianischen Hymnen erschließt einen neuartigen Raum der Andacht. Eine gregorianische Hymne ist eben nicht im Marschrhythmus geschrieben wie „Ein Haus voll Glorie schauet". Das Beten muß immer ein höchst persönlicher Akt sein, um irgendeine Bedeutung zu besitzen, und der gregorianische Choral erzwingt nicht nur nicht, er verhindert sogar den Gleichschritt der Füße und Gedanken.

Der anwesende Christus dieser Prozession ist der von Weihrauch und Kerzen – den liturgischen Hoheitszeichen, wie man in Anwendung eines staatsrechtlichen Begriffs sagen könnte – begleitete Priester, der in Jerusalem, repräsentiert durch den einzelnen Kirchenbau, einzieht, um dort das Opfer von Golgatha zu vollziehen. Er wird beim Betreten der Kirche vom Introitus-Psalm empfangen. Der Introitus-Psalm ist reiner Prozessionsgesang; er sollte den Einzug des Priesters begleiten, obwohl der Priester die entsprechenden Verse erst nach dem Stufengebet leise betet.

Die nächste Prozession der Messe ist die Evangelienprozession. Sie ist von den Prozessionsgesängen des Graduale und des Alleluja begleitet. Wenn der Diakon, in der Grundform der Messe, das Evangelium vorträgt, ist diese Prozession noch sichtbar. Aber auch die Übertragung des Meßbuches von der Epistel- auf die Evangelienseite in der nur von einem Priester gelesenen Messe muß als Prozession verstanden werden, die von Kerzen und Weihrauch begleitet wird. Die Evangelienlesung ist eben viel mehr als Verkündigung, sie ist ein Gegenwärtigwerden Christi und wurde von der Kirche immer auch als Segen, als sündenvergebendes Sakramentale verstanden, wie es das dem „Misereatur" nach dem „Confiteor" vergleichbare „Per evangelica dicta deleantur nostra delicta" bestätigt. Dieser sakramentale, tätig sündenvergebende Charakter des Evangeliums ist wohl das entscheidende Argument für seine Verlesung in der sakralen Sprache. Die liturgischen Zeichen der Prozession machen diesen Charakter besonders deutlich.

Von der Prozession des Offertoriums sind im klassischen Ritus leider nur Rudimente übriggeblieben, mit den traurigen Folgen, das Offertorium immer mehr in seiner Bedeutung zu verkennen. Um zu verstehen, was das Offertorium wirklich ist, müssen wir zur byzantinischen Kirche hinübersehen. Zum Offertorium trägt dort der Diakon die verhüllten Gaben, von Weihrauch und Kerzen begleitet, durch die Kirche, während sich die Gläubigen tief verneigen oder gar auf den Boden werfen. In der Enthüllung der Gaben wird der schreckenerregende Augenblick erkannt, in dem Christus seiner Kleider beraubt wurde. Die Ostkriche begreift die ganze Liturgie als ununterbrochene Folge von Vergegenwärtigungen Christi – mit dem Höhepunkt der Wandlung. Die westliche Argumentation, das noch nicht gewandelte, aber zur Wandlung bestimmte Brot sei nicht verehrungswürdig, klingt für Orthodoxe, als sei der noch nicht geopferte Christus nicht verehrungswürdig gewesen. Immerhin – auch in der römischen Liturgie bringt der Subdiakon die Gaben verhüllt zum Altar, wenngleich er für diesen Gang den kürzesten Weg von der Kredenz zum Altar wählt und nicht von Kerzen und Weihrauch begleitet ist. Der Offertoriumspsalm deutet an, daß hier einstmals eine Prozession stattgefunden hat. An manchen Orten mag es möglich sein, die Kredenz vom Altar so weit entfernt aufzustellen, daß aus diesem Weg des Subdiakons doch wieder die Andeutung einer Prozession werden kann. Bei Kirchenneubauten sollte darauf geachtet werden, den Raum nicht allzu sehr zu möblieren und Prozessionswege freizuhalten.

Die letzte Prozession der Messe – vom Auszug des Priesters abgesehen, der ja den eigentlichen Augenblick des Schlußsegens oder vielmehr der zahlreichen Segnungen darstellt, die im Gehen gespendet wurden – ist die Kommunionsprozession, die vermutlich selten noch so erlebt wird. Der Communio-Psalm soll diesen Zug der Gläubigen zum Empfang der Hostie begleiten, die sich dem von Kerzen umgebenen gegenwärtigen Christus entgegenbewegen. Die tridentinischen Rubriken verlegen die Verlesung des Communiopsalms durch den Priester nach der Kommunion und der Ablution der Kelche, aber man wird den Geist dieser Rubriken gewiß nicht beleidigen, wenn die Schola den Communio-Psalm, wie es vorgesehen ist, während der Gläubigenkommunion singt und damit dem langsamen Voranrücken der Empfangenden die Würde eines großen Gebets verleiht.

Wenn man die Liturgie als Folge von Prozessionen begreift, dann wird das vielfach mißverstandene Wort des hl. Pius X. von der „tätigen Teilnahme“ der Gläubigen an der Liturgie plötzlich ganz leicht verständlich. Mehr Tätigkeit als hinter Christus her und auf ihn zuzugehen ist nicht vorstellbar. Und während einer Prozession scheint es, als sei das einfach.

Statio

Vor dem Betreten der Kathedrale

Für den modernen Menschen ist die Genealogie Jesu, wie sie in den ersten sechzehn Versen des Matthäus-Evangeliums aufgezeichnet ist, im besten Fall ein absurdes Lautgedicht. Die lange Reihe der alttestamentlichen Namen in gräzisierter oder latinisierter Fassung hat etwas vom Zauberspruch, auch vom Grotesk-Komischen. Eine Vielzahl von Zwergen mit wunderlichen Knebelbärten und gezackten, gehörnten und verdrehten Mützen verbindet sich da mit Hilfe ihrer Zeugeglieder zu einer Menschenarchitektur, einem artistischen Menschenturm. An den Toren gotischer Kathedralen bilden die ehrwürdigen Ahnen, einer auf dem Kopf des anderen stehend, Spitzbogenportale. Auf Wandbildern liegt Jesse schlafend mit geschlitzten Pluderhosen auf einem Rasenhügel, während aus seinen Lenden eine Schlingpflanze von Baumeshöhe hervorkriecht, aus deren gekräuseltem Laub sorgenvolle alte Männlein hervorsehen, alle miteinander verbunden, alle auf flatternden Bändern mit ihren fremdartigen Namen bezeichnet. David und Salomon, Jakob und Joseph ragen als die einzigen vertrauten Inseln zwischen Phares und Aminadab, Roboam und Asa, Josaphat und Jonatham, Ezechias, Jechonias, Salathiel und Zorobsbel hervor.

Die Genealogie Jesu ist das Evangelium des Festes Mariä Namen am 8.September; ein zweites Mal wird es am Fest des heiligen Joachim, des Vaters der Maria, der in der Genealogie überhaupt nicht genannt wird, am 16.August gelesen. An beiden Festen kann es noch sommerlich heiß sein. Dann rinnt dem Diakon in der schweren goldbestickten Dalmatika, der die Genealogie, umstanden von Kerzenträgern und Rauchfaßschwenkern, singend vorträgt, der Schweiß in das weiße Leintuch, das sich ihm um den Hals herum bauscht. „Abraham autem genuit Isaac, Isaac autem genuit Jacob, Jacob autem genuit Judam et fratres eius,…“ So geht das von Abraham bis David in vierzehn Generationen, von David bis zur babylonischen Gefangenschaft in weiteren vierzehn Generationen und von Babylon bis zur Geburt Jesu Christi nochmals in vierzehn Generationen.

Ist dies eigentlich ein Stück der christlichen Verkündigung? Ist diese Genealogie mit ihren drei Vierzehner-Gruppen in ihrer offensichtlichen Stilisierung nicht nur ein archaisches Ritual? Der Stammbaum Jesu, den Matthäus hier um drei Könige verkürzt darstellt, um den Vierzehner-Rhythmus wahren zu können, formt gleichsam in Großbuchstaben dreimal den Namen David, denn die Vierzehn repräsentiert den Zahlenwert jener drei hebräischen Konsonanten, die den Namen David bilden. Jesus Christus ist der „Sohn.Davids“, das will dieser Stammbaum beweisen. Er ist der, von dem Isaias eigentümlich drohend sagt: „Höret also, Haus David: Ist es euch zu wenig, Menschen eine Last zu sein, daß ihr nun zur Last fallt meinem Gott? Deshalb wird euch der Herr selbst ein Zeichen geben. Seht, eine Jungfrau wird empfangen und einen Sohn gebären und sein Name wird sein Emanuel.“

Daß Abstammung ein Beweis für Erwählung, für Legitimität, für den Anspruch auf die Herrschaft sein könnte, haben die westlich geprägten Länder, nachdem sie Jahrtausende alle öffentlichen und privaten Rechtsverhältnisse unter dem Prinzip der Abstammung betrachtet haben, gründlich vergessen. Die Feierlichkeit, mit der noch zu Beginn unseres Jahrhunderts vom „angestammten Herrscherhaus“ gesprochen wurde, gilt heute dem „gewählten Parlament“ oder dem „gewählten Präsidenten“. Und doch reicht die Zeit, in der der Stammbaum Davids weitergeführt wurde, bis in unsere jüngste Vergangenheit. Kaiser Haile Selassie von Äthiopien führte die Titel „König von Sion“ und „Löwe von

Juda“; in seiner Familie hielt sich seit dreitausend Jahren das Gerücht, sie stamme von König Salomon und der Königin von Saba ab, um die Formulierung aufzugreifen, mit der ein Fürst Massimo gegenüber Napoléon seine Herkunft von Quintus Fabius Maximus Cunctator charakterisierte. Bis zum Sturz des Kaisers im Jahre 1974 sangen die Kirchensänger seinen Stammbaum, den sie in Abteilungen von je sieben Generationen einteilten, und alle Kinder des äthiopischen „Hauses David“ lernten die letzten sieben Generationen ihres Stammbaumes auswendig und sagten sie bei feierlichen Gelegenheiten auf. Wie bei Matthäus wurden immer nur die Väter und Söhne genannt, und wie bei Matthäus tauchten in der langen Reihe dann doch immer wieder weibliche Namen auf, wenn etwas besonders Wichtiges mit diesen Stammüttern verbunden war.

Der unbefangene Leser des Stammbaums Jesu stutzt, wenn er an dessen Ende gelangt. Die Abkunft Jesu von König David soll bewiesen werden, faktisch und mit den Mitteln der Zahlensymbolik. Neununddreißigmal folgt „genuit“, „erzeugte“, denn der Stammbaumautor scheut keine Monotonie, wenn es gilt, genau zu sein, aber als es darum geht, den Schluß aus der langen Abfolge zu ziehen, ist vom „Zeugen“ plötzlich nicht mehr die Rede. Es heißt noch: „Jacob aber zeugte den Joseph, den Mann der Maria“, aber dann geht es weiter: „von der ist geboren Jesus, der Christus heißt.“ Nach Matthäus zeugte Joseph den Jesus also nicht. Eine große Genealogie wird ausgebreitet, um darzulegen, daß sie gerade nicht die Abstammung Jesu ist. Sollte tatsächlich eher der Kaiser Haile Selassie ein „Sohn Davids“ gewesen sein als Jesus?

Das frühe Christentum hat die Schwierigkeit dieser Schriftstelle offenbar erkannt. Schon im zweiten Jahrhundert erklärte der heilige Justinus, auch Maria stamme aus dem Haus David. Das „Protoevangelium des Heiligen Jakobus“, ein gleichfalls sehr früher Text, bestätigt diese Herkunft Mariens. Die gesamte christliche Tradition hat diese Auffassung übernommen. Auch die christliche Kunst sieht Maria vielfach als „Tochter Davids“. Auf manchen „Wurzel Jesse“ – Bildern steht Maria am Ende der Geschlechterkette, der problematische Joseph ist ganz weggefallen. Auch die ungesicherten Traditionen hat die Kirche nie einfach weggeschoben. Sie ließ da immer vieles gelten, gerade in dem Bewußtsein, daß auch die kanonischen Evangelien schließlich Früchte der Tradition sind. Es sei jüdischer Brauch gewesen, vorzugsweise in der nächsten Verwandtschaft zu heiraten. Maria mag eine Cousine des Joseph gewesen sein. So kann man sich den rätselhaften Schluß des Stammbaums Jesu mit gutem Recht ergänzen und erklären. Dann liest man noch einmal Matthäus 1,16: „...Joseph, der Mann der Maria, aus der Jesus geboren ist...“, und ein Zweifel meldet sich: Ist die Erklärung der Tradition nicht allzu perfekt, allzu glatt, allzu beschwichtigend?

In einem Stammbaum, der dem Grundsatz folgt, nur die männliche Linie zu verfolgen, muß jede Ausnahme von dieser Regel aufmerksam machen, erst recht, wenn er, wie der Stammbaum Jesu, auf Maria zuzulaufen scheint, ohne sie andererseits überzeugend einzubinden. Aber auch die anderen Frauen im Stammbaum Jesu geben Rätsel auf. Was macht sie so bedeutend, daß um ihretwillen der patriarchalische Grundsatz gesprengt wird? Frommen Exegeten bereiten sie Verlegenheit. Nicht alle von ihnen haben sich musterhaft betragen, alle aber höchst sonderbar.

Da ist zunächst Thamar, die Kanaaniterin. Sie wird Schwiegertochter des Juda, eines der zwölf Söhne des Patriarchen Jakob. Bevor sie schwanger wird, tötet Jahve ihren Mann, der „böse in den Augen des Herren war“. Im Buch Deuteronomium ist für den Fall einer solchen kinderlosen Witwenschaft das Gesetz des „Levirates“ vorgesehen: Ein Bruder des Toten muß die Witwe heiraten. Zeugt er mit ihr einen Sohn, so gilt dieses Kind als Nachkomme und Erbe des Toten, damit „dessen Name in Israel nicht ausgelöscht wird“. In Thamars Fall heißt dieser Schwager Onan. Auf Befehl seines Vaters Juda heiratet er Thamar. „Und er wußte, daß die Söhne nicht ihm geboren würden; und wenn er nun zu dem Weibe seines Bruders ging, goß er den Samen auf die Erde, damit nicht Kinder in seines Bruders Namen geboren würden.“ Gott bestraft dies Verhalten mit dem Tod, und Thamar ist wiederum Witwe. Judas letzter Sohn, Sela, ist noch zu jung für das Levirat, aber der Vater scheint auch gefürchtet zu haben, daß ein Fluch auf jeder Verbindung mit Thamar liege und sucht Ausflüchte, um diese dritte Ehe zu vermeiden. Da legt Thamar ihre Witwentracht ab, verkleidet sich als Hure und setzt sich an den Straßenrand, offenbar in der Gewißheit, daß Juda eine solche Gelegenheit niemals auslassen würde. Und tatsächlich listet sie ihrem Schwiegervater Zwillinge ab. Juda muß zugeben: „Sie ist gerechter als ich, denn ich habe sie meinem Sohn Sela nicht gegeben.“

Thamar aber wird mit ihrem von ihrem Schwiegervater gezeugten Sohn Phares zu einer Vorfahrin von König David. Sechs Generationen später begegnet man der Rahab, einer nicht bloß scheinbaren, sondern wirklichen Hure aus Jericho. Ihr Eintritt in das Haus David ist im Buch Jona beschrieben. Josua sendet zwei Kundschafter in die feindliche Stadt Jericho. Die beiden verstecken sich bei Rahab auf der Terasse ihres an der Stadtmauer gelegenen Hauses unter Bündeln von Hanfstengeln. Rahab ist von der Allmacht Jahves überzeugt: „Der Herr, euer Gott, ist der Gott im Himmel oben und auf Erden unten.“ Sie läßt die Kundschafter in einem Korb die Stadtmauer hinab und zeigt ihnen den Fluchtweg. Dafür schwören ihr die Spione, daß sie und ihre ganze Familie bei der Eroberung von Jericho verschont werden sollten; ein rotes Band soll ihr Haus kennzeichnen.

Und als schließlich die Mauern Jerichos unter dem Trompetenschall und dem Geschrei der jüdischen Heerscharen in sich zusammenfallen, erinnert Josua an den Schwur der Kundschafter. Rahab und ihre Verwandtschaft werden gerettet; „sie wohnten unter Israel bis auf den heutigen Tag". Ob Salmon, der mit Rahab den Booz zeugt, einer der Kundschafter gewesen ist, oder ob er ihr erst später begegnete, wird nicht gesagt. Seine Ehefrau ist sie mit ihrer Vorgeschichte gewiß nicht gewesen. Dennoch hat Rahab nicht nur als Stammutter Davids Ehre erworben. Paulus stellt sie im Hebräerbrief als große Glaubende vor: „Es war durch den Glauben, daß Rahab, die Hure, nicht mit den Unbelehrbaren zugrunde ging, weil sie die Kundschafter friedlich aufgenommen hatte." Für die Kirchenväter wird Rahab, die durch Glaube und Liebe ihre Familie vor dem Untergang bewahrt, sogar ein Sinnbild der Kirche. So eifrig wurde der Aufforderung entsprochen, die Heilsgeschichte in jedem Detail des Alten Testamentes aufzustöbern und wiederzufinden..

Ruth erscheint als reine Sanftheit und Demut. Sie ist Moabiterin, die Witwe des Juden Mahalon; auch ihre Schwiegermutter Noemi, die mit Elimelek verheiratet war, ist Witwe. Die beiden Frauen sind in der Kümmerlichkeit und Verlassenheit ihres Witwenstandes zu Bettlerinnen geworden. Ruth sammelt Ähren auf den Feldern eines reichen Verwandten ihres Mannes. Er heißt Booz, entdeckt die schöne und bescheidene Ährenleserin und bevorzugt sie, und so fühlt Ruth sich ermutigt, sich zu baden und zu salben und schön anzuziehen und sich dem Booz buchstäblich ins Bett zu legen. Und das geschieht in allen Ehren, denn sie fordert von ihm, als Verwandter ihres Mannes seine Leviratspflicht auszuüben. Booz verkündet alsbald am Tor von Bethlehem, „daß er Ruth, die Moabitin, das Weib Mahalons, zum Weib genommen habe, um den Namen des Verstorbenen in seinem Erbteil wiederzuerwecken, damit nicht sein Name…aus seinem Volke getilgt werde“. So wird Ruth die Mutter des Obed, der der Vater des Jesse, der Großvater Davids werden wird.

Die vierte Frau im Stammbaum Jesu ist Bathseba, die mit dem hetitischen Feldhauptmann Urias verheiratet war. Die Geschichte, wie König David sich nachmittags von seinem Lager erhebt, auf der Dachterasse spazieren geht und auf einer anderen Terasse die badende Bathseba erblickt, hat der Kunst reiche Nahrung geboten, „denn das Weib war sehr schön“. Umso häßlicher wurde der Urias aus der Welt geschafft; der sprichwörtliche „Urias-Brief“ befahl einen sinnlosen Angriff, und der lästige Ehemann wurde unter einem großen Leichenhaufen begraben; der Tod vieler sollte den Mord an Urias, der offenbar ahnte, was geschehen war, verdecken. Es folgt Davids Reue und Verzweiflung, die bei Gott Gehör findet, denn Bathseba wird Mutter des Königs Salomon, des sagenumwobenen Tempelerbauers, des größten jüdischen Königs.

Die Ehebrecherin, die Hure und die beiden zielbewußten, aufdringlichen Witwen wurden vom Evangelisten Matthäus ausersehen, als außergewöhnliche Frauen im sonst rein männlichen Stammbaum des Erlösers zu erscheinen. Manche Kanzelredner haben eine erbauliche Erklärung für diese beunruhigende Auswahl gefunden. Der Evangelist wolle betonen, daß die Vorfahren Jesu gebrechliche, schuldige Menschen gewesen seien. Daß Jesus sich als „Arzt für die Kranken“ sah, zeige sich auch daran, daß er die Nähe sündenbeladener Menschen nicht gescheut habe. Die Menschwerdung des Gottessohnes ereigne sich im Stall von Bethlehem und in einer vielfach sündig gewordenen Familie. Der Gedanke denkt sich leicht, er klingt schön christlich und gefühlvoll. Entspricht er auch der Atmosphäre des Matthäus-Evangeliums in seiner lakonischen Härte? Die Flecken auf dem Hause David waren dem jüdischen Autor dieses Evangeliums schmerzlich genug bekannt.

Was diese Familie auszeichnete, war nicht ihre Schuld, sondern die Verheißung, die ihr von Abraham her, und dann von den Propheten verdeutlicht und erneuert, zugekommen war. Jesus sollte die Erfüllung dieser Verheißung sein – aber wie war das möglich, wenn er gar nicht „Sohn Davids“ war?

Was kann es bedeuten, wenn Matthäus seinen Stammbaum einerseits der Zahlenmagie unterwirft, drei Könige wegläßt und Jechonias doppelt zählt, um dreimal zum Zahlenwert des Namens David zu gelangen, und bei den Frauen dann eine derart auffällige Auswahl trifft? Ist es aus literarischen Gründen nicht geradezu zwingend, diese Frauen in Gemeinschaft mit Maria zu sehen, der letzten und unbekanntesten der Frauen, der Zeitgenossin des Matthäus, die womöglich mit Hilfe der berühmten historischen Frauennamen vorgestellt werden soll?

Die vier Frauen des Stammbaumes Jesu haben zunächst gemeinsam, daß sie keine Jüdinnen sind. Thamar und Rahab stammen sogar aus besonders übel angesehenen, ja verfluchten Völkern, den Kanaanitern und der ausgelöschten Stadt Jericho. Mit Blick auf Maria bringt diese höchst auffällige Übereinstimmung jedoch zunächst nicht weiter: Wenn sie bedeuten sollte, daß auch Maria eine Land- und Stammesfremde war, dann bleibt das Rätsel der Abkunft Jesu aus dem Stamme David ungelöst. Und was die Fremdheit, die Herkunft aus verworfenem Geschlecht, die gnädige Aufnahme in das durch die Verheißung ausgezeichnete Haus David für Maria bedeuten könnte, wenn sie Jüdin und womöglich gar Nachkommin Davids war, bleibt zunächst dunkel.

Die vier Frauen haben aber eine weitere Gemeinsamkeit, die bei der Rekapitulation ihres Schicksals vielleicht schon aufgefallen ist: Alle vier werden schwanger, aber nicht von ihrem Ehemann. Bathseba, die Mutter Salomons war das „Weib des Urias“, und unter dieser

Bezeichnung, nicht unter ihrem Namen erscheint sie im Stammbaum: Dieser Punkt ist der wichtigste. Rahab ist Hure, im Alten Testament wie bei Paulus wird dieser Status betont. Thamar und Ruth hingegen führen mit List und Drängen herbei, daß ältere Verwandte ihrer toten Ehemänner auf gesetzmäßige Weise stellvertretend für die Toten Kinder zeugen. Wenn Maria den vier Frauen also gleicht, dann deshalb weil auch sie ihren Sohn nicht von ihrem Ehemann empfangen hat. Alle Nachkommen der vier Frauen, die illegitimen und die durch das Gesetz des Levirates legitimen, wurden „Söhne Abrahams" und Mitglieder des Hauses David. Mächtige Männer traten an die Stelle der Ehemänner und zeugten in ihrem Namen: der Patriarch Juda, der siegreiche Salmon, der reiche Booz, schließlich König David selbst. Ein Größerer als Joseph hat an Josephs Stelle Mariens Sohn Jesus gezeugt. Im Verhältnis zu diesem Größeren entstammte Maria aus einem verworfenen, verfluchten Geschlecht, nicht einem Volk im besonderen womöglich, sondern dem schuldbeladenen Menschengeschlecht. Seiner Natur nach ist Jesus deshalb der Sohn seines Erzeugers, nach dem heiligen Recht des Levirates aber ist er der Sohn des Joseph, Sohn und Erbe Davids.

Als neue Rahab rettet Maria ihr Volk durch den Glauben an Gottes Allmacht. Als neue Thamar überwindet sie den Niedergang und das Aussterben ihres Volkes. Ruth sagte zu Booz: „Ich habe Gnade gefunden in deinen Augen, Herr, du hast mich getröstet und zu dem Herzen deiner Magd gesprochen", und Maria sagt als neue Ruth im Lukas-Evangelium: „Meine Seele preist den Herrn, und mein Geist frohlockt in Gott, meinem Heiland, denn er hat die Niedrigkeit seiner Magd angesehen." Als neue Bathseba bringt sie einen neuen Salomon zur Welt, der, wie der alte, Richter ist, aber Weltenrichter.

Wenn man sich die vier Frauen des Stammbaumes

Jesu als romanische oder gotische Statuen vorstellt, müßten sie eigentlich Schlüssel an ihren Gürteln tragen, denn sie sind es, die diesen Stammbaum in seiner zeremoniellen Erstarrung aufschließen. Aus einem genealogischen Register, dessen Widersprüche wie die Mogelei eines Patience-Spielers wirken, machen sie eine lebendige Botschaft. Wer weiterliest und von Josephs Zweifel erfährt, als er feststellt, daß seine Braut schwanger ist, weiß schon, was Joseph erst von einem Engel hören muß. In seiner indirekten Weise ist der Stammbaum Jesu bei Matthäus der ausführlichste Text über Maria, der sich in den Evangelien finden läßt. Mit dem archaischen Mittel eines Geschlechterverzeichnisses drückt Matthäus etwas Neuartiges aus. Er bedient sich dazu keiner theologischen Doktrin und keiner Philosophie.

„Am Anfang war das Wort", beginnt das Johannes-Evangelium. Am Anfang war bei Matthäus eine Kette von Menschen, die sich im Dunkel der Vergangenheit verliert. Aber in dieser langen Menschenkette wirkt etwas Unsichtbares, das der bloß biologischen Aufeinanderfolge eine Richtung gibt, etwas Nach-vorn-Drängendes. Dies Unsichtbare und seine Wirkung läßt sich nur an Menschen, beim Blick in Menschengesichter ablesen. Die Geschichte mit ihren Abstraktionen verkörpert sich in Gestalten. In diesen Gestalten bündeln sich Bedeutungen, die von weiteren Gestalten erhellt werden. Statt einer Folge von Lehrsätzen tritt eine Folge von Menschen vor den Leser. So eröffnet eine Reihe von Inkarnationen bei Matthäus den Bericht von der Fleischwerdung des Wortes.

Die Prozession aus der Schiebetür

Passage aus dem Roman „EINE LANGE NACHT“

„Und hör nicht darauf, was der Priester sagt, wenn er deutsch redet. Er ist für die Messe unentbehrlich, aber er selbst weiß nicht, worin seine Unentbehrlichkeit besteht.“

Aus: Eine lange Nacht, 5. Kapitel

… Es war hell, als er das Hotel betrat. In der Pförtnerloge saß eine verhärmte Frau, die ihn mißtrauisch ansah. Herr Drais sei schon hinaufgegangen; das war das erstemal, daß jemand von Hermann als „Herrn Drais“ sprach. Der Bau stammte aus den fünfziger Jahren, als in Frankfurt in öffentlichen Gebäuden alle Böden mit Solnhofener Platten ausgelegt wurden. Aus der Restaurantküche drang Suppengeruch. Das Hotel lag am Rand eines Bordellviertels, aber die verspätete Modernität, die es mit vielen neueren kirchlichen Gebäuden gemeinsam hatte, ließ in fader Solidität die Umgebung vergessen.

Die Kapelle war klein und nüchtern wie die Hotelhalle. In eine graue Betonwand waren runde Fenster aus buntem Glas eingelassen. Die Bänke waren aus gelbem Birkenholz, über dem Altar schwebte ein Aluminiumkruzifix mit einem Corpus aus rotem Glasfluß wie eingetrocknete Erdbeermarmelade. Ein augenloses Kykladensymbol aus Beton stellte die Madonna dar. Den heißen Raum, auf dem die Sonne stand, erfüllt ein fauliger Geruch, der von der Blumenvase auf dem Altar herkam. Die Herbstblumen waren in bräunliches Gemüse verwandelt. Daneben stand ein silbernes, mit Bergkristallknollen besetztes Schränkchen. Als Ludwig eintrat, war Hermann gerade dabei, diese Blumen fortzuschaffen.

„Nicht vergessen, vor dem silbernen Schränkchen eine Kniebeuge zu machen“, sagte er flüsternd, als er Ludwig bemerkte. Er freute sich, aber war zugleich voll Eifer.

In der Sakristei stand ein Kunststoffkanister mit Wasser. „Bitte fülle das Becken an der Tür!“ Das Becken war eine Glasschale in einer Messinghalterung, verkrustet von alten Ablagerungen. Die wurde wahrscheinlich besser vorher gespült. Wie gut, daß sie zwei Stunden Zeit hatten. Auf dem Altar durfte nichts so bleiben, wie es war. Dort lag eine gelbliche Kunststoffnoppendecke, links stand das Schränkchen, rechts davon zwei getöpferte Tonschalen mit dicken Kerzen. Das mußte alles abgeräumt werden. Das Schränkchen wurde in die Mitte gerückt. Über den Altar waren übereinander drei schmale, sehr lange, gestärkte weiße Leinendecken zu breiten, die rechts und links bis zum Boden hinunterhingen. Ludwig und Hermann hielten diese langen Decken gespannt und senkten sie dann hinab, bis eine über der anderen lag. Rechts und links von dem heiligen Schränkchen stellte Hermann je drei neugotische Bronzeleuchter auf. Auf die Leuchter kamen gelbe Kerzen – „gelbe, nicht weiße!“ erklärte Hermann gedämpft. Dann suchte er aus einer Schublade drei Tafeln hervor, eine breite und zwei schmale: auf der breiten standen viele Textkolonnen, darüber in roten Buchstaben: „Canon missae“, auf den schmalen je eine Kolonne, die eine rot mit dem Wort „Lavabo“, die andere gleichfalls rot mit dem Wort „Initium“ überschrieben, die erste wurde rechts an eine Kerze gelehnt, die zweite links, die große vor das Schränkchen. Jetzt setzte er auf die Steinstufe des Altars, indem er seine Kniebeuge nicht vergaß, eine Bronzeglocke, genaugenommen mehrere Glöckchen an einem Griff, und dann war der Altar fertig.

Nun wandte er sich der Kredenz zu. „Kredenz“ hieß

das Tischchen neben der Sakristeitür. Eine weiße Decke kam darauf. Aus einem Wandschrank übergab er Ludwig zwei seltsam geformte Glaskännchen mit hochgeschwungenen spitzen Schnuten, aus denen nur ein feiner Strahl rinnen konnte. Das Kännchen ohne Henkel wurde mit Wasser gefüllt, diesmal nicht aus dem Kanister, das Henkelkännchen mit Wein aus einer angebrochenen Flasche „Rheinhessen", einer trockenen Spätlese, wie auf dem Etikett stand. Der Weingeruch hatte etwas fremdartig Medizinisches in diesem schlauchartigen Räumchen. Auf der Kredenz bedeckte Ludwig die Kännchen mit einem gestärkten, dreifach gefalteten Leinentüchlein. Daneben kam eine Messingschale mit einer kleinen Messingkanne – „Wasser aus dem Kran!" – und ein kleines neuvergoldetes Tablett – „Nicht mit den Fingern berühren, sondern mit einem weißen Tuch anfassen." Und damit war auch das Kredenzkapitel beschlossen. Ludwig hoffte, daß er die Sachen richtig anordnete, wenn er, wie auf dem Altar, alles möglichst symmetrisch aufstellte. Hermann erwähnte hierzu nichts.

„Brennt die rote Kerze auf dem Altar?" Daher kam also Hermanns rote Kerze. Auf dem Altar stand keine rote Kerze. Aber auf dem Sakristeitisch gab es zwei. Eine davon zündete er an und stellte sie – Kniebeuge – neben das silberne Schränkchen.

„Jetzt können wir in die Sakristei gehen."

Wieder fühlte Ludwig sich zusammen mit Hermann in die Kinderzeit zurückversetzt. Waren sie nicht in einem großen Spiel, in dem jede gelöste Aufgabe zu neuen Aufgaben führte? Hermann bemerkte bekümmert, daß die Kapelle Ludwig wahrscheinlich nicht gefalle. Ludwig entdeckte überall etwas Geschmackloses; mit Gewißheit sei auch die Kapelle geschmacklos. Um so genauer müßten sie sich an die Vorschriften halten, wo es keine Schönheiten gab, die von Unvollkommenheiten der Form ablenkten.

„Der Kelch“ hieß das nächste Kapitel. Der Kelch steckte in einem hohen Lederfutteral. Ludwig öffnete es und sah ein goldenes Gefäß auf hohem Fuß, in einer kleinen Schublade zu dessen Füßen einen flachen goldenen Teller. „Kelch und Teller darfst du nicht berühren. Nimm sie mit einem weißen Tuch heraus.“ Hermann legte ein zu einem Streifen gefaltetes Tuch in den Kelch, so daß die beiden Enden über den Rand hingen, und bedeckte den Kelch dann mit dem goldenen Teller. Aus einer Holzdose nahm er eine große weiße Oblate, der Bruchstellen eingeprägt waren. Die kam auf den Teller. Den Teller bedeckte eine quadratische Tafel in einem bestickten Leinenüberzug. Und nun suchte er aus einer tiefen Schublade mit roten, grünen und violetten Seidentüchern ein schwarzes, und dies schwarze steife Seidentuch verhüllte den Kelch und seinen Aufbau vollständig. Eine quadratische Seidentasche, in der ein steifgestärktes Leinentuch lag, bildete das Dach des Kelchs. Er war jetzt zu einem schwarzen Seidenzelt geworden. In steifen Falten stand das Tuch um den Kelch herum.

Im Schrank hingen die Meßgewänder, in denselben Farben wie die Tücher aus der Schublade. Die meisten Ornate entstammten dem neunzehnten Jahrhundert. Die Farben leuchteten, die Stoffe glänzten. An Halsansatz und Schultern waren sie abgescheuert. Diese Sachen gehörten nicht hierher, das war deutlich zu sehen. Da hing das schwarze Gewand. Sein Damast hatte neugotische Muster. Das Meßgewand legte er auf den Tisch. Alle möglichen schwarzen Seidenstreifen, Leinenhemden, Tücher und Gürtel wurden darüber gehäuft. Jetzt war auch das geleistet.

Ludwig setzte sich in die Bank. Die Kapelle war immer noch leer, aber die rote Kerze brannte. Das Tageslicht wurde schwächer. Die Kapelle war jetzt bereit; sie war so karg und öd wie zuvor, aber ihr Motor war gleichsam angeworfen. Obwohl die Tür zur Sakristei geschlossen war, ahnte man, so befand Ludwig, daß dahinter gleichfalls alles bereit war. Er dankte Hermann, daß er ihm hatte helfen dürfen. Wie ein Gastgeber, der den gedeckten Tisch und die geöffneten Rotweinflaschen überblickt, erwartete er die Gäste.

Bella war heute freundlich gewesen, wenngleich in Gedanken versunken. Aber ihr Blick war nicht abweisend, als er ging. War da nicht sogar die Andeutung eines Lächelns?

Ein Mann mit Aktentasche trat geradezu stürmisch ein, mit gereizter Verdutztheit sah er um sich. Sein weißes Haar war akkurat gescheitelt, das gab ihm etwas altmodisch Offiziersmäßiges. Was ist denn hier schon wieder? schien er sich ungehalten zu fragen. Jetzt sah er Ludwig in der Bank sitzen. Mit starr werdender Miene nickte er ihm knapp zu, als habe er auf den ausrasierten Nacken einen Klaps erhalten, und suchte schnell an ihm vorbeizugelangen. Dann hielt er inne, sah noch einmal zu Ludwig hinüber, als sei ihm etwas eingefallen, und beugte langsam und feierlich sein Knie vor dem silbernen Schränkchen. Ludwig folgte ihm in die Sakristei.

Dort fand er den Mann im Hemd vor. Hermann hing soeben die Anzugjacke und die gestreifte Krawatte über einen Bügel. Der Mann hielt einen schwarzen Lappen aus dünnem Stoff in der Hand, den er sich wie ein Lätzchen um den Hals zu stecken suchte. Es gelang mit Mühe. Oben in dem schwarzen Lätzchen steckte ein gelblicher Zelluloidrand, der jetzt als niedriger Stehkragen daraus hervorsah.

„Sie wollen zu dieser Messe hier kommen?“ Der Mann reckte alarmiert den Hals. Zugleich trat er einen Schritt zurück, in einer vogelhaften Mischung aus Zorn und Vorsicht. Diese Messe sei nicht öffentlich. Es sei nicht verboten, daran teilzunehmen, aber erwünscht, daß der Kreis klein bleibe. Diese Messe sei ein besonderes seelsorgerisches Entgegenkommen für einen eher problematischen Kreis von Gläubigen. Der normale gebildete Katholik gehöre da nicht hin.

„Dies ist nicht die Mitte der Kirche, wenn Sie mich recht verstehen.“ Überhaupt sei diese Messe vor allem für alte Leute – „Senioren“, sagte der Mann – gedacht. Es kämen zwar auch Jüngere, aber das bereite ihm Kopfschmerzen, denn diese Messe hier „sei klar ein auslaufendes Modell“. Die Kirche habe sich in einem überfälligen Akt von ihrem gesamten animistischen, magischen Ritualienkomplex getrennt, den sie allzu lange durch die Neuzeit geschleppt habe, eine Riesenlast, „eine Kathedrale auf einem Schubkarren“, die die Kirche von den großen Fortschritten des neuzeitlichen Geisteslebens getrennt habe. Nun gebe es einige wenige, die dem alten magischen Gesicht der Kirche verhaftet seien, eine winzige Schar, intellektuell auf bescheidenstem Niveau, soziologisch zu vernachlässigen, geistlich natürlich nicht. Man habe diesen Leutchen jahrzehntelang die Sündenangst eingepaukt und lasse sie nun allein im Dunkeln, während die neue Kirche ihren Weg ans Tageslicht gefunden habe. Hier leiste er Sterbehilfe.

„Behutsam“, sagte er, mit dem Kopf nachzuckend und die kräftigen Arme schwenkend. Deshalb habe er sich hier auch das Kollar umgewürgt. „Wenn die Leute ihren Priester haben, sind sie ja so leicht zu lenken.“ Beim Bischof gebe es gar kein Verständnis für diese Seelsorge. Man plädiere um den Bischof herum dafür, diese verbohrten Ritualisten ganz abzuschreiben. Der Bischof finde diese Messe hier im zweiten Stock des Hotels „gefährlich“.

Hermann war schweigend, aber mit heiterer Miene hinausgegangen. Ludwig stellte sich vor, er sei Hermanns Bruder.

„Ich schätze Herrn Drais“, sagte der Mann, als halte er Ludwig stolz eine gewagte Ansicht entgegen. Der Bruder des Herrn Drais sah so vertrauenerweckend geschäftsmäßig aus, daß der Mann offen zu sein wagte.

„Das Schwarz“, er zeigte auf das ausgebreitete Messornat, „das haben wir zum Glück überall abgeschafft. Dieser düstere Trauerpomp hatte etwas Nekrophiles. Wir kennen jetzt endlich die Freude des Christseins“, dabei wurden seine Lippen schmal, und sein Ausdruck bekam etwas Zänkisches. „Gessner“, sagte er dann und reichte Ludwig die schraubstockhafte Hand. Auch Ludwig fühlte sich zu festem männlichem Händedruck verpflichtet. Er lese Kirchengeschichte an der Universität. Ludwig entgegnete, er sei Großhandelskaufmann.

„Die Mühlen der Kirche arbeiten langsam“, sagte der Professor. „Jetzt erst nehmen wir die Errungenschaften der Reformation auf.“ Das Christentum entstamme dem Mittelmeerraum. Seine Ritualien hätten zunächst einmal alles aufgesaugt, was da mittelmeerisch in diesem großen Religionssuppentopf Spätantike herumgeschwommen sei. Heidnisches, römischer Kaiserkult, Mithraskult, Isiskult, Dionysoskult, orphische Kulte, eleusische Mysterienkulte, die platonische Akademie, jüdischer Tempelkult, jüdischer Synagogengottesdient, von orientalischen Ritualen beeinflußte frühe Mönchsbräuche, jüdische, heidnische und christliche Gnosis – eine faszinierende Mischung vom Archäologischen her gesehen – vom Religiösen her unappetlich. Und dieser Riesensumpf sei dann noch unter römische Herrschaft gefallen: römisch-kanonistisch-rubrizistisch-juristisch hätten die Römer ihn trockengelegt und eingefaßt und Deiche gebaut und Teiche vollaufen lassen, ein ganzes System von Teichen, ohne ein Gefühl dafür, was man da eigentlich geordnet habe. Jetzt, wo der Berg von Vorschriften, kostbar gedruckt, zu Makulatur geworden sei, die phantastischen theatralischen Ornate im Museum, die alten Riten abgeschafft und aus dem Gedächtnis der Katholiken bereits gründlich verdrängt, komme allmählich zum Vorschein und dringe auch überall ins Bewußtsein, was eigentlich dahintergesteckt habe. Der

Professor sah Ludwig durchbohrend an. Er hatte das panisch Gereizte verloren. Seine Vorfreude war spürbar, einem erfolgreichen, im neuzeitlichen Lebenskampf stehenden jungen Mann etwas Erschreckendes mitzuteilen, das ein solcher Jüngling einem weißhaarigen Priester nicht zugetraut hätte.

„Wir Pfaffen haben unsere Geheimnisse, aber jetzt ist bald Schluß damit. Die Pfaffenherrschaft ist zu Ende. Es hat unter diesem gigantischen kulturellen Wust, dieser liturgischen Riesenperücke eine Glatze gesteckt – nichts – oder jedenfalls nicht viel – oder jedenfalls Ungenaues, schwer zu Fassendes. Das Letzte Abendmahl – denn das ist es doch, was in der lateinischen Zeremonienpracht versteckt sein soll –, was war es eigentlich? Wir wissen es nicht. Ein Opfer, wie da hochgemut stets aufs neue behauptet und nachgeplappert wurde! Ein Mann ißt mit seinen Freunden zu Abend, und das soll ein Opfer sein? Sie sehen schon, was man der Sache alles aufgepfropft hat: die schaurige Opfertheologie mit ihrem steinzeitlichen Blutgeruch. Versuchen Sie mal, einem Nichtchristen das zu erklären: Gott erschafft den Menschen, und der Mensch beleidigt Gott so sehr, daß als Entschädigung nur ein Übermenschenopfer akzeptabel ist. Also läßt Gott seinen Sohn in Menschengestalt barbarisch schlachten und ist danach zufrieden und versöhnt. Versuchen Sie das mal!“

„Ich kann Ihnen dazu nichts sagen, aber ich wüßte gern, was mein Bruder darüber denkt“, sagte Ludwig.

„Ihr Bruder würde sagen, das ist ein Geheimnis“, sagte der Professor schroff und ging zum Waschbecken. Hermann achte auf jedes Detail. „Sie müssen beim Händewaschen das Gebet Lavabo sprechen“, versäume er nie zu erinnern, bevor die Ankleidung beginne. Die Hände wasche er sich ohnehin, und zwar, weil er aus dem Omnibus komme und fühle, daß sie klebrig seien. Das Gebet hingegen lasse er weg, denn das sei „durch Dekret der Ritenkongretation bereits zur Zeit Pius des

Zwölften nur noch fakultativ“ gewesen. Dem müsse Hermann sich beugen, aber er versuche es stets aufs neue.

„Er ist eigensinnig, er macht sich alles kaputt“, sagte der Professor. „Ich könnte ihm Tür und Tor öffnen. Er könnte Priester werden, als Spätberufener in kürzester Zeit, ich wäre bereit, das alles möglich zu machen, aber er müßte sich dann einen Ruck geben und diese Fixierung auf die hoffnungslose Sache endgültig überwinden. Er mag sie lieben – ich liebe sie auch! –, aber das muß eine platonische Liebe werden“, jetzt lachte er unheiter polternd, so hatte auch Ludwigs Schuldirektor gelacht, ein protestantischer Theologe diesmal, das war wohl ein konfessionsübergreifendes Lachen der männlich herben Theologen, die sich damit von den süßlich-salbungsvollen Theologen absetzten. Draußen hatte Hermann die Kerzen angezündet. Drei Frauen mit Hüten aus Kunstpelz, eine blonde Frau mit zwei kleinen Kindern, ein älterer Mann mit einem Milchglas in der Brille, ein bärbeißiger rotgesichtiger Mann, eine akkurat frisierte blasse feinnasige Frau, ein unrasierter Mann, der verwirrt in einem der ausgelegten schwarzen Büchern blätterte, saßen in den ersten Reihen. Nach und nach kamen vielleicht dreißig Personen zusammen. Ludwig versuchte, etwas Gemeinsames an ihnen zu entdecken, wie sie da in stiller Erwartung saßen, aber es gelang ihm nicht. Es war, als habe man dreißig Menschen, die an der Haltestelle auf den Omnibus warteten, zusammen hierher geführt. Als dann ein Glöckchen klingelte, die Sakristeitür sich öffnete und alles sich von den Plätzen erhob, empfand Ludwig einen Moment lang eine wirkliche Überraschung, obwohl er sich doch selbst in dem Hinterzimmer aufgehalten hatte.

Vom Untergang Konstantinopels wird berichtet, daß sich die ganze nichtkämpfende Bevölkerung der Stadt in der Hagia Sophia versammelte, um dort bei nicht abreißenden Messen ein Rettungswunder zu erflehen. Gerade dort an ihrem heiligsten Ort, der zugleich bis dahin auch das Asyl der Verfolgten war, mußten die Griechen dann die Vernichtung aller Hoffnungen, die Schändung aller bis dahin bewahrten Heiligtümer, Ausrottung und Untergang erleben. Unter den Überlebenden verbreitete sich die Geschichte, beim Eindringen der Türken habe ein Engel eine Mauer geöffnet und die zelebrierenden Priester durch den Spalt weggeführt. An derselben Stelle werde sich die Mauer einst öffnen und die für diesen zukünftigen Heilstag Aufgesparten wieder zurück in den Tempel ziehen lassen. Ludwig, der von allem Historischen meist nur das Anekdotische behielt, war das Bild der durch den Spalt verschwindenden und wiederkehrenden Prozession als Ausdruck einer Hoffnung gegen jede Vernunft und jeden Augenschein und gegen alle Gesetze der Geschichte haftengeblieben, aber als sich die rumpelnde Schiebetür jetzt auftat, war es, als sei dieser von den unglücklichen Griechen beschworene Augenblick eingetreten, nur daß die Prozession sich verirrt hatte und statt in Istanbul im Agyasofyamüze in diesem kahlen Wartesaal angelangt war. Hermann trug nun einen schwarzen bodenlangen Talar und darüber ein knielanges mit Spitzen besetztes weißes Leinenhemd, das auch seinen Hals mit einer kleinen gekräuselten Spitze umgab. Er sah überraschend kindlich und reinlich aus, als solle er getauft werden. Ihm folgte Professor Gessner, er hatte einen kleinen schwarzen Hut ohne Krempe, mit einem dunkelroten Seidenpompon auf dem Kopf und war in alle Gewandstücke, die Ludwig und Hermann übereinander gestapelt hatten, gekleidet. So schritten sie durch die Bänke, bis sie bei dem Altar angelangt waren. Dort stellten sie sich auf und beugten das Knie. Ein bärtiger Mann an der kleinen Orgel begann mit Bassstimme einen langsamen Gesang. Der Professor reichte Hermann seinen Hut, der ihn entgegennahm und ihm dabei die Hand küßte. Nun begann der Professor, der tief gebeugt stand, einen geflüsterten längeren Dialog mit dem neben ihm knienden Hermann, währenddessen sich beide an die Brust schlugen. Der Bärtige sang dazu seine verschlungene Moll-Melodie, die in einen Sprechgesang überging und dann wiederkehrte. Es waren Gesänge, die an orientalische, arabische oder indische Musik erinnerten. Manchmal sangen die Leute in den Bänken mit ihm zusammen, dann wieder sang der Professor Gessner mit angestrengter, unschöner Stimme etwas aus einem großen Buch auf dem schwarzverhüllten Lesepult, aber man sah sein Gesicht nicht dabei, er stand mit dem Rücken zu den Leuten und wandte sich nur gelegentlich um, mit gesenktem Kopf und geöffneten Armen, die Handinnenflächen vorzeigend, um mit der Gemeinde gleichfalls einen formalisierten Dialog zu sprechen. Seine Bewegungen waren die einer aufgezogenen Puppe, starr ruckend. In jedem Augenblick zeigte er, daß ihm nicht selbstverständlich war, was er tat, sondern daß er sich hier einem Zwang unterwarf.

Ludwig sah es verwundert, vermutete dann aber, daß dieses automatenhaften Schreiten Hermanns Vorstellungen entgegenkam: nichts deutete darauf hin, daß das, was geschah, irgend etwas mit Professor Gessners Persönlichkeit, seinem Geschmack und seinem Intellekt zu tun hatte. Seinen Zornmut und seine Ungeduld mußte er für die Dauer dieser Geschehnisse zurückstellen. Es war geradezu, als müsse er sein entrüstetes, energiegeladenes Gesicht für diese Zeit verbergen. Der Bärtige sang jetzt ein langes Lied mit vielen kurzen Strophen, wurde, so schien es, von einer Variation der Melodie getragen, das weiße Mondgesicht des Sängers war starr, seine Augen traten etwas vor, er sah wie eine Brunnenfigur aus, und dem Wasser vergleichbar flossen die Töne aus seinem Mund, ein endloser Gesang, dem dann wieder ein längerer krähender Sprechgesang von Gessner, diesmal auf der linken Altarseite, folgte.

Hermann hatte Ludwig Nichtwissen verordnet. „Hermann ist mein Papst“, dachte er lächelnd und lehnte mit einer Handbewegung das von seinem Nachbarn ihm zugeschobene aufgeschlagene schwarze Buch ab. Und doch war auf die Unversehrtheit dieser Ahnungslosigkeit schon ein Anschlag verübt worden, als Professor Gessner den Begriff „Opfer“ wie den Gipfel des Unsinnigen mit diesen Riten in Verbindung brachte. Zum Glück war kein Unheil entstanden. Der theologische Streit, den Gessner, indem er Ludwig für einen in diesen Fragen unterrichteten Katholiken hielt, polemisch umrissen hatte, blieb ihm fern. Und doch berührte es ihn eigentümlich, daß er womöglich soeben an einem „Opfer“ teilnahm.

Opfer waren doch meist eine blutige Angelegenheit, auch Gessner sprach davon. Der persische Großkönig tötete jeden Morgen ein schönes Pferd als Opfer. Auf aztekischen Pryramiden wurde ausgewählten jungen Menschen in buntschillernden Federmänteln das Herz aus dem lebendigen Leib geschnitten, als Opfer für mächtige Gottheiten. Die Griechen opferten Stiere, die Römer Schafe oder Widder, Sokrates opferte einen Hahn. Heute wurden die Leute, die bei einem Unfall starben, „Opfer“ genannt. „Ein Unfall auf dem Alleenring mit einem Todesopfer“, so hatte Fidis Ende in der Zeitung gestanden. War Fidi ein Opfer oder war das nur der gedankenlose Sprachgebrauch einer Zeit, die von Opfern nichts mehr verstand? Ludwig dachte an das Bild, das Bella ihm beschrieben hatte: Fidi unverwundet, schlafend, nackt auf einem hohen Bett, von feinen Schläuchen beatmet und mit wirkungslosen Wirkstoffen versorgt, in hellem Licht. Auch der Vater lag auf einem hohen Bett, aber es war nicht hell, und er lag nicht ausgestreckt, sondern wie ein Wurm gekrümmt. Als Ludwig mit den weißgestärkten und scharfgebügelten Altartüchern kämpfte, um sie sorgfältig übereinanderzulegen, war das nicht, als helfe er, dem Vater das Bett frisch zu beziehen?

Und dann hatte der Vater in diesem weißen Bett gelegen, in dieser neuartigen Bewegungslosigkeit, die sich von der Reglosigkeit eines Lebenden unfaßbar und unbegreiflich unterschied. In dem sonnen- und rauch- und gesangerfüllten Raum fiel ihm Presslers Bemerkung ein: „Dies sind die beiden Sätze, die ich am häufigsten ausspreche: Das verstehe ich nicht, und: Das ist doch ganz einfach." Beides zugleich hätte Ludwig jetzt sagen können, denn er verstand tatsächlich nichts von dem, was sich um und vor ihm tat, aber zugleich schlich sich die Vorstellung in ihn ein und war dann plötzlich zwingend, etwas Offensichtliches, sehr Einfaches, daß auf den weißen Tüchern des Altares der Vater und Fidi lagen und vielleicht noch mehr Tote, aber die Leichen waren klein, und der schwarze Rücken des Professors Gessner verdeckte sie vollständig.

Und jetzt war es still, alle Leute knieten, und Professor Gessner flüsterte und schlug die Seiten in dem Meßbuch um, und Hermann in seinem Talar kniete neben ihm und hatte die Glocke in der einen Hand, die andere hielt das Meßgewand etwas in die Höhe, und Professor Gessner beugte sich vor und flüsterte etwas vernehmlicher, und dann machte er eine Kniebeuge, das Glöckchen wurde geläutet, und dann reckte er mit beiden Händen eine kleine weiße Scheibe hoch in die Luft, während dreimal das Glöckchen geläutet wurde, und Ludwig vergaß, daß Hermann die Oblate aus der Holzdose auf den kleinen goldenen Teller auf dem Kelch gelegt hatte, er sah diese weiße Scheibe in der Rauchwolke gar nicht als etwas Materielles an oder jedenfalls doch als etwas sehr Zartes, verfestigtes Licht, einen stillen Augenblick lang. Dann senkten sich die Hände wieder, und Professor Gessner begann aufs neue flüsternd zu lesen...

Offenbarung durch Verhüllung in der alten römisch-katholischen Liturgie

Verhüllung in der römischen Liturgie ist nach den Büchern des alten Ritus, wie er bis zu seiner Reform gegolten hat, Offenbarung: Offenbarung durch Verhüllung.

Dieser Ritus beginnt mit der Verhüllung des Zelebranten, der mit Gewandstücken bekleidet wird, die sämtlich einen symbolischen Charakter haben. Der Zelebrant legt sich zu Beginn der Einkleidung das Schultertuch über den Kopf, im Gebet spricht er über den Helm Gottes, den er nun anlegen wird, aber das Hauptverhüllen ist eine Geste, die in der heidnischen und jüdischen Antike noch viel mehr aussagen kann: Reue und Trauer ebenso wie die Ehrfurcht vor dem heiligen Ort. Es fällt auf, daß die Charaktereigenschaften und Tugenden wie Keuschheit, Stärke und Demut, die mit den einzelnen Gewandstücken in kurzen Gebeten verbunden werden, wirklich wie Teile der Rüstung entgegengenommen werden, von der der Heilige Paulus spricht.

Der Neue Mensch, Christus, wird buchstäblich „angezogen". Natürlich wird auch die Bitte ausgesprochen, daß diesem äußerlichen Anlegen eine Verwandlung des Innern folgen möge, aber es bleibt doch als Wesentliches der äußere Akt: die Gnade kommt „von oben", und das heißt von außen. Der Mensch nimmt seine Vollendung nicht als eigene Leistung, sondern als Gabe, die er sich im Anlegen zu eigen macht, von außen her an. Beim Bischof werden sogar Hände und Füße bekleidet; er ist vollständig „eingepackt" und es fällt mir schwer, hier nicht an Mircea Eliades Beschreibung afrikanischer Stammespriester zu denken, die getragen werden müssen, um durch Berührung mit dem Fußboden nichts von ihrer Weihekraft zu verlieren. Dieser Bezug ist selbstverständlich an keiner Stelle der liturgischen Bücher bestätigt. Die liturgischen Vorschriften des Westens vermeiden auf eine häufig geradezu auffällige Weise jede Bezugnahme auf mystische und sakrale Vorstellungen. Ein betont nüchterner Rationalismus durchzieht die westliche liturgische Literatur, ein geradezu demonstratives Nicht-Wissen-Wollen, in welchem großen religionsgeschichtlichen Zusammenhang die einzelne liturgische Vorschrift steht. Es hat im Christentum von Anfang an, bereits im Konflikt zwischen Petrus und Paulus sichtbar, eine sehr unterschiedliche Haltung zum Heidentum gegeben: eine strikt und puritanisch abwehrende, die keinerlei Verbindung zwischen den „Greueln der Heiden“ und dem neuen Glauben sehen wollte, und eine universalistische, die das Heidentum als zweites Altes Testament ansah, in dem in Kunst und Philosophie der Heilige Geist das Kommen des Erlösers vorbereitet hatte. Daß im katholischen Priestertum Elemente des Priestertums aller Zeiten aufgehoben waren, war dieser zweiten Tradition ebenso selbstverständlich, wie es der ersten verdächtig und verhaßt war. Das Angefülltsein mit priesterlicher Weihegewalt wird jedenfalls bei dieser Einkleidung des Bischofs mit allen seinen verschiedene Weihestufen darstellenden Gewändern – er trägt die Subdiakonstunicella, die Diakonsdalmatika und das priesterliche Meßgewand übereinander – besonders deutlich. Wenn er dann schließlich sakramental handelt und die Hostie in die Hände nimmt, legt er die Handschuhe ab und gibt den Weihestrom, den er selbst einst durch Handauflegung empfangen hat, gleichsam frei.

Den Zug des Bischofs begleiten Altardiener, die große Tücher, *Velum* genannt, um die Schulter tragen und die Aufgabe haben, die bischöflichen Insignien, Mitra und Stab während der Liturgie zu halten. Diese Velen verbergen die Hände der Altardiener und mit unter dem Meßgewand verborgenen Händen wurde einst auch das

Evangelienbuch getragen. Das Verhüllen der Hände ist eine antike Ehrfurchtsgeste der Dienerschaft. Bis in die Neuzeit hinein kannte man in der profanen Welt die weißen Handschuhe der bei Tisch aufwartenden Diener, eine letzte Ahnung der furchterregenden Erzengel vor Gottes Thron, wie sie in der Geheimen Offenbarung des Johannes beschrieben werden, mit drei Flügelpaaren ihre Hände, Füße und ihr Gesicht verbergend.

Die Geheime Offenbarung ist das liturgische Buch des Neuen Testaments. Verhüllt wie die Engel umgeben die Altardiener den Opferpriester, der die Schlachtung des Lammes vollziehen wird. Beim „Offertorium", dem Beginn der Opferhandlung nach den Lesungen der Schrift und dem Glaubensbekenntnis, trägt der Subdiakon das Opfergerät und die Opfergaben zum Altar. Der Kelch ist mit der Patene bedeckt, auf der die Hostie liegt. Über ihr liegt ein gestärkter Leinendeckel, die Palla, und darüber ist ein großes Tuch in der Farbe der Paramente gebreitet, das gleichfalls Velum heißt. Wie ein Zelt sieht der verhüllte Kelch aus, er ist „Tabernaculum" *en miniature:* Stiftshütte, die die heiligen Gerätschaften birgt. Der Subdiakon bekommt ein großes Velum um die Schultern gelegt und trägt den Kelch mit der Hostie in ihm geborgen. Der ungewandelten Opfergabe wird auf diese Weise dieselbe Verhüllung zuteil wie später der gewandelten – auch der Speisekelch, das Ziborium mit konsekrierten Hostien, wird unter einem Velum verhüllt getragen. Das ist in der Ostkirche nicht anders, die bei der Prozession der Opfergaben vor der Wandlung die ausgesonderten und zum Opfer bereiteten Brotstücke und den Wein gleichfalls unter Kelch-Velen verborgen dem Volk zur Verehrung vorführt. Die verhüllte Opfergabe ist der noch nicht geopferte, vor der Kreuzigung stehende Christus, noch nicht das hochaufgerichtete Zeichen, dem widersprochen wird, sie ist auch der bekleidete Christus, der darauf wartet, seiner Kleider beraubt zu werden.

Nachdem der Subdiakon die Opfergaben und Gefäße zum Altar gebracht hat, übergibt ihm der Diakon die Patene. Der Subdiakon nimmt daraufhin an den Stufen des Altars Aufstellung und hält die Patene von dem Schultervelum verhüllt vor sich in die Höhe. Man hat zweierlei in dieser Geste sehen wollen: zum einen die Ehrfurcht gegenüber dem Teller, der dazu bestimmt ist, die konsekrierte Hostie, den Leib des Herrn zu tragen, zum anderen aber auch einen alten römischen Brauch. Danach habe der Papst im 1. Jahrtausend von seiner eigenen Messe Hostienpartikel in alle Stationskirchen der Stadt gesandt. Der Subdiakon habe, vom Velum verhüllt, dieses Partikel auf der Patene vor sich gehalten und damit gezeigt, daß das gerade gefeierte Opfer mit dem Opfer des Papstes, als des sichtbaren Hauptes der Kirche, in Verbindung stand und daß es, in der Aufhebung der Zeit und Geschichte, die in jedem Meßopfer geschieht, überhaupt nur ein einziges Opfer gab, das Opfer Christi auf Golgotha, von dem alle liturgischen Opfer ausgehen und in das alle liturgischen Opfer einmünden. Dieser Engel mit dem hocherhobenen geschlachteten Lamm in der verhüllten Opferschale war dann die Verkörperung der ewigen Liturgie , die die Geheime Offenbarung die „Hochzeit des Lammes“ nennt und zu der die irdischen Liturgen, wenn sie ihr Werk vollbringen, lediglich hinzutreten.

In den einfacheren Formen der Messe hat man diese Verhüllung der Patene übrigens gleichfalls aufgenommen, so wichtig hat man sie in der Entstehungszeit des Kultes genommen. Wenn kein Subdiakon an der Liturgie beteiligt ist, schiebt der Priester während des Offertoriums die Patene unter das „Korporale“, das quadratische Tuch, auf dem das „Corpus Christi“, die Hostie liegt. Dieser und andere Vorgänge am Altar bleiben der Gemeinde verborgen, denn der Körper des Priesters verdeckt sie als gleichsam lebendige Ikonostase. Auch dies Verborgenbleiben gewisser Handlungen und Gesten ist eine Verhüllung. Der Bilderwand des Ostens entsprachen im westlichen Jahrtausend hohe Chorschranken, räumlich weit von der Gemeinde entfernte Altäre und von Vorhängen gänzlich verhüllbare „Ziboriumsaltäre“ – an manchen dieser steinernen Baldachine über dem Altar kann man in Rom noch heute die Vorhangstangen und die spätantiken bronzenen Vorhangringe sehen. Im Westen war im alten Ritus von dieser Verhüllung nur die zur Kommunionbank geschrumpfte Altarschranke und gelegentlich eben der bedeutende Abstand zwischen Altar und Gemeinde übriggeblieben; aber auch die Rücken der Zelebranten, die von gleichfarbigen Ornaten bekleidet waren, bildeten eine Wand vor dem Opfergeschehen. Drei Traditionsstränge fließen in dieser Verhüllung zusammen: als erstes der Tempel in Jerusalem mit seinem Tempelvorhang, der das Allerheiligste abschirmte. Vor diesem Vorhang wurde auf dem Rauchopferaltar Weihrauch verbrannt, während auf dem Brandopferaltar die Holocausta dargebracht wurden; in Jerusalem wurde also vor dem Vorhang geopfert. Verborgen blieb der unsichtbare, durch den Weihrauch symbolisierte Gott im Innern des Allerheiligsten. Dieser Vorhang hatte auch die liturgische Phantasie der Heiden angesprochen. Zu hellenistischer Zeit wurde er aus dem Tempel geraubt – er war mit phönizischem Purpur gefärbt und von größter Kostbarkeit – und im Zeustempel vom Olympia in der Cella vor der Kolossalstatue des Zeus angebracht; er konnte dort von der Decke herabgesenkt werden und fiel in einen mit elfenbeinernen Reliefs verzierten Kasten zu Füßen der Statue.

Diese Neuerung im Zeustempel – denn das griechische Götterbild bedurfte solcher Verhüllung in der bis auf wenige Festtage immer geschlossenen Cella eigentlich nicht – leitet über zur zweiten Traditionsquelle für die Verhüllung und Verbergung der christlichen Liturgie. Aus Persien war vom Hof des Basileus her das Ritual der monarchischen Epiphanie bekannt, das Diokletian schließlich auch für den römischen Prinzipat einführte. Zur Verehrung des Kaisers und seiner Familie an bestimmten Tagen kam der Hof in der kaiserlichen Aula zusammen. Auf einer Tribüne hinter einem geschlossenen Vorhang befand sich die kaiserliche Familie; wenn sich der Vorhang öffnete, sank der Hof in die Prostratio. Für die byzantinische Ikonographie sind diese Vorhänge ein wichtiges Element der Heiligendarstellung geworden: der Heilige erscheint auf der Ikone zwischen zwei zur Seite geschobenen Vorhängen – dargestellt ist der Augenblick seiner Epiphanie, die mit der Verehrung bei ihrem Anblick beantwortet wird. Auch in der Liturgie ergeben sich durch die Abschirmung des Ritus immer neue Momente der Epiphanie – des Gotteswortes, das in Prozession aus dem Sanktuarium getragen wird, der Opfergaben, während ihrer Prozession und des gewandelten Herrenleibes, der im Westen über die Köpfe der Priester gehoben wird, um der Gemeinde gezeigt zu werden.

Der dritte Traditionsstrang ist meines Erachtens noch nicht recht ins allgemeine Bewußtsein geraten, obwohl es sich um eine altbekannte Praxis handelt. Seit frühester Zeit werden Messen am heiligen Grab gefeiert, aber eben nicht nur in der Grabeskirche mit ihren vielen Altären, sondern auch in der Grabkammer selbst. Dazu versammeln sich Priester und Gläubige im Vorraum des Grabes und halten dort die dem Opfer vorangehenden Lesungen ab. Dann begibt sich der Priester in die Grabkammer, wo er die Grabnische als Altar benutzt, die Grabtücher werden gleichsam zur Altardecke. Dort drinnen wird er von der im Vorraum bleibenden Gemeinde nicht gesehen, nur seine Stimme dringt heraus. Die Wandlung in der Verborgenheit des Grabes setzt den Opferakt von Golgotha mit dem Augenblick der Auferstehung im Grab in eins, denn diese Auferstehung war ja gleichfalls eine Art Transsubstantiation, der weiteste Schritt, den eine Substanz erleben kann: vom Tod zum Leben. Vor dem Lettner und der Ikonostase oder vor den abschirmenden Rücken der Priester stehen die Gläubigen wie vor dem Grab in Jerusalem, in dessen Abgeschlossenheit sich ohne menschlichen Zeugen die Auferstehung ereignete. Die Grabeskirche zu Jerusalem war die erste Kirchengründung des Kaisers Konstantin, mit dem die Kirchenbaukunst beginnt; mit der Auffindung des Kreuzes durch seine Mutter Helena begann eine Epoche der Rekonstruktion der Leidensgeschichte Jesu, in der die Gegebenheiten des Grabes als des zentralen Ortes des Glaubens gewiß besonders genau studiert worden sind.

Vor dem Offertorium hat der Diakon der Ostkirche ausgerufen: „Die Türen, die Türen! Achtet auf die Türen!“ Von diesem Verhüllungsritus ist in der Ostkirche nur dieser Ausruf übriggeblieben; in der Westkirche die niedrigste Weihestufe des Priestertums, der Ostiarius, der Türhüter, der darauf zu achten hatte, daß am eigentlichen Opfermysterium nach der Schriftlesung weder die Ungetauften noch die öffentlichen Sünder teilnahmen. Die Liturgie verstand sich im ersten Jahrtausend von den Aposteln her als Mysterienfeier, bei der Unbefugte und Uneingeweihte nichts zu suchen hatten. Deren Ort war der Narthex, die Vorhalle der Kirche, in der der Priester den Büßer mit dem Schlag eines langen Stabes lossprach; dieser Stab heißt Narthex und von ihm her wurde diese Halle der von den Mysterien Ausgeschlossenen benannt. In Rom waren solche Stäbe in den sieben Hauptkirchen bis nach dem Konzil noch in Gebrauch. Er gehört dahin, wo vom Narthex die Rede ist und den langen Stäben der Beichtvater bei der Lossprechung. Lateinisch heißen diese Stäbe *vindicta*. Der Prätor gab in der Antike durch Berührung mit einem solchen Stab einem Sklaven die Freiheit – der Beichtvater befreite dementsprechend durch die Berührung mit dem Stab von der *Knechtschaft der Sünde* und dem

Unterworfensein unter das Gesetz. So früh verquickten sich in paulinischem Geist römisch-juristisches und sakramentales Denken. Die Kirche hat auch in den späteren Jahrhunderten, als es nicht mehr möglich war, die Eignung der Gemeindemitglieder zur Teilnahme an der Feier festzustellen, die Notwendigkeit eines Schutzes der Kultgeheimnisse vor der Profanierung erkannt. Im zweiten christlichen Jahrtausend beginnt im Westen der Brauch, die heiligsten Formeln, den „Kanon", dessen Höhepunkt die Wandlung ist, zu flüstern und sie so hinter einem Velum der Lautlosigkeit zu verbergen.

Das vergoldete Gehäuse, in dem die bei der Kommunion übrigbleibenden Hostien aufbewahrt werden, ist nach der Stiftshütte im mosaischen Tempel „Tabernaculum" benannt, das heißt Zelt. Im „Zelt" ist das textile Element schon enthalten. Die Tabernakeltüren werden durch Brokatvorhänge, meist in den liturgischen Farben, verborgen – als einzige Farbe ist Schwarz, die Ornatfarbe für die Totenmesse und den Karfreitag als Tabernakelvorhangfarbe verboten, denn es widerspricht der Anwesenheit des lebendigen Gottes. Auch innen haben die meisten Tabernakel noch einen Vorhang und die Speisekelche, die Ziborien, tragen ein mantelartiges Kelchvelum. Die Entnahme des Kelches aus dem Tabernakel hat deshalb etwas von dem Durchdringen der Zwiebelschalen an sich, bei der sich hinter jeder Schale eine neue verbirgt.

Es sei schließlich auch jene Verhüllung erwähnt, die für die meisten die Auffälligste und Bekannteste der liturgischen Verhüllungen ist: die Verhüllung der Kreuze und heiligen Bilder vom Passionssonntag bis zum Karfreitag. Weil diese Verhüllung in die Fastenzeit fällt, in der der Kult karger gefeiert wird, die Orgel und, vom Gründonnerstag bis Karsamstag, auch die Glocken schweigen, gewisse Gebete nicht gesprochen werden und kein Blumenschmuck der Altäre erlaubt ist, hat man die Verhüllung der Bilder und Kreuze ein „Augenfasten“ genannt. Ein solcher Entzug des sinnlichen Reizes ist aber eigentlich nicht die Intention dieser Verhüllung. Sie leitet sich her vom Kult, der das authentische, von der Kaiserin Helena in Jerusalem aufgefundene Kreuz Christi, die *vera crux* in Jerusalem und dann in Rom in der Kirche Santa Croce in Gerusalemme umgab. Wie jede Reliquie war auch das heilige Kreuz in Tücher eingepackt, wenn es in der Sakristei das Jahr über verwahrt wurde. Am Karfreitag wurde es in die Kirche geholt und in einem feierlichen Ritus ausgepackt, um den Gläubigen gezeigt zu werden; zwei Diakone wachten dann rechts und links des Kreuzesholzes darüber, daß die Gläubigen, die das Kreuz küßten, dabei der Versuchung widerstanden, einen Splitter davon zu stehlen. Solche Splitter gelangten aber durchaus auch auf legalem Wege in viele Gemeinden Europas – der Scherz der Aufklärung, wenn man die überall verteilten und in schönen Ostensorien aufbewahrten Kreuzessplitter zusammenfüge, werde ein ganzer Wald entstehen, ist eine Projektion ohne Bezug auf die Realität; man hat festgestellt, daß mehr als ein großer Pfahl bei einer solchen imaginären Zusammenfügung nicht zustandekäme, was natürlich über die Authentizität der einzelnen Kreuzesreliquie zunächst nichts besagt. Man verfuhr jedenfalls mit den Kreuzessplittern in Europa nun genauso wie in Jerusalem und Rom: das feierliche Auspacken vor der Gemeinde und die anschließende Verehrung wurde nun genauso in Frankreich und Deutschland vollzogen. Und schließlich übernahm man diesen Kult auch in den Gemeinden, in denen es keine Kreuzesreliquie gab, indem man das Kreuz auf dem Altar verhüllte und es am Karfreitag dann in der geschilderten Weise wie die Vera Crux verehrte. Die Verhüllung hatte hier eben nicht das Ziel, das Kreuz den Blicken zu entziehen, sondern es wie das echte zu behandeln, es aus einem Andachtsgegenstand, einem Kultobjekt, einem heiligen Symbol wieder zu dem realen Folterinstrument zu machen, durch das Christus gestorben war. Die Verhüllung der Kreuze hat also nur Intention, die Geschichtlichkeit des Erlösungshandelns zu betonen, wie sie auch in der Einführung des Namens Pontius Pilatus, eines mäßig erfolgreichen Provinzadministrators, in das Credo zum Ausdruck kommt: sie spricht von dem realen Tod am realen Kreuz in einer genau zu fixierenden Stunde der Weltgeschichte an einem konkreten Ort und bekämpft also die mythische, allegorische, symbolische Auffassung der im Neuen Testament geschilderten Ereignisse.

Die religiöse Praxis der Verhüllung ist für die Aufklärungsbewegungen aller Zeitalter geradezu zum Sinnbild des Obskurantismus geworden. So wie im Begriff des „Illuminismus" die Vorstellung einer hellen Lampe liegt, die in dunkle Kellergewölbe voller Spinnweben und Ratten hineinleuchtet, so hat die aufklärerische Rhetorik auch gern davon gesprochen, daß sie Schleier zerreiße und Masken zerstöre. Was der Schleier für die Frommen verbarg, war ein Betrug. Es wirkte sich hier nachteilig aus, daß in barocken Allegorien die „Fides" – vielleicht bereits in subversiver Absicht, das müßte man einmal untersuchen – als Frau dargestellt worden war, deren Kopfschleier bis über die Augen gezogen ist. Der Glaube ist eine freiwillige Blindheit, sagten diese frommen, wahrlich nicht zur Nachahmung anstachelnden Bilder. Es war ein defensiver, vom Rationalismus verstörter Zugang zum Glauben, der die Religion mit einem *sacrificium intellectus* in Verbindung bringen zu müssen glaubte. Dabei war die Bedeutung des kultischen Schleiers seit ältester Zeit den Gläubigen klar gewesen. Als Pompejus den Tempel von Jerusalem als Sieger betrat, hatte er den Tempelvorhang in sakrilegischer Absicht zum Entsetzen der Priesterschaft zur Seite gezogen. Was er sah, erfüllte ihn mit Triumph, einem uns sehr vertrauten Gefühl. Hinter dem Schleier war nichts.

Die Ausweitung der Verhüllung auf sämtliche Kreuze in der Kirche und auf die Bilder und Statuen ist späteren Datums und hat mit der Verhüllung des am Karfreitag verehrten Kreuzes nichts zu tun. Die Begegnungen der lateinischen Christenheit mit der byzantinischen Kirche während der Kreuzzüge schufen das Bedürfnis, den Gedanken der Ikonostase wenigstens in der Fastenzeit zu adaptieren. In Cluny beginnt man daraufhin, während der Fastenzeit den Altarraum mit riesigen bemalten Fastentüchern abzugrenzen. Während der Fasten fand der Kult hinter diesem Tuch verborgen statt. In Deutschland sind einige solcher großen Fastentücher erhalten, in Zittau und in Brandenburg zum Beispiel; der Brauch der Ritusverhüllung nahm nach dem Tridentinum überall in Europa sehr schnell ab. Erhalten blieb die Bilder- und Statuenverhüllung, die den ganzen Kirchenraum in einen Narthex, eine ungeschmückte Vorhalle verwandeln sollte, in der nach altkirchlichem Brauch die öffentlichen Sünder auf ihre Lossprechung warteten. Nach der Reform von Cluny sollte die ganze Gemeinde sich betrachten, als tue sie, den öffentlichen Sündern gleich, Buße und halte sich bis Ostern außerhalb des Heiligtums auf.

Aber was hätte hinter dem Vorhang des Tempels denn wohl sein sollen? Glaubte Pompejus wirklich, den gläubigen Juden durch das Antasten ihres Heiligtums ein Licht aufgesteckt zu haben? Was er nicht sah oder nicht sehen wollte, war, daß nicht der Vorhang verbarg was die Botschaft war, sondern, daß der Vorhang selbst die Botschaft enthielt, um die es den Frommen im Tempel ging.

Was die Verhüllung in Wahrheit bedeutet, lehrt die früheste Erwähnung einer Verhüllung, einer Bekleidung, die wir in der Heiligen Schrift finden. Adam und Eva empfinden nach dem Sündenfall mit Schrecken, „daß sie nackt waren“ und machen sich Kleider aus Blättern. Die Stelle hat etwas zutiefst Beunruhigendes, denn nach der Lehre der Genesis war der Mensch vollkommen erschaffen; seine Nacktheit war kein Mangel, sondern Ausdruck seiner Gottebenbildlichkeit. Nach dem Verstoß gegen Gottes Gebot ist der Mangel nun plötzlich da, obwohl der Mensch äußerlich unverändert ist. Er hat etwas verloren, das ihm nun fehlt und das Gefühl eines Verlustes in ihm weckt. Die Theologie hat diesen Mangel den Verlust der Gnade genannt. Unbeholfen versucht der Mensch, diesen Verlust wieder auszugleichen. Er bekleidet sich, um sich zurückzugeben, was ihn bis dahin strahlend umgeben hat.

So wird die Verhüllung zum sichtbaren Zeichen des für Menschenaugen unsichtbar gewordenen Nimbus der Gnade und Heiligkeit. Die Verhüllung in der Liturgie ist der dem eigentlichen Wesen der heiligen Gefäße und ihres noch heiligeren Inhaltes entsprechende Strahlenkranz, der niemals vergessen werden darf, wenn die entsprechenden Gefäße und Zeichen und Hostien richtig verstanden werden sollen. Die Verhüllung will in der Liturgie den Gegenstand nicht dem Blick entziehen, um ein Geheimnis aus ihm zu machen oder um sein Aussehen zu verbergen. Das Aussehen der verhüllten Dinge ist allgemein bekannt. Ihr Aussehen sagt aber über ihre eigentliche Natur nichts aus. Das tut statt dessen der Schleier. Und wenn man diesen Schleier teilt und die dahinter liegenden Schleier ebenfalls und durch die zwiebelschalig hintereinander liegenden Schleier zum Kern des Geheimnisses vorstößt, so ist es wieder ein Schleier, auf den man stößt: die Hostie selbst ist ein Schleier, wie ein französisches Sakramentslied sagt: *O divine Eucharistie, o trésor mystérieux / Sous les voiles de l'hostie est caché le roi des Cieux.*

Gottes Schöpfung ist real, aber diese Wirklichkeit, diese Fähigkeit, wirklich zu sein, ist durch die Erbsünde geschwächt, so könnte man eine theologische Doktrin des Schleiers formulieren. Ihr Mangel an Wirklichkeit, ihre verlorene Fähigkeit, über sich selbst hinauszustrahlen und sich als Gedanke des Schöpfers erkennen zu geben, wird durch den Schleier bezeichnet, der an die Stelle dieses Glanzes tritt.

Im neuen, von Papst Paul VI. eingesetzten Ritus und in der zum Teil mit bischöflicher Förderung weit darüber hinausgehender Praxis ist die Verhüllung beinahe vollständig verschwunden. Es gibt die Trennung zwischen Sanktuarium und Gemeinde nicht mehr, in neuen Kirchen ohnehin nicht, in alten ist sie unter oft groben Verletzungen der künstlerischen Gestalt aufgehoben worden. Es gibt das Velum der Stille beim Kanon nicht mehr, nicht mehr die Verhüllung der heiligen Gefäße und das Ziboriumsvelum. Das Amt des Subdiakons, das seit dem dritten Jahrhundert dokumentiert ist, wurde abgeschafft. Den Ritus der verhüllten Patene gibt es gleichfalls nicht mehr. Für den sakramentalen Segen mit der Monstranz findet man häufig noch das Schultervelum in Gebrauch – allerdings ist der sakramentale Segen selten geworden. Die Verhüllung der Kreuze in der Passionszeit ist dem Belieben überlassen worden, an dem einen Ort wird sie vollzogen, am anderen nicht.

Die Liturgiereform wird stets mit dem Argument verteidigt, den Meßritus von allen späteren Hinzufügungen befreit und in möglichst „reiner", dem Urchristentum naher Gestalt „wiederhergestellt" zu haben. Schleier und Verhüllungen sprechen in diesem Zusammenhang geradezu dem Gemeinplatz von „späterer Hinzufügung", obwohl sie Abzeichen des Mysteriencharakters sind, den die Liturgie gerade in den ersten Jahrhunderten besaß. Der liturgische Archäologismus muß sich wie alle Historismen und Restaurierungen – auch in der Welt der Kunst – den Vorwurf gefallen lassen, den Faust gegenüber dem geschichtstrunkenen Wagner erhebt: *Was ihr den Geist der Zeiten heißt / das ist der Herren eigner Geist / in dem die Zeiten sich bespiegeln.*

Die Aussage einer Liturgie, die auf Verhüllung verzichtet, ist vor diesem Hintergrund nur allzu klar: das Vorweisen der nackten Materialität rechnet nicht mehr mit der übernatürlichen Vollkommenheit der Schöpfung und der Erlösungsbedürftigkeit der Welt.

Der Aufsatz „Ewige Steinzeit“ erscheint gleichzeitig im *Kursbuch*, die übrigen Beiträge dieses Bandes sind vorher in der *Una Voce Korrespondenz*, in *Sinn und Form*, der *Frankfurter Allgemeinen Zeitung* und dem Mitteilungsblatt der Laienvereinigung für den klassischen römischen Ritus (*Pro missa tridentina*) veröffentlicht. Der Roman *Eine lange Nacht*, aus dem eine Passage des letzten Kapitels entnommen ist, ist im Aufbau Verlag, Berlin erschienen. Für die Genehmigung zum Abdruck gebührt dem Verlag besonderer Dank.

Die vorliegende Ausgabe wurde um den Aufsatz „Offenbarung durch Verhüllung in der alten römisch-katholischen Liturgie“ vermehrt.

Mein Dank gilt auch Robert Gernhardt für die Genehmigung des Abdrucks seines Gedichts „St. Horten“, Bernhard Carolus für die Beschaffung des Materials über die Heidelberger St. Raphaelskirche und Bernhard Uske für die Redaktion der Texte und viele wichtige Hinweise.

M.M.

Nachtrag zu Seite 112:
„Offenbar sind nur profane Philologen imstande, diese Gebetsformulierungen ... unter literarisch-künstlerischen Gesichtspunkten zu würdigen“, habe ich geschrieben und aus dem Lexikonartikel von Kindlers Literaturlexikon nach der Auflage von 1968, also vor dem Erscheinen des Novus Ordo-Meßbuchs, zitiert. Ich bin darauf hingewiesen worden, daß der Verfasser dieses Artikel keineswegs ein profaner Literaturwissenschaftler sei, sondern der Maria-Laacher Benediktinermönch Burkard Neunheuser, der als Konsultor beim „Consilium ad exsequendam Constitutionem de sacra Liturgia“ mitverantwortlich für den liturgischen Traditionsbruch gewesen ist. Für den Vorwurf des Ästhetizismus, der den Kritikern der Liturgiereform so dauerhaft entgegenschallt, ist dies ein treffendes Beispiel: die überlieferten Texte zwar „schön“, eigentlich wohl aber „nur schön“ finden zu können, für ihre Heiligkeit, und das heißt: Unberührbarkeit, jedoch keinen Sinn mehr zu haben.

M.M.

KAROLINGER

Fernando Pessoa

Politische und Soziologische Schriften

Herausgegeben von Brunello de Cusatis

ISBN 3-85418-071-3, 220 Seiten, geb.

Fernando Pessoa (1888–1935) ist der bedeutendste Dichter der Portugiesischen Moderne. Geboren in Lissabon aus jüdischer Familie, wächst er zweisprachig in Südafrika auf, kehrt nach neun Jahren nach Lissabon zurück und stirbt dort an einer Leberkolik. Alberto Caeiro, Ricardo Reis, Alvaro de Campos sind unter anderem die Heteronyme, unter denen er auftritt. Seine Prosa und Gedichte, die am Anfang dem Symbolismus und Futurismus nahe stehen, sind im Deutschen zum großen Teil greifbar, während seine politisch-soziologischen Arbeiten hier zum ersten Mal auf Deutsch erscheinen. – Brunello De Cusatis, Romanist an der Universität Perugia, einer der besten Pessoa-Kenner, verfaßte die instruktive Einleitung.

Der konservative Anarchist, kirchenfeindliche Mystizist und weltbürgerliche Nationalist Pessoa, geistig zwischen Sebastianismus, Nihilismus und Faschismus angesiedelt, verblüfft durch seine tänzerischen Annäherungen an die genannten Strömungen ebenso wie durch unerwartete Ablehnung eines oder mehrerer dieser Elemente. Pessoa spielt mit dem Leser und treibt ihn durch die widerstreitenden Weltanschauungen seiner Zeit. Don Quichote ist Pessoa in seinen geheimnisumwittert-sendungsbewußten Prognosen über Portugals künftige Größe („Die Hoffnung auf das Fünfte Reich, wie wir es in Portugal erträumen …“), anglophiler Liberaler in seiner Verhöhnung staatlicher Ordnungsideologien („Das Vorurteil der Ordnung“), während seine ironische Analyse der Geheimgesellschaften bereits als Wegbereitung für das Werk Umberto Eco's angesehen werden kann („Geheimgesellschaften“) … In seiner fragebogenartig angelegten, kurzen Autobiographie sonnt sich der Autor im „Licht“ (dieses Wort spielt in seinem Werk eine mehrdeutige Rolle) zwischen den Extremen – der Weltanschauung, des Glaubens, der Semantik. Pessoa ist somit wohl auch eitel, aber niemals charakterlos; manches lehnt er wirklich ab: die katholische Kirche, Revolutionen und Vulgarismen wie die öffentliche Meinung (ein Essay trägt diesen Titel) und Wahlversammlungen („Über Volksversammlungen“).

KAROLINGER

Wolfgang Korfmacher

STIRNER denken

ISBN 3-85418-097-7, 124 Seiten, geb.

Max Stirner (1806–1856) gilt mit seinem Hauptwerk „Der Einzige und sein Eigentum“, einem der radikalsten Texte der philosophischen Literatur, als Ahne und Großherr des Anarchismus. Dies mag nur zum Teil stimmen, weil es Stirner im Gegensatz zu den Anarchisten nicht darum ging, in einem System der Herrschaftslosigkeit die Solidarität der Einzelnen zu beschwören und damit das Subjekt wieder sozial zu verorten, sondern jenseits aller philosophischen Wahrheitssuche radikal den Einzelnen und nur den Einzelnen und sein Ich zu befreien. Marx nannte ihn in seiner *Deutschen Ideologie* „den hohlsten und dürftigsten Schädel unter den Philosophen“; von Engels über Carl Schmitt bis zu Jürgen Habermas wurde der „rigorose Monomane“ abgelehnt. Dabei gilt es als erwiesen, daß der Geschmähte zu Marx' eigener Entwicklung entscheidend beitrug, ebenso wie sein Einfluß auf Turgenjew, Dostojewski, André Gide, André Breton und Herbert Read nachweisbar ist.

Wolfgang Korfmacher zeichnet nicht nur Leben und Einfluß Stirners, er gibt auch eine konzentrierte Darstellung des gesamten Werkes Stirners, das aufgrund seiner langen freien Assoziationsketten zwar auch poetische Qualität aufweist, zum anderen als Gesamtes schwer zu überschauen ist. Dem Autor ist es gelungen, leicht faßlich aber dennoch nicht popularisierend ein wichtiges und weitgehend unbekanntes Kapitel der deutschen und europäischen Geistesgeschichte ans Licht zu heben.

KAROLINGER

Ernst Jünger
Antonio Gnoli – Franco Volpi

DIE KOMMENDEN TITANEN

Gespräche

ISBN 3-85418-100-0, 160 Seiten, Fadenheftung

Zum Buch:
Aus Anlaß seines 100. Geburtstages hat Jünger mit seinen italienischen Übersetzern eine einzige und letzte Serie von Gesprächen an drei Tagen in Wilflingen und Madrid geführt. Jüngers Erinnerungen führen durch das Jahrhundert und seine Gestalten: Carl Schmitt und Heidegger, Hitler und Rommel, Léon Bloy und Hannah Arendt, Montherlant, Hesse und Yourcenar, Kubin, Trakl und Chatwin. Denkwürdig, daß Sterne zweiter Ordnung, die ihn besuchten, wie Kohl, Mitterand und Gonzalez kaum Erwähnung finden.
Der Patriarch wendet seinen Blick auch nach vorne, in das 3. Jahrtausend, das der kommenden Titanen...

Unsere Ausgabe beruht auf der italienischen Originalausgabe, die Jünger noch autorisiert hat.

Die Co-Autoren:
Antonio Gnoli ist Journalist, Franco Volpi Professor für Philosophie an der Universität Padua. Er hat in deutscher Sprache ein zweibändiges Philosophielexikon herausgebracht und ist als Übersetzer Jüngers ins Italienische hervorgetreten.

W0277167

Joanna Yulia Kluge

David Pablo

Der Verlag und die Autorin danken dem Swisslos-Fonds des Kantons Solothurn für die Unterstützung dieser Publikation.

kultur
SWISSLOS
Fonds des
Kantons Solothurn

Joanna Yulia Kluge
David Pablo

lectorbooks GmbH, Zürich
www.lectorbooks.com

Umschlagbild: Joanna Yulia Kluge
Buchgestaltung: Samara Keller, Christian Knöpfel
Satz: Peter Löffelholz
Lektorat: Kristina Wengorz
Korrektorat: Gertrud Germann
Gesamtherstellung: CPI books GmbH

1. Auflage 2025
© 2025, lectorbooks GmbH
Alle Rechte vorbehalten
Eine Nutzung dieses Werks zum Training von KI-Technologien ist untersagt.

ISBN 978-3-906913-50-6
Printed in Germany

Verantwortliche Person (Verlagsauslieferung in der EU):
GVA Gemeinsame Verlagsauslieferung
Göttingen GmbH & Co. KG
Postfach 2021, 37010 Göttingen
E-Mail: info@gva-verlage.de
Telefon: (+49) 551-384 200 0

Kontaktdaten des Verlags:
lectorbooks GmbH
Dialogweg 7
8050 Zürich
E-Mail: info@lectorbooks.com

Prolog

Ich habe dich im Wasser stehen sehen.

Und dir einen Namen gegeben, um dich des Tierseins zu berauben.

So, wie wir alle versuchen, uns des Tierseins zu berauben.

Und dabei scheitern.

Wir überhäufen uns mit Aufgaben.

Schneller, weiter, besser.

Aber wir bleiben stehen.

David Pablo.

Mit deinen schwarzen Augen.

Im weißen Kleid.

Hörst du mir zu?

Was soll ich dir erzählen? Du wippst auf und ab wie das Leben um dich herum. Aber tief in dir drin, da ist es Nacht, auch wenn dort dein Lebensgeist im Verborgenen brodelt. Das Außen dringt nur als Abbild zu dir durch. Stimmt doch, oder? Ich denke oft, dass das Leben zweidimensional ist: Fleisch und

Sprache – jeweils eine Dimension. Und der Rest? Alles ein Hologramm.

*

(A-)VOID

Am 7. Februar 1979 lief Wolfgang Gerhard über den Strand der Gemeinde Bertioga. Der Südatlantik lauerte friedlich. Weiße Gischt malte dunkle Schatten auf den Sand. Wolfgang beobachtete das Schauspiel eine Weile, bevor er seinen rechten Fuß in den feuchten Sand drückte. Er fuhr zurück, spürte den feuchten, klebrigen Sand zwischen seinen Zehen und verfolgte, wie eine Welle seinen Fußabdruck wegwusch. Sanftes Rauschen. Er sah zum Himmel hinauf, dessen unfassbares Blau ihn sich groß fühlen ließ: ein vergangenes Gefühl – weggespült wie sein Fußabdruck, seit er damals in Paraguay untergetaucht war. Gerhards Blick entrückte in die Ferne, dorthin, wo alles eins wurde. Das Meer frohlockte, schnurrte und umspielte ihn wie eine Stubenkatze.

Die Bosserts konnten sich ruhig noch ein wenig gedulden mit Tee und N[redacted]gebäck. Bolinho de Chuva, Beijinho de Coco, Pavé und wie sie alle hießen. Aber hübsche Ärsche hatten die Frauen, die das Gebäck buken – Alena hatte sogar blaue Augen. Die hatte dieses Kind auch gehabt. Eine Seltenheit. Gerhard drückte seine Finger zu einer Faust zusammen. Es war erstaunlich, wie Erinnerung funktionierte: Er spürte die Seltenheit, die von seinen Fingern umschlossen und sanft gedrückt wurde – nach so vielen Jahren, immer noch.

Jetzt schwamm er. Eine Laune. Ganz und gar im Blau. Eine kaum spürbare Welle rollte am Strand aus und brach.

Er hörte das Geschrei der Kinder. Sie sausten in das Wasser – die tobende Gischt um die Beine. Das Geschrei. Das Backen.

Gerhard dachte an Alenas Gebäck. Hunger packte ihn. Zimtgeschmack machte sich auf seiner Zunge breit. Wie doch das mit dem Erinnern funktionierte. Er lächelte zum Himmel und schluckte. Der Kopfschmerz war genauso launenhaft wie die stärker werdenden Wellen.

Arme und Beine erlahmten.

Wasser tauchte ihn kopfunter.

Immer wieder.

Außerstande, sich zu strecken.

Außerstande zu schwimmen.

Außerstande zu schreien.

Außerstande, außerstande.

Immer wieder.

Gerhard sank in seine geliebte Farbe – Druck auf der Lunge, Schmerz in der Brust.

Wasser marsch – wie das Marschieren der Soldaten.

Dunkelheit – wie der Ruß an seinen Händen.

Die Augen, das Haar, das Backen, das Geschrei der Kinder.

Kind, deine Augen waren blau. Ich schenkte ihnen Nacht, und dann stahl ich sie dir, Kind. Du bukst im Ofen, Kind.

Der Druck ließ nach.

Gerhard glitt schwerelos tiefer. Das Geschrei ebbte

ab. Er sah ein Gesicht in der Dunkelheit schimmern. Aus dem Reich der Toten kam es auf ihn zu und rauschte vorbei: ein großer, weißer Schatten.

Gerhard starb.

Die See war ruhig.

*

Wo das Feuer alles verschlingt, bleibt ein dunkler Flecken Stille. Pablo, warum will man diesen Ort betreten? Aus der Asche Bilder zeichnen? Noch einmal die Sterne funkeln sehen? Nein, dorthin will man nicht zurück. Forme keine Bilder. Keine Ascheschatten. Kein Blick zurück, nur nach vorn – und doch sind wir jetzt hier.

Pablo, ich fürchte das offene Wasser. Es umspielt meine Zehen. Soll ich gehen?

Ich erzähle gerne Gutenachtgeschichten.

THE (W)HOLE

Im selben Jahr, in dem Wolfgang Gerhard vor Bertioga ertrank, herrschte vor der Küste Islands silberne Panik. Finnen – einige davon mannshoch – durchzogen die schwarze See, über der Seevögel Manöver flogen und gierig ihre Schnäbel spreizten.

Es war das zweite Mal, dass Keiko die Heringsströme sah, die von Mutter und Tante, Cousins und Cousinen zusammengetrieben wurden – und es war das erste Mal, dass er Lust verspürte, die seltsam funkelnde Mahlzeit zu probieren, die ihm seine Mutter gekonnt im Wasser zuschob.

Es war gar nicht so einfach, den leblosen Hering zu fassen: Schon sank er immer tiefer und verschwand in dämmernder Dunkelheit. Enttäuscht verfolgte Keiko, wie die anderen den Heringsschwarm dicht umkreisten und mit Luftblasen daran hinderten, in die Tiefe zu entkommen. Ein Schlag mit der Schwanzflosse, und einige Heringe taumelten blitzend – wie im schwerelosen Tanz – durch das Wasser, bevor einer nach dem anderen im Maul von Keikos Mutter verschwand. Dann rief sie ihn: ein Klicken und ein hoher gedehnter Laut, umspielt von einem weiteren, etwas tieferen – Keikos eigentlicher Name. Diesmal zögerte Keiko nicht mehr, und der Fisch verschwand in seinem Rachen, woraufhin Keiko eine stolze Drehung vollführte und dicht an seiner Mutter vorbeischwamm, die ihn mit ihrer Brustflosse tätschelte.

Bald darauf beteiligte sich Keiko voller Eifer an der Jagd, verschlang jeden Hering, den er kriegen konnte, und wollte kaum noch Mutters Milch trinken, obwohl er ihre Nähe liebte.

Wenn diese seltsamen schwimmenden Steine auftauchten, die Lärm, Gestank und Dreck mit sich brachten und seltsame Tiere beherbergten, bedeutete seine Mutter ihm, Abstand zu wahren. Keiko beäugte neugierig die Wesen, die ihre Haut ab- und anlegen konnten und die orangerot leuchtete . Es faszinierte ihn. Mutter nannte sie Gehhunde.

Sie reißen das Wasser auf.
Ihr Maul fängt alle Fische.
Silbern erlischt die See.

Stumm sind ihre Augen.
Verfang dich nicht darin.
Ihr Appetit ist grenzenlos.

Ruhig war das Meer an dem Tag, an dem der gesamte Clan mit Pfiffen und Klicken die anderen Clans zur morgendlichen Jagd einlud.

Sie wussten nicht, dass der Prozess gegen das Wachpersonal des Konzentrationslagers Majdanek immer noch andauerte, auch nicht, dass der Bundestag sich gezwungen sah, die Verjährung von Mord abzuschaffen, und dass erstmals das Schicksal der Sinti und Roma während des SS-Regimes diskutiert wurde. Auch hatten sie keine Ahnung davon, dass die Gehhunde beschlossen hatten, einen jungen Orca zu fangen.

Es war zu spät. Keiko wurde wie ein Vogel in die Luft gehoben. Die nervösen Clanmitglieder tauchten auf und ab. Seine Mutter stieß Atemluft aus und schrie.

Schreien aus der Kehle. Sprühender Blas.

Sie sprechen nicht eure Sprache. Wollen lediglich die Kraft eurer Körper. Nur auf Zeit.

Faszination gleich Kastration.

Röcheln auf Zeit.

Bis es nicht mehr möglich ist. Schreie aus leeren Lungen.

Schreie aus Blei.

Keiko fürchtete sich vor den Gehhunden, die ihn auf dem schwimmenden Stein mit etwas einrieben, das seiner Haut an der freien Luft guttat. Sie sprachen mit ihm und berührten ihn, aber er verstand sie nicht. Er wusste nicht, dass er in dem Tank, in den ihn die Gehhunde schoben, nach Kanada geflogen wurde. Dass er bald höher flog als die Albatrosse, die den Finnen seiner Verwandten zu den Fischgründen folgten, bevor sie vollgefressen wieder zur Hochsee abdrehten. Er verstand nicht, dass er ins Marineland of Ontario gebracht wurde. Und er verstand die sechs anderen nicht, die ihm glichen und im gleichen Becken schwammen wie er: erwachsene Orcas, die für den kühlen toten Fisch alles taten, was ihnen die Gehhunde mit Lauten, Pfiffen und Handbewegungen zu verstehen gaben – erwachsene Orcas, deren Launen er schutzlos ausgesetzt war. Das Wasser war zu warm, brannte in den Wunden, trocknete die Haut aus und schmeckte seltsam. Keiko vergaß die Attacken der anderen nur dann, wenn sich die Gehhunde liebevoll um seine Wunden kümmerten, ihn streichelten und ihm eine Extraportion Fisch gaben. Manchmal setzten sie sich sogar auf seinen Rücken und wollten, dass er schwamm.

Vielleicht dachte er: Mama. Ich bin im Bauch des Steins gelandet, und auch andere wurden verschlungen. Seine Bewohner kümmern sich um mich, wenn die anderen mich ärgern und mich verletzen. Mama, ich will mutig sein. Mama, ich habe deinen Namen vergessen.

*

Sechs Jahre später wurden Gerhards Gebeine auf dem Friedhof von Embu exhumiert, und Keiko wurde für hunderttausend US-Dollar an den Vergnügungspark Reino Aventura in Mexiko-Stadt verkauft.

Trotz des geringeren Platzes, des wärmeren Wassers und des noch höheren Chlorgehalts genoss Keiko die Trennung von seinen Peinigern und wuchs in sein neues Gefängnis hinein, wo er die ungeteilte Aufmerksamkeit der Gehhunde genoss.

Wer hat ihnen diesen seltsamen Namen gegeben? Alles, was ich noch kenne, sind die Worte der Gehhunde. Das hier ist mein Meer. Hier schwimme ich unter deren Jubel und spritze sie an. Lasse die Vertrauten auf mir reiten, mit mir schwimmen und werfe sie durch die Luft. So bekomme ich Fressen. Es ist kalt und starr. Die Sonne steht steil und brennt.

1

Wir bewegen uns in Kreisen, in Viererschritten werden die Jahre geschaltet.

Der Vierte findet wieder seinen Platz und die Welt ihre Ordnung.

Pablo, der Raum rotiert und bröckelt. Die Zeit rinnt durch die Finger. Lass mich dir von den Geschichten erzählen, die aus der Zeit fallen und Nacht werden. Lass mich dir die Viertel anvertrauen, die zusammen ein Ganzes ergeben. Lass mich an dein Ufer.

Susa

(Dresden, 1988)

Als am Vorabend des 1. Juni 1988, einem Dienstag, Keiko die Zuschauer das letzte Mal nass spritzte, lag Susa unter blassblauer Bettwäsche und wartete auf den Abbruch. Es war die Bettwäsche der Dresdner Frauenklinik. Fünf weitere Betten standen in dem kahlen Vorbereitungszimmer, dessen steriler Geruch sich auf Haut und Lunge legte. Fünf Betten, allesamt belegt. Fünf andere Geschichten neben der ihren, fünfmal der gleiche Eingriff, fünfmal die gleiche Geschichte – zumindest in dieser Sache.

Sache – so hatte es die Ärztin zwei Tage zuvor genannt und danach den Mund geschlossen. Diesen seltsamen Mund – mehr dünne, hautfarbene Linie als Mund, wie mit einem Lineal durch das Gesicht gezogen. Vielleicht war deshalb alles, was ihn verließ, ganz starr und nüchtern. Allein der Tadel gestattete diesem Mund einige wenige Millimeter Gefühlsregung. Diesem Mund, der sonst so schmucklos und funktional in dem Gesicht der Ärztin saß und darin dem Krankenzimmer glich, in dem Susa jetzt lag. Die weiße Zimmerdecke – jetzt fast bläulich im Schein des Mondes –, sie hatte einen Riss.

Der nächste Morgen. Susa war unruhig. Sie spürte wieder die Angst in ihr hochkommen, und ein eiserner Geschmack füllte ihren Rachenraum und kroch ihr bis in die Nase hinauf. Sie roch und schmeckte sie jetzt ganz deutlich, die Angst, diese rohe Angst, die sich wie eine scheußliche Welle über ihr brach, den Körper mal hitzig, mal kalt werden ließ, woraufhin ihr Herz loshämmerte, als wollte es sich aus der Brust befreien, um den Körper und all seine schrecklichen Gedanken zu verlassen. Ans Ende eines jeden Schlags setzte sich ein Warum, und dessen dröhnender Hall überschallte noch den letzten lichten Gedanken. Zählen half Susa sonst. Aber was hier drinnen zählen? Die Sorgen der anderen Frauen?

Eins, zwei, drei, vier, fünf – die Unendlichkeit ist weder Zahl noch Wort. Sie ist ein Gefühl. Ein einsames.

Sie wurde geholt. Von den Schwestern.

Der Wal sprang und ließ auf sich reiten.

Er fraß den starren Fisch.

Die Hand deutete nach links.

Eine Drehung im Becken.

Die Kinder rissen die Augen auf und schrien.

Jubel.

Die Hand deutete nach rechts.

Die Kinder weiteten die Augen.

Susa hörte nicht den Jubel der Zuschauer, als sie am späten Nachmittag im Aufwachraum erwachte. Sie hörte nicht die Züge Richtung Sowjetunion rollen: den

Abtransport von Mittelstrecken-Raketen. Sie hörte nicht den Protest slowenischer Delegierter gegen den Beschluss einer Konferenz der jugoslawischen Kommunisten in Belgrad, in Slowenien notfalls mit militärischer Gewalt gegen oppositionelle Kreise vorzugehen; sie hörte nicht, wie zwei Sintezas am Küchentisch mit viel Sorge in der Stimme die Entwicklungen im Land besprachen. Sie sah weder Reagan im *Reich des Bösen* Gorbatschows Hand schütteln noch den zehnmillionsten VW-Golf in Wolfsburg vom Band laufen. Sie hörte nicht das Klicken eines Fotoapparats in der Stube eines Einfamilienhauses in Sarajevo, sah nicht, wie sich der serbische Vater an seine bosniakische Frau drückte und ihre Kinder zwischen ihnen schiefe Grimassen schnitten, sie roch nicht, wie sich deren Großvater seine Pfeife stopfte und dabei zum x-ten Mal den Moment des Selbstauslösers verpasste, sie spürte nicht das kühle Leder der Couch unter sich und hörte nicht das Knarren der Stühle, sie schmeckte nicht den Geburtstagskuchen, noch sah sie das Flackern der acht Kerzen.

Sie sah nur das grelle Licht der Leuchtstofflampen über sich. Sie hörte nur die Stimmen zweier Schwestern, die sich entfernten. Sie spürte nur die etwas starre, etwas raue blassblaue Bettdecke über sich. Sie roch nur das Desinfektionsmittel in der Luft.

Sie schmeckte keine Angst, sank wieder tiefer.

Und schlägt die Augen auf.

Unter Wasser.

Nichts als düsteres Blau. Keine Ahnung von Grund oder Oberfläche – nur Düsternis und ein weißer Schatten, der rasch näher kommt, seine blanken Höhlen zeigt und vorüberzieht: groß und dumpf im Schattenspiel seines Körpers. Weiß und Schwarz. Hell und Dunkel. Da ist er wieder. Kehrt zurück.

Mein Herz ist ruhig.

An ihm halte ich mich fest.

Er wird mich zurückbringen.

Er holt mich zurück.

Peitscht als Welle an den Strand.

Als Susa vollkommen erwachte, war es bereits Abend. Kollabiert sei sie, erzählte ihr die Schwester auf dem Weg ins Krankenzimmer, wo neben dem ihren nur noch ein weiteres Bett an der blau gefliesten Wand stand. Eine Frau saß darin. Keine der fünf anderen – eine weitere. Eine weitere, eine andere Geschichte. In allem – bis auf das hier. Der Verlauf war ein anderer gewesen, klar – bei der anderen Frau hatte es keine Komplikationen gegeben. Aber das Ergebnis war das gleiche. Und der Schmerz?

Susa schraubte die Thermoskanne auf, die ihr ihre Mutter mitgegeben hatte: Zitronig stieß ihr das Gelb des Eierlikörs entgegen, samt den Worten der Mutter: Das hilft gegen die Schmerzen; egal welche.

Die beiden Frauen füllten die Teetassen und stießen an. Erzählten sich in ihren Betten sitzend aus ihrem Leben. Erzählten sich, warum sie hier waren. Bei Susa waren es die Tabletten: Herphonal und Rudotel. Bei der anderen konnte man sich ein weiteres Kind nicht mehr leisten.

Sie weinten gemeinsam unter blassblauen Bettdecken.

Pablo, wie stellen wir Zeit dar? Was verkörpert sie? Empfiehlst du mir, um einen Blick in die Zukunft zu erhaschen, einen Blick in die Vergangenheit? Ist alles Sein unausweichlich? Liegt alle Wahrheit zwischen Himmel und Erde?

Malena

(München, 1938)

Am 1. Juni 1938 sah Malena ihrem Bruder genauso ins Gesicht wie später ihrem Mörder.

Du kannst einen deutschen Jungen weder lieben noch heiraten nicht! Das ist Gesetz!, sagte Oskar und hatte wie immer, wenn er mit besonderer Vehemenz sprach, eine schwach pulsierende Ader auf der Stirn stehen. Du kannst überhaupt niemals nicht einen Mann heiraten! Nicht du. Das geht so nicht. Schlag dir das aus dem Kopf. Der einzige Mann, der dich lieben wird, bin ich. Ich bin dein Bruder. Wir gehören zusammen. Wir sind Zwillinge!

Malena antwortete ihrem Bruder nicht. Sie öffnete ihre Lippen und nahm das angefeuchtete Papier heraus, das Oskar sofort erkannte. Es war das Papier des Ersatzkaffees, dessen Zichorienpulver Malenas Lippen genauso rot färbte wie diejenigen der Oma Friederike, der noch immer die Männer nachsahen. Jedenfalls sagte das Oskars und Malenas Tata immer, wenn die Oma in ihrem nachtblauen Samtumhang zum Bahnhof stolzierte, um sich Zigaretten zu kaufen. Friederike machte sich nichts aus den Verehrern und ihren Blicken. Oskars und Malenas Mamele, die Therese, lachte immer darüber – auch wenn ihr helles Lachen in letzter Zeit seltener geworden war.

Erst gestern hatte Oskar sie dabei ertappt, wie sie vor der Friederike geweint hatte, weil sie sich alle in der Z[redacted]zentrale auf der Königsstraße hatten vermessen lassen müssen. Fotos – sogar Fingerabdrücke hatten sie genommen. Für was denn?

Die Friederike hatte nur geraucht und das Mamele eindringlich angeschaut, bis die sich wieder beruhigt hatte.

Malenas Augen hatten das gleiche irisierende Blau wie die der Friederike. Oskars Augen dagegen waren tiefblau, obwohl sie eineiige Zwillinge waren. Ja, das waren sie: eineiig.

Oskar tippte Malenas Lippen an: Für mich?

Aber Malenas Augen verbargen wie immer gänzlich, was hinter dem sonst so offenen Gesicht vor sich ging.

Malena ... Oskar ließ die Schultern fallen.

Seine Schwester hüpfte von dem Schränkchen, auf das sie geklettert war, um sich besser im Spiegel betrachten zu können. Leicht wie eine Feder lief sie durch das Zimmer. Ihre dünnen Beine lugten unter dem Hemd des Tatas hervor, das die kurze Hose verschluckte.

Als sie an der Tür stand, fragte Oskar: Bringst du wieder etwas mit?

Dass der Frank Malena mochte, war Oskar nicht gleich klar gewesen. Auch wenn ihm ab und zu während des Unterrichts aufgefallen war, wie dieser lange zu Malena hinüberschaute, deren dichter, schwarzer Lockenschopf im Sonnenlicht schimmerte und sich einzelne Strähnen auf der Tischplatte kringelten, weil sie mal wieder in ein aufgeschlagenes Buch auf ihrem Schoß stierte. In letzter Zeit ignorierten die Lehrer zunehmend Oskar und Malena, und ihre Cousinen erzählten Ähnliches. Malena kümmerte es nicht: Sie las einfach nur noch, was ihr gefiel, manchmal auch ein Buch, das sie sich aus Friederikes Bücherregal aus deren Zimmer genommen hatte. In denen wurde viel geknutscht, hatte sie Oskar unter der Bettdecke erzählt.

Die roten Lippen trug Malena nur noch nach der Schule. Denn als sie einmal mit gefärbten Lippen hingegangen war, hatte sich auf dem Schulhof ein großer Kreis lachender Kinder um sie herum gebildet, die schnell handgreiflich geworden waren und an Malenas Haaren und Kleidern gezogen hatten, sie bespuckten und traten. Frank hatte sie rausgezogen und einige Kinder in den Dreck geworfen, noch bevor Oskar Malena zu Hilfe hatte eilen können.

Frank war der Einzige, der Malena in der Schule ebenfalls Malena nannte. Das hatte Malena Oskar ganz stolz unter der Bettdecke erzählt, damit es die Cousinen nicht hörten, und hatte dabei vor Lachen gezuckt. Seitdem wusste Oskar mit Sicherheit, dass Frank Malena mochte. Sie erzählte Oskar auch von Franks Zuhause, wohin Frank sie immer einlud und wo sie gemeinsam spielten. So entging Malena dem öden Milchbüchsen-Hockey, das Oskar mit den Nachbarsjungen hinten auf der Wiese spielte. Beim Frank spielten sie Schach, erzählten sich Geschichten oder saßen ganz einfach auf der Veranda unter dem schützenden Stoffdach der amerikanischen Schaukel, das die Haut in orangefarbenes Licht tauchte. Es gab auch jedes Mal Milch und Kuchen – am liebsten hatte Malena aber die Brausebonbons, die im Mund lustig knisterten. Sie brachte Oskar immer welche mit.

Pablo, als was würdest du den Krieg bezeichnen? Als Ungeheuer? Als Wahnsinn, Bestie, Monster?

Nein, der Krieg ist weder Wahnsinn noch Bestie. Weder Ungeheuer noch Monster. Der Krieg ist Mensch: der Mensch, der neidet. Der Mensch, der hasst. Der Mensch, der vergisst. Der Mensch, der folgt. Der Mensch, der entmenschlicht. Der Mensch, der mordet. Der Krieg ist Mensch. Und solange der Mensch ist, solange ist Krieg. Im Kleinen wie im Großen – in den Köpfen, auf den Plätzen, auf den Kanzeln und auf den Feldern, und wenn sie auf den Gestirnen sind, dann auch dort. Überall.

Una

(Sarajevo, 1992)

1992 flogen Granaten statt Vogelschwärmen durch die Luft über Sarajevo. Die Stadt war verwüstet: Rauchsäulen am Himmel, zerbrochene Fenster, zerschossene Fassaden – Geröll, Schutt und Tränen.

Im Treppenhaus eines Wohnsilos stachen Flammen durch das Gitter eines Holzofens. Sie warfen flackernde Schatten über die Köpfe zusammengerückter Kinder, spendeten Wärme und erhitzten das wenige, das es zum Kochen gab. Der Stadtteil war bereits mehrere Wochen von der Außenwelt abgeschnitten; Strom und Wasser waren gekappt. Der Tod brauchte keine Patronen mehr – Kälte und Hunger genügten. Die zwölfjährige Una musste einfach Feuerholz finden. Sie achtete auf die aufgestellten Schilder – *Pazi – Snajper!* (Vorsicht – Sniper!) –, lief entlang der Deckung aus Betonklötzen und zerschossenen Autowracks und hoffte, irgendetwas Brauchbares zu finden – eine zerfetzte Tür vielleicht. Holz bot Schutz: Schutz vor Schüssen, Schutz vor Kälte. Holz war neben Wasser und Essen das Wichtigste.

Gestern hatten sie in einem verlassenen Silo in der Nähe des ausgebrannten Parlamentsgebäudes eine Reihe Stühle und Bänke entdeckt. Ihr Bruder Valon hatte einen Luftsprung gemacht, sie umarmt und herumgewirbelt. Sich dann ans Abmontieren gemacht – das Brecheisen hatte sich seinen Weg gebahnt.

Es war das gleiche Fabrikat, das im selben Moment unter lautem Beifall die Tür der zentralen Aufnahmestelle für Asylbewerber in Rostock-Lichtenhagen zum Stöhnen und schließlich zum Nachgeben brachte. Woraufhin Skinheads, Neo-Nazis und Randalierer zu Hunderten in das Gebäude drangen, grölten, prügelten und brandschatzten.

Dieser deutsche Lärm war noch in weiter Ferne, nicht aber der Donner unter dem blauen Himmel in Sarajevo: die Detonationen. Der Boden bebte unter ihren Füßen. Valon machte ein Spiel daraus und wischte damit die Angst aus Unas Gesicht. Noch ein Ruck – endlich tat das Eisen, wozu es geschaffen war, und die Bank bekam einen neuen Zweck: sie alle zu wärmen.

Trag nicht so viel, gib mir was ab, sagte Una – sie sei schließlich auch da.

Und Valon lachte mit grober Zahnlücke. Du hilfst doch schon. Du machst mich mutig.

Una verstand nicht. Aber Valon bedeutete ihr, sich zu ducken. Waren das Schritte?

Die Holzlatten zwischen ihre Oberschenkel geklemmt, kauerten sie auf dem Boden.

Komm, sagte Valon schließlich, und sie schlichen gekrümmt weiter.

Hier war die *Snajperska aleja* (Sniper Alley), und

vielleicht waren es die Guten. Aber auch die Nachbarn waren die Guten gewesen und zählten nun zu den Bösen. Valon lief weiter. Unermüdlich. Una hinterher.

Es kam ihr auch heute noch wie ein schlechter Traum vor. Ein ganz schlechter: das Loch in der Brust. Das weggefetzte Fleisch. Der tote Valon. Ihr Schrei, bevor sie rannte. Ohne Valon, ohne Holz.

Das musste sie heute holen. Ohne Valon.

Die Tränen ließen alles verschwimmen. Der Schmerz: ein Aquarell. Immer wieder kippte er Wasser über die Szene. Die Zerstörung in Schleiern. Der Verlust in Wellen. Sie lief um eine Hausecke und drückte sich an eine Backsteinwand. Tief einatmen. Granaten detonierten. Ihr Herz schlug noch. Ihr Atem ging wieder. Sie wischte sich über das Gesicht und erblickte durch den Vorhang aus Staub einen Hauseingang. Eine schräge, blaue Acht darüber. Es handelte sich um eine Druckerei. Viel Holz hier, viel Papier. Wieder stiegen Una die Tränen in die Augen.

Wie oft würde sie sich später zu Neujahr wünschen, dass dieser Krieg nie gewesen und alle Toten wieder lebendig wären: ihr Vater, ihr Opa, ihre Mutter, ihr Bruder. Blumen – ein Zeichen der Freude, nicht der Trauer. Wie oft in der Ferne. In Deutschland. Nach erfolgreicher Flucht. Wo noch Vögel flogen. Wo es Wolken für Donner brauchte.

Nach dem Tunnel.

2

Pablo, woran denkst du bei dem Wort Harmonie? An die Zahl Acht? An die Farbe Blau? Ist es dir vertraut? 1992 war ein Jahr wie all die Jahre zuvor und all die Jahre danach. Komisch, in all dem Leid verstehen wir es dennoch, unsere Herzen mit neuem Vogelgezwitscher zu speisen, und lassen sie nicht los: die Hoffnung – oder? Sie gleicht dem Blau über unseren Köpfen. Mal im Vordergrund, mal im Hintergrund – aber immer da. Blau ist meine Lieblingsfarbe.

Susa

(Dresden, 1996)

Blau war auch der Rucksack gewesen, den Susa mit Süßigkeiten, einem dicken Strickpulli und Wollsocken bepackt und als fest verschnürtes Paket an die jugoslawische Flüchtlingshilfe gesendet hatte. Jedes Weihnachten. Drei Jahre lang. Ein bisschen etwas. Ein klein wenig Sinn. Große Fragen. Wellen. Angst.

Darüber dachte sie an diesem Tag nach, während sie die Servietten faltete. Dachte irgendwie auch an das andere und deckte die Tische ein. Wie jeden Tag.

Dräh amol des Radio lauter!

Your beauty is beyond compare. With flaming locks of auburn hair, sang Dolly Parton.

Wetterleuchten.

Im Dämmerlicht träumen die Gedanken.

Im Strahl des Projektors flackern Bilder.

Das Wasser ist zu warm.

Auf der Kinoleinwand springt er in die Freiheit. Kühl und tief ist das Blau. Abseits der Lichter schwebt er in seinem Becken. Warm und flach. Dieser Gefangene. Dieses entführte Kind.

Man will ihn frei sehen. Frei wie auf der Leinwand.

Diesen Orca. Dieses entführte Kind. Dieser Gefangene. Soll frei sein.

Wetterleuchten.

Drei Schwangerschaftsabbrüche hatte Susa. Nach dem dritten wurde ihr die Sterilisation empfohlen.

Ihr Mann brachte sie ins Krankenhaus. Die Farbe der Bettwäsche hatte sich verändert, auch ihr Geruch. Susa knaupelte an dem losen Knopf am Hemdkragen ihres Mannes herum. Über den hatte er sich im Wartezimmer aufgeregt. Das war es, was er zu sagen gewusst hatte. Das war es, was ihn beschäftigte.

Irgendwo redeten Schwestern. Irgendwo zwitscherten Vögel. Irgendwo fiel sie hinter Nebel, fiel durch Knopflöcher.

Hier wirst du punktiert, hier wird das Leben unterbrochen, dort erschießen sie achttausend Männer, da kommt der Frieden, hier das Jahr 1996.

Da fallen wir aus der Zeit. Schalten sie aus. Verwalten. Die Zeit, die übrig bleibt. Schaltjahre. Immer wieder.

Momentaufnahmen wie Wetterleuchten.

Susa half ebenso gerne in der Küche aus, wie sie bediente. Sie mochte es, den Kindereisbecher mit bunten Zuckerstreuseln zu verzieren, mit Smarties ein Gesicht in die Schlagsahne zu drücken, die Wunderkerze anzuzünden und sprühenden Gesang anzustimmen. Sie mochte das Lachen der Kinder, die Blicke der Männer, das Trinkgeld. Sie mochte die Arbeit, die Musik aus dem Radio, die Kaffeereste in den Tassen.

With ivory skin and eyes of emerald green: Your smile is like a breath of spring. Your voice is soft like summer rain.

Wenn wenig los war – was besonders in den Sommermonaten der Fall war, weil das Restaurant, in dem Susa arbeitete, keine Terrasse besaß –, zeichnete Susa Bilder in die Kaffeereste der Stammkunden. Während die Leute unten in der Stadt im Schwimmbad tollten, Pommes mit Ketchup aßen, Bier tranken und sich die Rücken gegenseitig mit Sonnenmilch eincremten, befeuchtete Susa die Pinselspitze zwischen ihren Lippen, wischte sich den Schweiß von der Stirn und zog helle Restkaffeelinien entlang der Tasseninnenwände. Romano Prodis Gesicht erhob sich ebenso aus dem übrig gelassenen Kaffeenebel wie die Schirmhelme der Polizisten, die Atomkraftgegner festnahmen; Boris Jelzin kündigte die Abschaffung der Wehrpflicht im Jahr 2000 an, Cristina Sánchez wurde zur *matadora de toros* in Nîmes ernannt, Deutschland wurde Europameister, Steffi Graf schlug sich durch Moccafarben zum Sieg am French Open, in Bosnien-Herzegowina wurde die Partei der Muslime SDA stärkste politische Kraft, die Ariane 5 zerstob in Milchwolken, Johannes Paul II. hob seine Hand aus festgetrockneten Espressoresten.

Heute zeichnete Susa ein Schaf. Der Deckenventilator rotierte. Die Luft stand trotzdem.

I had to have this talk with you. My happiness depends on you. And whatever you decide to do.

Susa, da is jemand für dich!, rief der Küchenchef.

Hat er schon bestellt?

Der Schweizer – du weest scho.

Susa erkannte ihn: der lange Körper, das blütenweiße Hemd, die glänzenden Lederschuhe, in denen die großen Füße an den langen, dürren überschlagenen Beinen verschwanden.

Espresso, schwarz, immer mit Löffel. Susa klopfte den Kaffeesatz aus und ließ die Maschine laufen. Die Augen des Küchenchefs schielten aus der Tür hervor, als Susa dem Schweizer den Espresso brachte. Der Ventilator drehte sich träge.

Haben Sie heute schon gezeichnet?

Susa schaute den Schweizer wortlos an.

Es gab Gäste, und es gab Gäste. Manche waren nicht zum Lachen. Sie ging die Begegnungen mit dem Schweizer im Kopf durch. Espresso, schwarz – aber immer mit Löffel. Sonst schwieg er und las Zeitung. Selten rauchte er. Wenn, dann Zigarillos. Aus Kuba. Das wusste der Küchenchef, auch, dass er was mit Kunst zu tun hatte. Er gab immer gut Trinkgeld, aber niemals zu viel. Er lächelte immer freundlich, aber niemals zu viel.

Auch jetzt saß ein weiches Lächeln in seinem Gesicht – jetzt, nach seiner Frage, ob Susa auch heute zum Zeichnen gekommen sei, während ihr Blick schweigend auf ihm lag.

No klar!, rief der Küchenchef aus, natürlich! Natürlich hat se das.

Bereits einen Moment später klirrten Tassen über den Tisch.

Da gibt's noch mehr von den', soll ich die och noch holen?, fragte er und verwies den Schweizer darauf, wie gut Susa den Jelzin getroffen hatte: Nich wahr?

Susas Blick ruhte versunken auf der Tischplatte mit den darauf ausgestellten Tassen. Beäugte die feingliedrigen Hände des Schweizers, die nach einer Tasse griffen, sie drehten und wendeten, während der Küchenchef ihn auf jedes Detail zusätzlich hinwies und dem Schweizer die Hände sogar in die richtige Richtung drehte, damit ihm auch nichts entging. Beäugte des Schweizers Blick, wie genau und konzentriert er über die Kaffeelinien glitt, die Worte des Küchenchefs in den Ohren.

Der Schweizer griff vorsichtig nach einer weiteren Tasse. Dürfte ich Ihnen eine abkaufen?

Natürlich!, rief der Küchenchef und rüttelte an Susas Arm.

Die nickte etwas zögerlich und sagte: Ja, aber nicht diese.

Der Küchenchef verengte seine Augen. Lass do den Herrn den Henkeltopp nehm'. Dann biste halt free vom Willy!

Das Lachen des Chefs über seinen eigenen Witz.

Aber Susa griff nach der Tasse, aus deren festgetrocknetem braunschwarzem Satz sich ein Orca in die Freiheit erhob.

Der Schweizer verlor sein Lächeln nicht. Gut. Ich nehme gern diese beiden hier, wenn Sie erlauben.

Cristina Sánchez und eine Tasse, aus deren Wolken sich schemenhaft ein menschlicher Schatten erhob.

Ungenau und verschwommen bargen die Kaffeeschleier Flügel und etwas Fischhaftes.

Susa nickte.

Die Tass'n musste mir aber bezahl'n!, sagte der Küchenchef.

Susa drängte seinen dicken Bauch weg vom Tisch und den Tassen.

Der Schweizer aber sagte: Ich lege den Preis für die Tassen selbstverständlich drauf. Er lächelte weich.

Als der Schweizer gegangen war, wippte der Küchenchef noch eine Weile um Susa herum. Susa. Das is was jewese! Das muss ich meiner Frau erzählen. Mensch, Susa, jetzt lach doch mal. Aber nich gleich abheben – oder was globst de, passiert jetzte?

Susa wusste es nicht. Wie auch? Auch der Küchenchef hätte sich nie vorstellen können, was passieren würde. Er verschwand wieder in der Küche und überließ Susa diesem Gefühl.

Wann hatte sie sich das letzte Mal so gefühlt? Erwartungsvoll. Zart eingewoben von Gefühlen, dort, wo sie jetzt Stille umwebte. Dass ihr Lachen die Flügel anlegte und im Kopf ruhte. Susa sah in die Leere.

Wetterleuchten.

Das war kein Ratschlag gewesen, das musste sie tun. Sie hatten sie quasi dazu gezwungen – damit sie nicht mehr schwanger wurde. Es gab keine großen Überlegungen. Gedrängt hatte man sie. Gedrängt von allen Seiten. Von der Mutter, vom Mann, der Ärztin. Auch die Termine waren schnell vereinbart, begleitet von salbungsvollen Sprüchen: Susa, das musst du unbedingt machen. – Noch einen Abbruch, das wird man nicht tun. – Denk an die Medikamente. – Denk an das Kind.

Aufgeblasen und kaputtgemacht.

Luftholen unter Schmerzen.

Ein, zwei Tage lang – hatten die Ärzte gesagt.

Die erstickten Tränen.

Sie schwemmen gegen die verschlossene Tür.

Diese Tür, die nur Ungeheuerliches hervorgebracht hätte, hätte man sie nicht mit Gewalt geschlossen. Schotten dicht.

Der Knall hallt noch.

Er hallt nach.

In Wellen.

Weißer Schatten – schwarzer Schatten.

Klitschnass erwacht sie. Immer wieder.

Geschirr zersprang, und der Küchenchef plärrte.

Komme gleich!, rief Susa und holte Kehrschaufel und Besen.

Warum habe ich dort gelegen und nicht er? Wäre es bei ihm nicht viel einfacher gewesen? Aber er hatte Angst, er würde seine Männlichkeit einbüßen. Und ich? Habe ich nichts verloren?

Sie warf die Scherben in den dafür vorgesehenen Eimer und ging wieder Gläser polieren.

Tagesklinik.

Endoskopie.

Die Luft, die die Bauchdecke hob.

Die Gerätschaften, die unterbanden.

Tubenligatur.

Wellen.

Susas Gedanken.

Verabreicht wurden Tabletten und Fragen.

Helfen die Tabletten denn nicht?

Sie radierten ihre Konturen, verwischten Erinnerungen.

Diese Momente.

Ein blauer Rucksack mit Schwertwalen.

Ein blauer mit Schwänen.

Einfach nur ein blauer.

Die hatte sie gepackt und weggeschickt – sie hatten ihr alle drei gefallen.

Susas Herz klopfte. Sie schaute auf die Kaffeetasse, in die sie dieses besondere Schaf gepinselt hatte.

Ob die Rucksäcke jemandem eine Freude bereitet hatten?

Jemandem halfen?

... Wie hätten sie wohl ausgesehen? Wären es Jungen oder Mädchen? Was würden sie jetzt tun?

Wetterleuchten.

Die Ärztin, die ihr wieder erklärte, dass es kein normales Kind sein würde. In der DDR noch. Im Drüben, im Gestern: 1988. Das Gleiche im Heute und Danach: 1992, 1995. Nur gewechselte Bettwäsche. Die Ärztinnen und Ärzte blieben gleich. Der Zank und die Lügen.

Die Mutter sagte: Windmole.

Die Ärztin sagte es.

Sie tranken zusammen Kaffee und aßen Kuchen.

Reimten sich Märchen zusammen. Die sie ihr, Susa, erzählten.

Das dort lebt nicht, ist eine Windmole. Nichts Lebendiges.

Und dann das Verplappern 1995. Die Nachbesprechung.

Bereits die elfte Woche. Bereits so groß. Ja, die Medikamente seien jetzt ganz anders. Das hätte man heute nicht mehr tun müssen.

Wäre also gesund gewesen, das Mölchen. Wurde ihr aus dem Leib geschnitten 1995. Das Mölchen. Gequetscht und zerhackt.

Das stumme Mölchen. Zu früh hast du dich eingenistet. Das Nest wurde geplündert.

Von Raben, von Krähen, von Elstern. Mein Mölchen. Aber es war doch nichts. War doch ein Märchen. Mein Mölchen. Meine letzte Chance, bevor die Tür sich schloss 1995.

Wetter und Leuchten ...

Warum bin ich nicht abgehauen, als es noch nicht zu spät war? Warum bin ich nicht geflohen?

Eine seltsame Welle traf auf Susas Brust und zog ihre Gedärme hinab. Hätte ich ihm einfach diese Tasse mitgeben sollen? Die mit dem Orca?

Sind nur Tassen. Waren nur Tassen.

Aber ich möchte fliehen.

Pablo, das Wasser umspielt meine Füße. Vergestrigt und bemorgigt. Welche Bruchstücke fügen uns zusammen? Welche Erzählungen lassen uns handeln? Machen uns zu Akteuren oder zu bloßen Opfern – wann verlieren wir uns in der Tiefe der Schichten? Wo liegen deren Grenzen?

Malena

(München, 1939)

Zuerst kam der Gestellungsbefehl, dann die Musterung. Später das erwartete Heimkommen von den Bataillonen, immer wieder. Tata Fritz und Onkel Willi standen in ihrer Uniform im Türrahmen, und Mamele Therese vergoss stille Tränen.

Sei stolz, nun sei schon stolz!, sagte Oma Friederike und griff ihrem Fritz an die Wangen und hielt ihm die Sorgen, bevor sie dem Willi die seinen stemmte.

Es ist eine Ehre, für das Deutsche Reich zu kämpfen. Wir sind Deutsche. Käthe, was stehst du so rum, hilf dem Mamele und mach dem Onkel Fritz ein Bier auf. Und vergiss deinen Vater nicht.

Aber Oskars älteste Cousine Käthe hatte nur große Augen für die Oma. Welches Bier denn? Dafür hat es nicht gereicht nicht.

Friederikes Funkeln, Käthes Zucken und ihr huschender Blick auf das Zimmer, gleich dem Blick ihrer jüngeren Schwestern, Marina und Feli, die stets unzertrennbar waren und nun vom gemeinsamen Spiel aufblickten. Gespannt horchten, was wohl folgte.

Malena, komm!, rief die Friederike.

Und Malena spurte, schwebte ihr auf Zehenspitzen hinterher – mehr Elfe als Mensch – und verschwand mit ihr in dem Zimmer, das die Friederike seit dem Tod ihres Mannes allein bewohnte. Was hinter der Tür geschah, wusste niemand so genau.

Malena war die Einzige, die das Zimmer der Friederike betreten durfte. Mit niemandem durfte sie über die Verstecke und Geheimnisse dieses Zimmers reden – nicht mit den Cousinen nicht, und auch nicht mit dem Oskar unter der Bettdecke nicht! Das hatte die Friederike gesagt, und ihre blauen Augen hatten geblitzt.

Jeder kannte nur Malenas beschwingten Gang, wenn sie wieder aus dem Zimmer trat. Ob in Sachen der Oma, mit einem Bonbon im Mund oder – wie heute – zwar mit nichts, aber alsbald von draußen mit Bier und den Zigaretten für die Friederike wiederkommend.

Die Elizabeth, Käthes Mutter, saß neben dem Mamele. Sie übte sich im Blick der Friederike, aber ihre drei Töchter beachteten sie nicht. Erst als die Friederike wortlos, aber eindringlich über den Tisch sah, schwiegen alle – selbst Oskars Tata und Onkel Willi hörten auf zu reden.

Jetzt lasst uns schon anstoßen. Kinder, ins Bett mit euch!

Mamele weinte erst wieder, als der Tata erneut fortging.

Ihr liefen Tränen über die Wange, als er Malena und Oskar sowie Tante Elizabeths drei Töchtern sagte, dass sie von nun an nicht mehr Romanes sprechen dürften: Nicht auf der Straße nicht, nicht in der Schule nicht! Ihr sprecht nur noch Deutsch.

Und Friederike sagte: Auch hier sprechen wir nur noch Deutsch!

Dass sich dem Mamele ihr Blick verlor, ganz unverwandt, fremd und fern. Die hässlichen Worte schmerzten. Sie peitschten und droschen. Da fielen Buchstaben aus.

Das erste Mal waren dem Mamele Tränen über die Wangen gelaufen, als der Krieg gegen Polen begonnen hatte – auch wenn er so nicht hatte genannt werden dürfen.

Verteidigungsaktion!, hatte die Friederike gesagt, und damit war Ruhe am Tisch gewesen.

Bald darauf hatte Tante Elizabeth dem Mamele schnell die Träne weggewischt, als sie das Z in den Lebensmittelrationskarten aufgedruckt bekamen.

Mamele ging es immer schlechter. Immer häufiger versank sie in die Arme der Tante, trat weg und kam erst wieder zu sich, wenn die Friederike den Raum betrat.

Einmal war Mamele verzweifelt gewesen, weil sie nicht genug Spitze und Knöpfe hatte verkaufen können, und hatte am Bahnhof um Lebensmittel gebettelt.

Als die Friederike davon erfahren hatte, hatte sie ihr die breite Hand über das Gesicht geschlagen und ganz ruhig gefragt, ob sie eigentlich als arbeitsscheues Element ins Konzentrationslager wandern wolle.

Auch in dieser Nacht hatte Oskar sein Mamele im Nebenzimmer weinen hören, ganz leise, immer wieder anhaltend: ein leises Wimmerlied in den Schlaf.

Am nächsten Morgen hatte die Friederike der Malena gesagt, dass sie Steine warm machen solle. Danach hatte sie diese der Therese ins Bett gelegt und sich hübsch gemacht. Sie war losgezogen, um das Geflügel der Leute für sie zu schlachten und zu rupfen.

Darin war sie besonders gut. Sie redete ein, zwei Sätze mit der Gans, der Ente oder dem Huhn, streichelte ihre Worte in das Tier ein, das in benommener Wonne den Schlag nicht kommen sah. So betäubt, stach die Friederike ein feines spitzes Messer durch die Ohröffnung des Vogels. Die Leute ließen die Friederike gerne für sie schlachten. Das Fleisch war immer besonders zart und sauber.

Am Abend summte die Friederike immer öfter Lieder. Das Gesicht des Mamele wurde trotzdem fahler und fahler. Ständig verfolgte sie die Nachrichten. Sie hatte Angst; vor allem seit die Festsetzung gekommen war, die ihnen verbot, den Wohnsitz zu verlassen.

Da langte die Friederike eines Abends wieder zu, als das Mamele meinte, sie sollten nach Jugoslawien fliehen wie Friederikes Töchter, die Schwestern des Tata.

Friederike, die kein Wort mehr über ihre Töchter verloren hatte seit deren heimlicher Flucht, griff Thereses Hände und funkelte sie an: Wir sind hier zu Hause. Die Kinder gehen hier zur Schule. Wir sind Deutsche!

Die Leute wechseln die Straßenseite, wenn sie uns kommen sehen. Sie sagen scheußliche Worte und spucken neben sich. Weißt du denn, was noch kommt?

Sogar die Kinder kommen nur noch weinend von der Schule!

Daraufhin schob die Friederike Mamele in die Arme der Tante Elizabeth und rief Malena.

Du musst den Umhang nun ausziehen, die Oma möchte tanzen.

Malena drehte sich noch einmal um sich selbst, dann reichte sie ihrer Oma den Umhang.

Oskar fand sie wunderschön.

Pablo, welche Festigkeit hat unser Sein? Ist es frei und unverfügbar? Wird Freiheit aus dem Widerstand der Handlung geboren? Legst du deine Hand in meine?

Una

(Berlin, 1996)

Una hatte gehofft, dass es Hitzefrei geben würde, obwohl sie Biologie mochte.

Seit zwei Jahren lebte sie nun schon mit ihrem Onkel in der Platte – mit dem Onkel, über den alle immer schlecht gesprochen hatten. Der sei einfach abgehauen. Noch vor 73. Der sei sich selbst am nächsten. Habe allen den Rücken zugekehrt und in Deutschland irgendeine Arbeit angenommen. Habe die Heimat verlassen, nur um jede Nacht wieder in sie einzutauchen: in den Jugoclubs der Stadt, in den Clubs und Restaurants, aus denen dann über Nacht serbische, kroatische, bosnische oder mazedonische wurden – so hatte man es sich erzählt.

Der Onkel kannte es, nicht mehr dazuzugehören, und trotzdem war er seit zwei Jahren nun die einzige Familie, die Una noch besaß. Am Anfang hatte er nicht wirklich etwas mit dem in sich gekehrten Kind anzufangen gewusst, das jede Nacht schrecklich weinte und kaum etwas aß.

Die Siegried von oben hatte da mehr Talent gezeigt. Die hatte das Interesse des Kindes für sich und vor allem für ihren gammligen Bücherschrank gewonnen.

Sie hatte Una zum Lesen animiert und ihr Dokus auf ARD und ZDF aufgeschrieben, die sie schauen sollte.

Am Anfang hatte der Onkel immer gesagt: So ein Mist! Hatte sich eine angezündet und in seinem Sessel gebrummt. Später hatte er nur noch gesagt: Mach mal lauter! Hatte gequalmt, seine Bierdose gegrapscht und getrunken.

Die Siegried oben hatte wiederum ihren Rotwein aus Gläsern mit stämmigen, grün beringten Stielen geschlürft, sich von Una vorlesen lassen und sie dabei immer wieder korrigiert oder ihr etwas erklärt, wenn sie's nicht wusste.

Mit der *Schachnovelle* verzog sich die damals bald vierzehnjährige Una dann auf das Dach der Platte, trank Rotwein aus dem Tetrapak, rauchte eine von Onkels Zigaretten und fühlte sich wie ein richtiger Kulturmensch – so nannte es die Siegried immer. Die Sonne auf der Stirn, das Lesen, dieses süß-säuerliche, bittere Gemisch aus Rotwein und Rauch auf der Zunge: All das bescherte Una einen nie dagewesenen Rausch. Schwarz, weiß. Mitspieler, Gegenspieler. Vor dem Tunnel, nach dem Tunnel. Du und ich. Die historische Katastrophe, der frische Schmerz – nach dem Tunnel.

Dort wetzen die Gedanken die Knochen blank. Dort tritt der Schmerz zutage.

Laut dröhnte Unas Flehen – im Inneren, so tief, ganz nah: Bitte, lass mich alle Worte vergessen, mit denen ich meinen Kummer beschreibe. Lass mich taub werden für den Schlag auf die Knochen. Lass mich das Konzept Blut vergessen und dessen Geschmack und

Geruch in der Luft. Ebenso dessen Rot aus den Wunden. Lass mich neue Worte finden. Die alten sind mir nur noch Schmerz.

Es war der Tag, an dem Una den Onkel bat, nur noch Deutsch mit ihr zu sprechen: Das sind neue Worte. Diese bergen neues Glück, bergen anderen Schmerz.

Auf Stefan Zweig folgte Hermann Hesse. Zusammen schwänzten sie den Unterricht in der Schulbibliothek. Die alte Sprache, die ging. Die alten Wunden, die gingen. Die Gesichter, die Worte, das Lachen, das Weinen – das blieb.

Onkel, sprich Deutsch! Onkel, lach nicht wie der Papa! Am Anfang hast du doch auch nicht so viel gelacht.

Nach dem vielen Schwänzen half in den Schularbeiten nur noch das Spicken. Raffiniert musste es sein. Nicht zu viel, nicht zu wenig. Durchkommen musste sie. Eine Drei traute man ihr zu. Ja, eine Drei war solide. Eine Drei war in Ordnung. Für den Onkel, nicht für die Siegried.

Die Noten änderten sich erst ein Jahr später mit der neuen Biologielehrerin. Ja, die konnte erzählen. Die konnte zeigen und gestalten. Der hörte man gerne zu. Una entwickelte eine Leidenschaft dafür, die Dinge abzuschälen, abzuknipsen, in sie einzudringen und die kleinsten Zusammenhänge aus nächster Nähe zu betrachten. Sie mochte es, die Komplexität der Äderung eines Fliegenflügels zu betrachten oder die der Stärkezelle einer Kartoffel. Sie bewunderte das Zusammenspiel von Klein und Groß: die Wichtigkeit jedes einzelnen Abschnitts und dessen Zusammenspiel im Ganzen.

Ja, Una mochte den Unterricht der Neuen sehr, auch wenn ihr das heute schwerfiel – das Denken ganz allgemein. Die Luft im Klassenzimmer drang warm und verbraucht in die müde Lunge, der Schweiß klebte Haut und Stoff zusammen. Una hing über ihrer Bank und dem aufgeschlagenen Biologiebuch und beobachtete die Hand der Lehrerin, die Folie um Folie auf den Overheadprojektor legte. Legen, Erläuterung des Projizierten, ovale Schweißflecken unter den Achseln, Hautfarbe unter transparent gewordenem Blusenstoff.

Keimzellen.

Haploid.

Verschmelzung.

Diploid.

Chromosome.

X und Y.

Frau und Mann.

Wacher wurde Una nicht bei dem Scherz der Lehrerin über den 50. Jahrestag des Bikinis, mit dem sie wohl den Jungs in der ersten Reihe imponieren wollte – oder vielleicht doch nur deren Aufmerksamkeit wieder zu wecken suchte, damit sie dem Unterricht trotz brütender Hitze folgten. Una wurde wach bei den Worten über das Schaf Dolly – das erste geklonte Säugetier.

Eine Sensation sei da den Forscherinnen und Forschern in Schottland gelungen – eine Sensation, die vor allem Fragen aufkommen lasse, wobei nicht alle davon so süß seien wie ein Lamm.

Das müde Lachen der Klasse zerrann in Unas Gehörgang mit der nächsten Frage der Lehrerin und verschmolz in ihrem Magen zu einem harten, schweren Klumpen.

Wo könnte eine solche Technik überall Anwendung finden?

Achtung! – der Vater zählte herunter wie Una jetzt ihre Atemzüge. Ein tiefer Atemzug in den Bauch hinunter, sollte die Bauchdecke heben, nicht den Brustkorb, dort unten sollte der Atem verweilen und Gedanken und Blut miteinander versöhnen. Dort unten. In ihrem Bauch.

Könnte beispielsweise ein geliebter Mensch, der – sagen wir mal – bei einem Unfall sein Leben verloren hat, geklont werden und auf diese Art wieder von den Toten auferstehen? Ist das Klonen eine Wunderwaffe gegen die Vergänglichkeit des Seins? Oder ist es dessen erweiterter Arm der Reproduktion? Vielleicht könnten sich Frauen klonen, und es bräuchte keine Männer mehr und damit auch keine Bikinis.

Lachen. Jetzt war es kräftiger. Aber in Una drinnen, da zitterte es. Das Lachen hallte nach und wurde immer lauter. Es brachte alles zum Beben.

Wiederauferstehen lassen – gegen die Vergänglichkeit des Seins – Tod – Wellen. Wellen!

Mama. Papa, Opa.

Unas Blut rauschte in den Ohren.

Valon.

Die Hitze. Die warme Luft.

Schweiß drang auf ihre Stirn. Heiß. Kalt.

Una zählte dagegen an.

Fünf Dinge, die du siehst:

Eins: des Klassenkaspars Visage – die Grimasse meines Bruders.

Zwei: den Apfel – den Geburtstagskuchen.

Drei: den Schweißfleck der Lehrerin – Mamas dünne schwarze Bluse, die durch das Blitzlicht durchsichtig geworden ist.

Vier: den rauchenden Geschichtslehrer – Opas Pfeife.

Fünf: Wie er das Flachdach verlässt und nach drinnen geht – Papa, der am Türrahmen steht.

Stellen wir mit Techniken wie dem Klonen nicht unser einzigartiges Wesen infrage?

Vier Dinge, die du fühlst:

Eins: die Zunge an meinem Gaumen – den wackelnden Schneidezahn.

Zwei: meine Haut, die am Stuhl klebt – Opas Ledercouch.

Drei: die Tischplatte – Mamas Hand.

Vier: meinen Atem – das Beben ihrer Brustkörbe, als sie lachten und mich an sich drückten.

Una wird heißer.

Drei Dinge, die du hörst:

Eins: die Kreide auf der Tafel – das Klicken des Fotoapparats.

Zwei: das Lachen der Klasse – Valons Lachen, Mamas, Papas, Opas.

Drei: eine Amsel – vom Feld her ...

Das Rutschen ihres Stuhls. Das entsetzte Aufatmen der Klasse.

Zwei Dinge, die du riechen kannst:

Eins: das Parfum der Lehrerin – Mamas Haar.

Zwei: die Ahnung von Zigarettenrauch – Schutt und Asche.

Etwas, das du schmeckst:

Blut, immer wieder Blut.

Una lag auf dem Laminat des Schulzimmers.

Vor dem Tunnel, nach dem Tunnel.

Jetzt sah sie ihn.

Jetzt wurde alles schwarz.

3

Pablo, welcher Idee entspringt dein Wesen? Deine Erscheinung gehört zu meiner Wirklichkeit wie meine zu deiner. Strebst du zu mir, oder strebe ich zu dir? Urbilder zerrieseln zu feinem Staub. Glitzern als Erkenntnis. Zusammen fallen wir aus der Zeit.

Susa

(Berlin, 2000)

Susa hatte in letzter Zeit weniger Probleme durchzuschlafen. Es plagten sie weniger Albträume in den Morgenstunden. Auch das Bettlaken war nicht mehr durchgeschwitzt. Lag es an dem Verlassen dieses Dorfes? Dem Verlassen dieses Mannes, den sie einmal sehr geliebt hatte? Der sie wohl auch irgendwie geliebt hatte und es vielleicht sogar noch tat? Irgendwie? Weiterhin auf seine Art. Diese stille, in sich gekehrte Art. Das ständige Peinlich-berührt-Sein: Susa, lach nicht so laut. Tanz nicht. Sing nicht immer. Tu dies nicht. Tu das nicht. Susa, sei nicht so. Susa, Susa!

Warum ein Feuer bewahren, wenn man dessen Hitze nicht ertrug? Warum es kleinhalten, bis es erstickte?

Wetterleuchten.

Vielleicht hatte dieser Mann trotz aller Gehemmtheit eine Art Gespür dafür, wie fein und tief diese, seine Frau beschaffen war, um so fiebrig hell in ihrem Sein zu leuchten. Vielleicht wollte er sie instinktiv vor jenem Wahnsinn bewahren, der sich nur den Sensibelsten erschließt. Dennoch hätte er nie gedacht, dass der Wahnsinn auf diese Weise aus ihr herausbrechen würde, erst recht nicht an diesem Abend 1987 – da sie doch so ruhig war. Ja, so ruhig und angenehm, dass er mal nicht die Ohren der Nachbarn fürchten musste, die jedes laute Lachen, Gesinge und jede andere hemmungslose Gefühlsregung notierten; das Wissen darüber sprang ihm in den Mundwinkeln des nächsten Gartenzaungrußes entgegen. Ja, dieses Lächeln hatte er zu oft gesehen, und Scham überkam ihn dabei jedes Mal; und wie schrecklich erst war die zweite Scham darüber, dass er sich für diese, seine Frau schämte. Diese wunderschöne, leuchtende Frau.

An diesem Abend saßen sie beisammen draußen und unterhielten sich über das, was da so friedlich sein sternbesetztes Zelt über sie spannte. Er war sich an diesem Abend ganz sicher, dass er diese, seine Frau liebte. Er nahm sie sogar in den Arm. Er hatte keine Ahnung.

Wie photophile Geschöpfe strebten Susas Gedanken zu den uralten Lichtern, deren Totenschleier seit je den Nachthimmel erhellten. Dabei umhüllen sie Fragen, die ein Mensch nicht beantworten kann – ja, die kein Mensch zu ertragen vermag, denn sie sind so alt wie die Zeit. Und Susa reihte sich in ihren zittrigen Tanz ein. Keine Antworten. Große Fragen.

Susa, was ist denn los?, fragte dieser Mann ganz plötzlich, dieser geliebte Mann, dieser hilflose Mann, und bot Susa einen Schluck des Schnapses an. Nimm, das beruhigt die Nerven.

Aber Susas Nervenfeuer brannte nur noch heller – gleich der schrecklichen Angst, die sich in ihr ausbreitete. Die in ihr hochstieg und jegliche Wärme aus ihren Gliedern tilgte und Susa nasskalt zurückließ.

Jetzt erschrak auch der Mann. Ein Arzt müsse her.

Der kam dann auch und schaute. Die junge Frau solle sich nicht so anstellen: Viele hätten jetzt Angst, dass ihre Männer eingezogen würden.

Ja, und dann ging er.

Die Zeit wurde Susa zur Qual. Ihr Herz pochte laut in der Nacht. Klopfte kalte Tränen aus müden Augen. Schlug das Leben weg, die Familie, den Mann – weiter, immer weiter.

Susa, wo ist dein lautes Lachen hin? Nun tanz doch mal wieder in der Küche. Nun sing doch mal wieder auf dem Gehweg. Zieh die Schuhe aus und schlag ein Rad. Susa, Susa. Wo bist du hin?

Die Tabletten hielten Susas Fragen irgendwann zurück. Hie und da summte sie sogar wieder beim Kellnern und Gläserpolieren, was sie nach wie vor tat, um nicht vollends den Verstand zu verlieren. Dann und wann empfand sie wieder etwas bei dem Lachen von Geburtstagskindern – egal, welchen Alters –, wenn auch als eine Art fernen Schmerz.

Dann kam das Lachen zurück, das Tanzen, das Singen – aber es war nicht mehr wie zuvor. Jetzt lachte Susa das Lachen der Sonnen. Jetzt tanzte Susa deren Tanz. Jetzt sang Susa deren Lied.

Wenn dieser Mann mit ihr schlief, war es ebenfalls nicht mehr wie zuvor. Susa hielt sich nicht mehr an ihm fest, wenn sie ihn umarmte. Nein, das, woran sie sich festklammerte, war das Leben. Es waren nicht mehr seine Lippen, die die ihrigen umschlossen. Es war nicht mehr sein Atem, den sie einsog – alles war dem Leben geschuldet und mit diesem gleichsam dem Tod. Dem ganzen Kommen und Gehen.

Immer schon. Immer wieder. Sprießen und Sprossen. Abreißen und Abbrechen. Manchmal passierte es. Manchmal.

Und dann waren sie fort. Die Tür war verschlossen.
Schau nicht zurück!
Die Verdrehung schmerzt nur den Nacken.
Wohin blickst du?
Alles wirkt verkehrt.
Wetterleuchten.

Susa drehte sich zur Seite. Der Vorhang in ihrer Berliner Wohnung hob sich im leichten Spiel. Die hohen Wände luden zum Denken ein. Ein Bild nur hing an den sonst kahlen Wänden: ein Bild allein. Eine Künstlerin hatte es ihr geschenkt. Eine Bewunderin ihrer Arbeit. Ein Kompliment zum Anfassen. Ein Kompliment zum Ansehen.

Susa fühlte nun den kühlen Dielenboden unter ihren Füßen. Farbspritzer sprenkelten ihren Weg zu Leinwänden – Leinwänden, auf deren Scharlachrot sich Kreise wild verdrehten. Mal im Hier, mal im Jetzt. Dort rissen Farbschichten auf, dort brach Spachtelmasse. Das Gestern, das Heute, das Dann und das Jemals. Aber nur das Morgen schenkte Trost. Das Morgen, das war Hoffnung. Im Wohnzimmer wurden die Sprenkel blau und löschten das Gedankenfeuer. Die scharf gezogenen Kreise der scharlachroten Gemälde wurden zu satten, blauen Flächen, die das Fieber der Betrachtenden abkühlten. Fast schon versöhnlich zogen Blautöne konzentrische Kreise, ergaben Linien die Grundformen.

Der letzte Tropfen zischelte über die Warmhalteplatte der Kaffeemaschine. Susa lehnte im Türrahmen.

Vor gar nicht langer Zeit hatte der Geruch von Kaffee und des von ihr gereichten Gebäcks die ersten Nachrichten des Tages bedeutet. Beides hatte sich mit der Meinung und Interpretation der anderen vermischt – der Arzt Lehmann hatte die eine Meinung, bestellte: schwarzen Kaffee und ein Croissant; der Bauarbeiter Müller eine andere, bestellte: Milchkaffee und eine Zuckerschnecke. Susa konnte sich noch an viele Eigenheiten und Gewohnheiten der Gäste erinnern. Auch Wilfried, der Schweizer Museumskurator, blieb seiner Meinung und den blütenweißen Hemden treu, ebenso seinem Espresso, kein Gebäck, stattdessen ein Löffel.

Wann immer Wilfried jetzt in Berlin war, besuchte er seinen Schützling und sprach stolz von seiner Entdeckung.

Seit mehreren Monaten hatte Susa so gut wie keine Pause eingelegt. Unvernünftig nannte er sie und bewunderte gleichzeitig die entstandenen Gemälde, auf denen klare Linien von Körpern schemenhaft hinter Farbschleiern verschwanden, wieder hervorbrachen und schließlich ganz in ihre Einzelteile zerfielen.

Einmal nahm sie in seinem Beisein ein Foto in die Hand und stierte es an – nicht durch es hindurch, stattdessen durch das auf seiner Oberfläche eingefangene Licht in das Gestern hinein – und sagte: Die Momente sind immer gegenwärtig. Wir halten sie fest, verformen sie und drehen sie entlang ihrer Achse. Die Momente sind immer da. Sie machte mit der Hand, die eben noch das kupferne Haar zurückgeschoben hatte, eine allumfassende Bewegung. Was denkst du, Wilfried?

Es waren Aussagen wie diese, die Wilfried immer wieder darin bestätigten, dem Vertrauen geschenkt zu haben, was er dort gesehen hatte – dort, wo Susa serviert, ein Buch gelesen oder in die Kaffeetassenreste ihrer Gäste gezeichnet hatte, eingehüllt in eine Aura, wie Walter Benjamin sie dem Kunstwerk zugeschrieben hatte, lange bevor er sich auf der Flucht vor den Nazis das Leben nahm und seine Leiche in einem Massengrab verschwand.

Sie war eine Fremde in dem Lokal gewesen, obwohl sie dort angestellt war. Dieses kleine Lokal am Rand von Dresden, das Wilfried ab und zu besucht hatte, um eine Ausstellung zum Mauerfall zu kuratieren. Dieses Lokal mit Susa – als hätte dieser dicke, aufbrausende Küchenchef bei der Tombola auf dem Jahrmarkt ein Fabelwesen gewonnen, das in seiner Ruhe so schillernd war wie das Meer, auf dessen Oberfläche die Sonne glitzerte, dem aber das Wissen um seinen Reichtum, die Tiefe, die ganzen Stürme, Ebben und Fluten gewiss war. Aufgepasst, wer sich in seinem Sog verlor!

Dort brach es aus, ein Lachen wie ein Schwarm Stare im Prachtgefieder. Polychrom. So dicht gewirkt. Immer bei Geburtstagswünschen. Immer dann.

Natürlich war es riskant gewesen. Was hatte er schon über diese Frau gewusst, außer dass sie die Innenwände von Kaffeetassen bemalen konnte wie ein junger Picasso? Aber er hatte sich exponieren wollen, hatte sehen wollen, was passierte, wenn man zuhörte und zuließ. Wenn jemand einfach sein konnte. Wenn nicht die ökonomischen Faktoren der Kunst und der Künstlerin im Vordergrund standen, sondern deren Strahlkraft.

Und er wurde belohnt. Das Publikum liebte die Kunst dieser Frau, die einen Sonnenaufgang lachen konnte: Bereits ihre erste Ausstellung war ein voller Erfolg.

Betörend und verstörend in Pracht und Ausgestaltung, bejubelte *Die Zeit* die Ausstellung und schrieb weiter: *Wo sich das Einfache im Komplexen verschränkt und wieder auflöst, dort ist man dem großen Ganzen ganz nah.*

Susa hatte der Ausstellung den schlichten Namen *Leinwand* gegeben, wobei der Strich über dem »n« von Lein- durch grafische Elemente so verlängert wurde, dass die betrachtende Person dazu verführt war, *Leihwand* zu lesen – eine von Wilfrieds Ideen, auf die er besonders stolz war. Susa fand die Idee gut.

Die Idee für *Leinwand* hatte Susa nach einem Kinobesuch gehabt, bei dem der Projektor ausgefallen war, woraufhin alle empört die nackte Leinwand angestarrt hatten und ganz pikiert ihren Vorder-, Hinter- und Nebenmann wahrnahmen. Sie übersetzte ihr Erlebnis in ihre Ausstellung: Nackte Körper wurden hier von einem Diaprojektor mit fotorealistischen Gemälden beworfen. Manch ein Besucher trat erschrocken zurück. Viele gafften auf die verschiedenen Körper mit den verbundenen Augen, große wie kleine, muskulöse oder schmale, korpulente oder dürre, junge und alte. Alle weiß angemalt. Weiß wie Leinwände. Atmende, warme Leinwände, die rot klafften, wenn man sie aufschnitt. Den Diaprojektor bedienten Besucher und Besucherin selbst. Sie warfen Bilder von Trachten und Flaggen – Religiösem und Nationalem – auf die Körper und verstellten die Schärfe.

IM VERSCHWIMMEN DER KONTUREN SIND WIR UNS GLEICH warf ein Diaprojektor den Schriftzug in weißen Versalien an die Wand im Eingangsbereich.

Diesem Thema widmeten sich auch die wenigen ausgestellten Bilder, bevor man den Raum mit dem Projektor betrat.

Susa setzte sich auf das Kanapee neben Wilfried, der noch leise und pfeifend vor sich hin schnarchte, ohne dass ihn der Kaffeegeruch oder das Knarzen der alten Dielen hätten wecken können. Als er dann doch erschrocken rumfuhr, den Espresso sah und Susas Lächeln, vergrub er seinen Kopf wieder in dem Kissen.

Sie haben tatsächlich begonnen, diesen Wal auszuwildern.

Hm?

Den aus dem Kinofilm.

Ach, den – schön.

Gestern war wieder Thomas in der Ausstellung. Den mag ich. Meinst du nicht auch, dass er dich mag?

Von was redest du denn da, Susa?

Von dem, was ich sehe. Immer.

Pablo, hat der Geist der Erkenntnis eine eigene Geometrie? Sag, nennst du mir die Formel? Was ist die richtige Art, dich zu betrachten? Stumm in deiner Schönheit. Stumm in deinem Gleichmut. Welche Worte bringen dich zu mir? Welche verwandeln dich?

Malena

(München, 1939)

Malena starrte auf den schwarzen Rock, der fein säuberlich gebügelt unter der weißen Bluse und der braunen Jacke hing. Sie fuhr über die geflochtene Kordel am Ärmel und wollte unbedingt in den Bund Deutscher Mädel eintreten wie die Käthe, die nach den Sommerferien aufgenommen worden war.

Bemerkte Käthe, dass sich Malena vor den Schrank geschlichen hatte, rief sie, als wäre sie schon Mädelringführerin: Nimm die Pfoten weg! Das muss ordentlich bleiben!

Malena beobachtete Käthe genau – wie sie ihr Haar flocht, wie sie ständig ihre Fingernägel auf deren Sauberkeit kontrollierte – und ahmte es nach.

Oskar machte sich darüber lustig. Ganz still wurde er aber dann, wenn Malena sagte: Dem Frank gefallen ordentliche Fingernägel sehr. – Ihm gefällt vieles an mir, fügte sie später unter der Bettdecke hinzu.

Zu den Tränen des Mamele mischten sich Cousine Käthes Tränen.

Oma! Sie nennen uns Z[redacted]. Sagen, dass wir arbeitsscheue Schmarotzer sind!

Käthe, hörst du auch jedem Vogel zu, der sein Liedlein singt, ja?

Oma, sie sagen, wir sind der Niedergang des Deutschen Reichs.

Käthe wehrte sich. Wenn die Jungs sie bespuckten und prügelten, schlug und trat sie zurück. Sie ging auch mit Oskar und ihren Schwestern zum Herrn Direktor, der die Schule leitete. Der notierte zwar die Namen der Kinder, aber was sollte er unternehmen gegen die, die sich sicher und stark fühlten im Namen des Jungvolks? Es war derselbe Direktor, der gern mit der Oma Friederike tanzen ging.

Meine kleinen Veilchen, begann die Friederike ihr Lied und hauchte Küsse auf die blauen Schienbeine, die in der Luft baumelten.

Oskar, Malena und ihre Cousinen saßen in Reih und Glied auf dem Küchentisch, während die Friederike um sie herumtanzte, sang und die Schienbeine mit Salbe betupfte. Marina und Feli lachten wie blöde.

Jetzt die Arme!

Alle streckten beide Arme aus, und die Friederike drehte sich, bevor sie weitertupfte, rieb und sang. Oskar stellte sich vor, wie seine Oma Friederike auf dieselbe Weise mit dem Direktor tanzte. Der Saum ihres Samtumhangs wirbelte über den Boden hinweg.

Als die Käthe ihrer Mutter Elizabeth in den Schoß weinte, weil sie nach der Schule mit Steinen beworfen worden war, stellte die Friederike Teewasser auf den

Herd und verschwand in ihrem Zimmer. Als der Kessel pfiff, kam sie wieder nach draußen – ganz schick, mit großen Ohrenringen über dem Kragen. Sie goss den Tee auf und reichte ihn Käthe, die in den Armen ihrer Mutter aufschluchzte. Dann ging die Friederike tanzen.

Käthe schluchzte: Wie kann sie jetzt nur tanzen gehen?

Am nächsten Tag durften Käthe, Marina, Feli, Oskar und Malena im Büro des Direktors Pause machen. Auf seinem Schreibtisch lagen in Butterpapier gewickelte belegte Brote. Den Kindern liefen die Augen über, als sie das helle Brot sahen. Malena gefiel es trotzdem nicht im Büro des Direktors. Sie wollte bei Frank sein.

Frank kümmert sich um mich, erzählte sie Oskar unter der Bettdecke. Sie erzählte ihm von der Milch, dem Kuchen, den Bonbons. Der knisternden Brause unter wippendem Orange – immer wieder.

Und immer wieder brachte sie ihm ein bisschen was mit: ein Stückchen Kuchen, eine Scheibe Speck, einen rotbäckigen Apfel.

Pablo, auf welche Weise durchdringt uns Kultur? Wo hockt sie festgefroren, starr und taub? Wo spült sie aus? Höhlt aus? Raubt und bereichert? Wo spült sie zurück? Staut sich, schwillt an, tritt über die Ufer? Wo sammelt sie uns im Sturm der Gezeiten und vermengt uns im Zenit der Sonne? Wann verdampfen unsere Körper?

Una

(Berlin, 2000)

Die sprühenden Funken über dem Kuchen verrieten wenig über die Aufregung der letzten Jahre. Sie blitzten über der Donauwelle, Unas und Siegrieds Lieblingskuchen. Gebacken vom Onkel. Überladen mit zahlreichen Zuckerfiguren. Die Funken spiegelten sich in den Sektgläsern, die die Siegried füllte. – Schnell!, rief sie, damit alle das Geschäume an ihren Mund führen konnten und es nicht auf den Teppich kleckerte. – Spiegelten sich in dem rötlich warmen Furnierholz des Wandschranks, dem gerahmten Familienfoto neben dem RFT-Chromat-Farbfernseher, der lange noch in Gebrauch sein würde, bis die Siegried den Onkel mit den Worten: Sei doch nicht blöde!, von einem Top-Angebot bei MediaMarkt überzeugen würde, leuchteten in den stolzen Augen, die beim Onkel glänzten. Sie vergingen in einem grellen, orange-gelben Glühen, das nur mehr den Aludraht und den verkohlten Stängel zurückließ, an dem sich der Rauch nach oben kräuselte.

Die rechtlichen Regelungen der deutschen Flüchtlingspolitik hatten sich wie ein unüberschaubarer Irrgarten vor Unas Onkel und der Siegrid erstreckt.

Man dürfe bleiben, aber eigentlich sei man unerwünscht – das hatte die Siegrid unter die Zimmerlampe gequalmt und den Stummel in den Schleuderaschenbecher gedrückt. Was ist das für eine Gesetzgebung, in der die Rechte schwinden, je größer die Gesetzgebung wird? Auf die Straße müssen wir gehen. Kind, zieh dich an, wir schließen uns den Protesten an!

Aber Una hatte nicht gewollt. Sie hatte nicht zu den Massen gehören wollen, die dem Land mit der geliebten Sprache zur Last fielen. Sie wollte sich tief in ihren Einser-Schnitt verkriechen, heimlich auf dem Dach qualmen und Gedanken und Sorgen einfach ziehen lassen.

Siegried, nun lass doch die Kleene in Ruh, hatte der Onkel gesagt. Was haben wir mit denen aus dem Kosovo zu tun? Nur die Una wollen wir hierbehalten.

Aber die Siegrid hatte nicht lockergelassen. Sie hatte sich einen neuen Glimmstängel angesteckt und mit langen, lackierten Nägeln auf die marmorne Tischplatte gepocht: Deine Kleene ist die Kleene von vielen. Und nun zieht euch an. Wir gehen auf die Straße!

Das lag jetzt hinter ihr. Una durfte bleiben. Sie wollte Medizin studieren – vielleicht auch im Ausland. Das hatte sie dem Onkel und der Siegrid allerdings noch nicht gesagt, den beiden, die sie jetzt innig umarmten.

Sie erzählte es später Pavel, dem Jungen aus dem achten Stock, dem Jungen, der jetzt ein junger Mann war – ihm, der mit einem Yes-Törtchen vor ihr stand, in dessen Mitte ein brennendes Kerzchen steckte.

Heute ist nicht mein Geburtstag, sagte Una und blies Zigarettenrauch aus.

Im Schneidersitz saß sie am Rand des Daches und schaute in die Kerzenflamme, die am Docht entlang das gedrehte Wachs verzehrte.

Vor dem Tunnel:

Donner unter blauen Himmel. Papas Verschwinden.

Krachende Gebäude. Reißende Straßen. Lastwagen voller Leichen.

Blut.

Blut der Nachbarn. Blut der Familie.

Papas Blut.

Opas Blut.

Mamas Blut.

Blut. Blut. Blut. Unser aller Blut. Mein Blut. Valons Blut.

Belagerung. Beschuss.

Hilfe. Flucht.

Ein Licht im Tunnel. Ein Visum in Zagreb. Ein Flug.

Ein Onkel in Deutschland. Dessen Nachbarin.

Die Schule.

Die Sprache.

Tumulte.

Beleidigungen.

Die Sprache.

Solidarität. Schutz.

Das Lesen. Kinderbücher. Romane. Sachbücher. Medizin.

Der Junge im Treppenhaus.

Nach dem Tunnel.

Una konnte sich nicht mehr erinnern, wann ihr Deutsch gut genug geworden war, um alle von Pavels Scherzen zu verstehen. Sie konnte sich auch nicht mehr daran erinnern, wann genau sie ihn kennengelernt hatte. Hatte er sie angesprochen, als sie mit Kinderbüchern und Keksen beladen auf das Dach gegangen war? Oder hatte er sie doch erst angesprochen, als sie sich mit Wein-Tetrapak und stibitzten Zigaretten unter dem Arm mit Zweig, Hesse und Seghers verabredete – mit dem Ziel, im Stillen neben ihr mitzuqualmen und mitzutrinken?

Es war auf jeden Fall vor den Sachbüchern gewesen – vor dem ganzen medizinischen Kram und ihrem Herumgedoktere, wie Pavel es oft bezeichnete, wenn Una mal wieder etwas Neues an seinem Körper begutachtete: Die dritte Brustwarze ist ein klarer Fall eines Atavismus – eines lebendigen Evolutionsbelegs –, hatte sie gesagt.

Pavel hatte schnell sein T-Shirt nach unten gezogen.

Beim Rumdoktoren war es auch zum Sex gekommen – eher beiläufig. Ganz ohne Küsse. Nur mal fühlen, wie das so war, worum alle so ein Gewese machten – ob schweigend oder witzelnd. Es war für beide das erste Mal, obwohl Pavel zuvor schon mit Eroberungen geprahlt hatte, mit seinem Waschbrettbauch und seiner Zeichenkunst, die er sich stolz unter die Haut stach.

Es war bei diesem einen Mal geblieben. Una empfand das Erlebte als unspektakulär: keine weitere Erforschung nötig. Pavel redete bald wieder von anderen Mädchen.

Gemeinsam machten sie sich über die Broschüren der Siegried lustig – *Den eigenen Körper kennenlernen; Masturbation und Safer Sex* –, die der Onkel auf deren Bitte hin immer mal wieder auf Unas Nachttisch oder lieber gleich auf das Kopfkissen legte. Sie machten sich darüber lustig, wie der Onkel stumm nach oben deutete, wenn Una mit den Broschüren in der Hand nachfragte. Sie blätterten in den Kalendern mit nackten Frauen auf Motorhauben und einem beim Aufräumen entdeckten Pornoheft des Onkels.

Auf Pavels Frage, ob er dieses behalten dürfe, reagierte Una ganz einfach mit einem Ja. Genau wie bei diesem einem Mal, als er sie fragte, ob das wirklich für sie in Ordnung gehe, und Una mit einem ebensolchen Ja Slip und Hose hinunterstreifte, Pavel nach hinten lehnte und ihn in sich einführte.

Sein Gesicht hatte nie wieder diesen Ausdruck gehabt.

Seite A

Under the Bridge – Red Hot Chilli Peppers (4:24)
Come As You Are – Nirvana (3:38)
Cigarettes & Alcohol – Oasis (4:49)
Ordinary World – Duran Duran (5:40)
Bizarre Love Triangle – New Order (4:23)
Don't Speak – No Doubt (4:23)
How Soon Is Now? – The Smiths (6:46)
Born to Make You Happy – Britney Spears (4:03)

Seite B

Call Me – Blondie (3:32)
Zombie – The Cranberries (5:06)
Fast Car – Tracy Chapman (4:56)
Big in Japan – Alphaville (4:46)
It's My Life – Talk Talk (3:52)
Shape of My Heart – Sting (4:38)
Running Up That Hill – Kate Bush (4:58)
Human Behaviour – Björk (4:11)

Pavel hatte das Mixtape für Una zusammengestellt und ihr geschenkt: Den letzten Song auf Seite A empfand sie als schlechten Witz. Sie spulte immer wieder zurück und hörte ihn noch mal.

Die Sailor Starlights verwandelten sich im Nachmittagsprogramm auf RTL2 von jungen Männern in Frauen und zurück, sodass die Siegrid die Nase rümpfte und der Pavel lachte. Auf dem Dach spielten er und Una zusammen Pokémon. Ihr Starter war Glumanda, seiner Schiggy. Trotzdem besiegte sie ihn immer, wenn sie gegeneinander kämpften. Glurak gegen Turtok. Sie hörten gemeinsam bespielte Kassetten, während Pavel Una ein Gengar auf die Schulter tätowierte, sodass der Onkel ihn verprügeln wollte und sie sich eine Zeit lang nur noch heimlich bei der Siegried treffen konnten. Dort schauten sie auch immer die Videokassetten, die ganzen Fälschungen, die der Onkel aus Polen mitbrachte, samt Oblaten und Zigaretten für die Siegrid. Am liebsten schauten sie zusammen *Free Willy*. Ja, aber das war noch vor dem Tattoo – oder doch danach?

Vor dem Tunnel, nach dem Tunnel.

Dann hatte sie ihn so kennengelernt. Dann waren das jetzt schon fünf Jahre. Fünf Jahre Freundschaft.

Una sagte: Danke, und blies die Kerze aus.

4

Pablo, muss das Schöne umgeben sein von etwas, das es nicht ist? Ist es makellos, leer und frei jeglicher Mängel? Ist Technik unbegrenzt und darüber erhaben? Wie viele gehen mit einer Gewissheit durchs Leben, ohne diese jemals zu hinterfragen?

Susa

(Berlin, 2004)

Berlin schreibt sich Babylon war Susas nächste große Ausstellung. Sie befasste sich mit Mauern.

Versetzten Mauern. Errichteten Mauern. Sprache. Körper. Land.

Ihre Gemälde der Berliner Mauer, auf denen sich Geschichte und Wiederholung wie Stein auf Stein legten, feierten auf der Biennale große Erfolge. Gemälde, die gleichermaßen Kolonialismuskritik wie Reflexion deutsch-deutscher Geschichte waren: einer Trennung, die die Haut aufspannte, Wunden aufriss, aus denen Mauerteile eiterten. Stacheldraht, Graffitis, Einschussstellen und babylonische Drachen.

Die erste Schrift: Liebe und Krieg verschmolzen zu wachsamen Zwitterwesen. Tontafeln mit Liebesgedichten von Führern, Herrscherinnen und Feldherren bildeten mehrere Himmelsbögen. An den Wänden flimmerten Projektionen von Bomben, die über den Irak fielen. Der zentrale Ausstellungsraum wurde von einem menschenköpfigen, aber gesichtslosen Stier mit Schwanenflügeln und Fischleib bewacht. In der Mitte des Raums wuchsen zwei Arme aus dem Boden, die Hände zur Schale gefaltet. Wasser darin.

Darunter die illuminierten Versalien: *ICH, DAS MEDIUM.*

Nach diesem weiteren Erfolg sagte Susa zu Wilfried: Jetzt bin ich bereit. Lass uns verreisen. Thomas kann doch mitkommen, mir machst du nichts vor. Musst du auch nicht. Lass uns London sehen, Paris und New York.

Aber zu den beiden Letzten kam es nicht. Vorerst nicht.

Wie eine Statue hatte Susa im Ausstellungsraum der Tate Modern gestanden und das Exponat des Ex-Jugoslawen und serbischen Flüchtlings Milan Jankovic betrachtet. Das Exponat, das sich *Turm von Babel* nannte. Eine Installation mehrerer Fernseher und Boxen, zehn Meter hoch, die den Vielvölkerstaat darstellten. Folkloristischer Reigen, Trachten, Sprache, Lieder, Landschaften, Bauwerke, Zusammenhalt, Entfremdung, Nationalstolz, Gewalt, Vergewaltigung, Terror und Mord. Susa stand lange vor dem Turm. Auch noch, nachdem Thomas und Wilfried längst zu Mittag gegessen hatten und Wilfried über Sodbrennen klagte. Susa schaute die vielen Videos immer wieder an.

Wie Kacheln rauschend bunter Farben, die die Schönheit der Welt mit deren Hässlichkeit vermischen, sagte sie in den Raum. Eine Welle.

Und Wilfried würde es beim Dinner Undulismus nennen und das Gefühl, das Susa tief empfunden hatte, als das Erschauern vor dem erhabenen Schönen bezeichnen. Etwas, das durchaus auch die Strahlkraft von Susas Werken ausmache, die Verschmelzung des Erhabenen mit dem Schönen.

Susa stützte ihren Kopf auf ihre Hand, während sich Thomas zustimmend den Mund mit seiner Serviette abwischte.

Ich würde ihn gern kennenlernen, sagte Susa und unterbrach damit Wilfried, der nur kurz Luft geholt hatte.

Dieser schob sich nun einen Bissen Entrecôte in den Mund, kaute und versprach schließlich: Ich werde sehen, was ich machen kann. Ich kenne ihn zwar nicht persönlich, aber den Kurator und auch andere, die mit ihm gearbeitet haben.

So war es gewesen. So hatten sie sich getroffen. Milan Jankovic und Susa.

So hatten sie sich gegenübergesessen. Er im lockeren Hemd, markante Nase, schulterlanges, dunkelblondes Lockenhaar. Sie im sonnengelben Kleid, das kupferne Haar mit einer amarantfarbenen Klammer zusammengesteckt. Die grünen Augen unablässig auf seine dunklen, fast schwarzen gerichtet. Sie hatten sich gut unterhalten, beide in holprigem Englisch, mit Händen und Füßen; hatten dabei gegessen und getrunken und sich immer mehr in dem Lachen und den Augen des jeweils anderen verloren.

Auch beim nächsten Treffen wurde Susa von einem sanften Gefühl umschmeichelt, welches durch Milans offenes Lachen und durch jede zufällige oder bedachte Berührung hervorgerufen wurde. Wenn sie sprachen,

sprachen sie miteinander. Wenn sie lachten, lachten sie miteinander. Zueinander.

Susa hatte sich in ihrer Heimatstadt wie abgeschnitten von dem Leben anderer gefühlt, deren Leben und Lieben und Leiden. Als beobachtete sie das Geschehen von einer Taucherglocke aus. Und manchmal, wenn sich eines dieser Hinter-Glas-Wesen ihr zugewandt hatte, sich für sie interessierte und es ihr auch gefiel, dann hatte sie versucht, dessen Aufmerksamkeit zu halten, bevor sich diese wieder hinter dem Glas verlor. Es blieb stets beim Berühren und Bestaunen durch Glas hindurch. Nie hatte sie das Gefühl gehabt, durchgedrungen zu sein zu ihrem Gegenüber. Sich wahrhaftig neben ihm bewegt, gesprochen und geatmet zu haben. Immer nur blieb sie eine Vorstellung im Kopf des anderen. Spiegelverkehrt, nicht real, aber schön. Zu ausgelassen. Zu ehrlich. Bitte nicht. Niemand wollte die Mängel und das eigene Unvermögen auf einer Oberfläche präsentiert finden. Aber alle hängten Spiegel auf. Auch die dienten jedoch nur dem Entwurf und nicht wirklich dem Selbst. Niemand schaute da wirklich hin. Alles war verkehrt gewesen.

Wenn Susa nun auf Milan lag, schwitzend und bebend, dann weinte sie manchmal.

Mit dir will ich sein. Mit dir gefalle ich mir. Bei dir spüre ich mich. Uns gefällt mir.

Dann trommelten die Tränen an die geschlossene Tür. Und ihr Hallen rief Bilder wach. Wetterleuchten, immer wieder Wetterleuchten.

Dann fragte sich Susa, wie sich ihre Mutter und die Ärztin dabei gefühlt haben mochten, als sie sich gemeinsam berieten, was wohl das Beste für Susa sei. Als sie die Lüge um das Mölchen woben und ihr das Kind nahmen.

Ein Kind, das kann die Susa nicht. Die kann doch noch nicht einmal für sich selbst sorgen.

Ein Glück hat sie die Stelle.

Ein Glück schmeißt sie nicht hin.

Ein Glück hat sie einen Mann.

Ein Glück schmeißt der nicht hin.

Warum war sie nicht früher abgehauen? Warum hatte sie das alles zugelassen? Zuletzt die Sterilisation. Betäubt. Aufgebläht. Punktiert. Susa wollte sich nicht an diese Fragen und Momente erinnern. Die würden Asche sein ...

Dafür hast du gesorgt, Mutter. Meine Tür ist für immer geschlossen. Aber ich werde noch einmal versuchen, sie einen Spalt weit zu öffnen. Eine List. Wie bei euch damals und dem Mölchen. Dafür werde ich meine Gebete in den Schoß der Technik legen und Ja sagen und mein Versprechen halten. Dafür bete ich zu dem Technikgott – in vitro.

Milan, wach auf. Wach auf! Ich habe es mir überlegt. Ja, ich möchte es probieren. Ja, mit dir möchte ich eine Familie haben. Nun weine nicht. Sei glücklich. Alles wird gut.

Wenn die Nacht hereinbricht
und die Sterne glimmen,

lass mich deinen Gesang hören.
Wenn der Fluss rauscht
und unsere blassen Träume verhungern,
nimm mich in deine Arme,
wirble mich
durch die Nacht.

Die Hochzeit war schlicht. Ein einfaches Kleid, gerade geschnitten und eierschalenfarben. Milan im Anzug, hell. Bei beiden keine Familie. Bei Susa übernahmen Wilfried und Thomas, der Wilfried in dessen blütenweißem Anzug verliebt anschaute (und Wilfried so tat, als bemerkte er das nicht). Bei Milan ein paar befreundete Künstler und Künstlerinnen, mit denen er schon zusammen ausgestellt hatte. Susa gefiel diese Wahlverwandtschaft, obwohl sie bei beiden von der Flucht zeugte. Von der Flucht, von der Milan ihr in seltenen Momenten erzählte, so wie sie ihm von ihrer.

Er erzählte ihr, wie sein Land von einer realen in eine fiktive Welt abdriftete. Augen voller Tränen.

Multiethnisch.

Multikonfession.

Eine Vorstellung.

Eine Rekonstruktion.

Zu wenig angepasst. Denunziert und verraten. Ausgeschlossen vom Kreis. Nicht mehr dazugehörend, aber doch frei bestimmend.

Wir dürfen Ja sagen. Wir dürfen uns küssen. Wir dürfen. Wir dürfen. Wir dürfen wagen, wovon Wilfried und andere träumen.

Aber diese eine Tür war zu. Ihr Zuschlagen hallte noch nach. Da trat Schmerz auf die Haut, ließ die Knochen vibrieren.

Wir wollen es trotzdem probieren. Sieh, diese Tür ist zu öffnen. Nur einen Spalt weit. Nur ein klein wenig. Schau, dort fällt noch Licht auf den Boden. Schau, dort ist noch ein Schimmer ...

Nach der Untersuchung die Gewissheit: Die Sterilisation war nicht rückgängig zu machen.

Susa war entschlossen: Sie würden die Tür aufbrechen. Eine gläserne Chance bot sich ihnen. Amorph und metastabil – aber da, immerhin: in vitro.

Und sie scheute die Hormonspritzen nicht. Nicht während der Arbeit, der Vorbereitungen der Ausstellung, der Reisen. Sie begrüßte die Spannungsgefühle der Bauchdecke, das Heranwachsen. Diese Hoffnung. Dort reifte sie heran. Dort wurde sie entnommen. Befruchtet und wieder eingepflanzt. Musste sich nur noch einnisten. Vielleicht. Bestimmt.

2003: ein Misserfolg.

2004: wieder einer.

Vergeblich wie die Auswilderung des Schwertwals Keiko.

Dass es schmerzte und Tränen brannten.

Nur Erfolg mit der neuen Ausstellung. Umarmungen und heiße Tränen. Beiderseits. Neue Versuche. Neue Wünsche. Recherche, Hoffen und Bangen.

PID, Präimplantationsdiagnostik, war die Verheißung. Eine Methode, die in London bereits legal angewendet werden durfte und die die Chance auf das Einpflanzen von lebensfähigen Embryonen erhöhte. Die Embryonen wurden auf strukturelle Chromosomenveränderungen oder monogenetische Erbkrankheiten wie Sichelzellenanämie, Hämophilie oder Muskeldystrophie gescannt, und die Klinik bot zudem an, das Geschlecht des Kindes zu Zwecken des Familienausgleichs zu wählen.

Susa und Milan ging es um Chorea Huntington. Eine Erbkrankheit, an der seine Mutter litt. CAG. Ein paar Buchstaben zu viel.

Susa und Milan berieten sich lange.

Vielleicht haben sie die Falschen ausgewählt.

Milan, gibt es richtig oder falsch? Milan, war das nicht alles Leben? Überlege doch, was das für dich bedeutet, bedeuten wird und bedeutet hätte?

Susa, darüber hatten wir doch gesprochen.

Pablo, ich mag den Höcker auf deiner Nase. Deinen unergründlichen Blick beim Tanzen. Ich will dir nah sein, aber ich scheue die Kraft deiner Arme. Die Tiefe, in die du mich ziehst. Und zugleich hast du Angst vor mir. Bist immer wachsam. Immer auf der Hut. Darin sind wir uns verwandt. Darin finden wir zueinander. Lieben und Sterben.

Malena

(München, 1941/1943)

Bald schon gab es nichts mehr zu schlachten. Bald schon schickte die Friederike Malena immer seltener Zigaretten holen, bald schon drohten unheilvoll aufgezogene Wolken über Oskar und seiner Familie niederzugehen.

Wieder trat die Friederike vor den Spiegel. Das Kreuz der Mutter bronzen über dem Herzen. Das gelockte Haar über den Schultern. Zichorien färbten Wangen und Lippen rot. Wieder glitzerte der nachtblaue Saum über der Schwelle. Wieder verschwand sie zum Tanz. Wieder verschwand sie im Schweigen über diese Nächte.

Eure Oma kann Männer verwandeln, hatte der Tata gesagt.

An diesem Abend kam sie früher als sonst nach Hause. Sie sah anders aus. Oskar vermisste das hübsche Kreuz an ihr. Am nächsten Morgen küsste Malena ihre Wange und sang: Mein Veilchen ...

Die Friederike schob ihr das Haar hinter die Ohren und sagte ernst: Egal, wer Hand an euch legt, schlagt nicht zurück. Dann schaute sie in die Runde. Irisierendes Blau. Hört ihr?

Am nächsten Tag durften Oskar und seine Cousinen in der Pause nicht mehr in das Zimmer des Direktors.

Oskar und Malena durften von nun an in der Schule nicht mehr an ihren Plätzen sitzen. Sie mussten hinten an der Wand sitzen.

In der Nacht unter der Bettdecke erzählte Malena dem Oskar davon, wie schade der Frank das fand. Frank, der Malena jeden Schultag einen Apfel oder ein Stück Brot mitbrachte und ihr heimlich übergab. Heimlich, weil die anderen Kinder auf dem Pausenhof jeden mit Argusaugen beobachteten, der sich mit Malena, Oskar und ihren Cousinen abgab.

Einmal hatte Frank Malena einen Keks zugeschoben und war dabei ertappt worden. Die Kinderschar versammelte sich um Malena und entriss ihr das kleine bisschen. Malena verstand das nicht. Warum waren die Kinder so brutal? Warum benutzten sie solche Worte? Warum waren nicht alle wie der Frank? Und warum musste der jetzt Schläge für sie einstecken? Was sie aber am wenigsten verstand, war, dass sie Franks Keks einfach auf den Boden warfen und ihn in die Erde traten. Warum aßen sie ihn nicht einfach? Hatten sie keinen Hunger? Malena hatte immer Hunger. Ihre ganze Familie hatte Hunger.

Malena schaute auf den zertretenen Keks im Dreck.

Eins mit der Erde.

Der Erde, aus der alles kam und in die wieder alles ging.

Und nach einer endlos langen und müden Bewegung bückte sie sich und klaubte die Krümel zusammen. Die

Kinder beobachteten mit leuchtenden Augen, was sie da tat. Stießen einander an und lachten erwartungsvoll.

Der Frank stürzte nach vorn, trat den Keks in einer Staubwolke weg und wischte Malena die Krümel aus den Händen: Niemals! Niemals isst du vom Boden – hörst du?!

Malena fing an zu weinen. Die Kinder lachten.

Komm heute zur amerikanischen Schaukel, flüsterte Frank an Malenas rotem, heißem Gesicht vorbei. Er wischte ihr auch die Tränen von den Wangen.

Seitenscheitel, schwarzes Haar.

Die Kinder standen in Reih und Glied.

Schnauzer und rechte Hand.

Die Lehrer korrigierten.

Heil, heil, heil!

SIEG!

Die Lehrer dirigierten.

HEIL!

Der Schnee fiel wie die Soldaten.

Ohne Uniform kehrten der Tata und sein Bruder zurück. Das Ehrenkleid durften sie nicht mehr tragen. Jenes Kleid wurde durch das richtige Blut erworben. Im Rot drehten sich die Kreuze wie Windmühlen.

In Gips fasste sich der Abdruck der Rassenlehre.

Kristalle erhärteten und zerbrachen,

Sterne zitterten durch die Nacht.

Wem die Flügel beschnitten wurden, der flog nicht mehr weg – der ließ nur Federn.

Erst als von der Friederike ein Gipsabdruck in der Z[redacted]zentrale gemacht wurde, beriet sie sich mit ihren Söhnen Fritz und Willi. Dann mit ihren Schwiegertöchtern Elizabeth und Mamele Therese, die tief aufseufzte. Ein Pscht durschnitt den Raum.

Holt die Kinder, wir verreisen, sagte die Friederike: Kein Wort! Zu niemandem nicht!

Landschaften streiften vorbei. Aus Zischen und Dampf schälte sich die Schweizer Grenze. Die Flüchtlingsschwärme waren Sternschnuppen in der Nacht. Die Hoffnung funkelte golden.

Die Nacht in der Halle.

Der Morgen im Zug. Zurück nach München in Begleitung von Schweizer Polizisten.

Oskar schaute sein Mamele an. Ihre Haut so fahl. Sie weinte keine Tränen nicht mehr.

Irgendwann das Pochen in der Nacht.

Die Friederike, die die Tür aufmachte.

Die sagte: Aber wir sind Deutsche!

Fertig machen!

Der irisierende Blick, der versagte – genau wie ihre Worte.

Oskar schaute verwirrt auf das Durcheinander.

Oma, dein Schmuck, sagte Malena und legte ihr eine schwere Kette um.

Nur das Nötigste, wiederholte das Mamele die Worte der uniformierten Männer und folgte Malena in das verbotene Zimmer.

Oma, dein Umhang.

Wieder laute Stimmen.

Tante Elizabeth, die die Schulsachen packen will.

Nur das Nötigste!

Gebrüll: Dort gibt es alles, was ihr braucht!

Die Friederike wiederholte nicht noch einmal: Aber wir sind Deutsche.

Sie antwortete nicht auf Malenas Frage vor dem Lastwagen: Warum werden wir weggebracht?

Sie reagierte nicht auf Malenas Tränen, ihr Jammern: Ich möchte mich aber vom Frank verabschieden!

Die Plane fiel. Dunkelheit. Fragen. Gewimmer und Unruhe in der Stille der Dorfnacht. Die Plane wurde gehoben, der Samtumhang glitzerte. Neue Personen traten ein, wurden gehoben oder geworfen. Knochen brachen. Stimmen auch. Plane rauf, Menschen rein, Plane runter. Fahrt. Plane rauf. Plane runter. Plane rauf. Plane runter. Rauf, runter. Rauf und runter.

Die Gittertüren des Polizeipräsidiums schlossen sich. Sammelzellen. Familien zusammengedrängt. Ein Wurzelgeflecht der Stammbäume. Elizabeths Mutter war auch da.

Kinderstimmen fragen: Warum sind wir hier?

Weil wir Sinti sind.

Weil wir Roma sind.

Und Malena flüsterte in Friederikes Umhang hinein: Aber wir sind Deutsche.

Fünf Tage vergingen im Präsidium. Fünf Tage, in denen die Friederike kaum mehr etwas sagte. In denen

Tante Elizabeths Mutter mit der Käthe betete. In denen das Mamele Malenas und Oskars Hände nicht losließ. Ihnen ab und zu eine Feige zuschob, sie streichelte.

Habt keine Angst nicht. Wir bleiben zusammen.

Mitten in der Nacht Gebrüll: Fertig machen! Zum Bahnhof! Alle hoch!

Plane rauf.

Plane runter.

Plane rauf.

Waggons ohne Sitze und Fenster.

Schneller! Schneller!

Im Gebrüll füllten sich die Waggons. Schiebetüren knallten.

Ein Ruck ins Ungewisse.

Die Enge. Die müden Beine. Die dünne Luft.

Die Kopfschmerzen. Hitze, Wimmern.

Weinen aus Angst, Weinen aus Scham.

Zusammengepfercht im Viehwaggon. Kein Platz zum Liegen. Kaum Platz zum Atmen. Unrat zu den Füßen. Der Matsch, zu dem alles wurde.

Erschöpfung.

Gestank.

Fäule.

Dort lag bereits der Tod.

Pablo, welche Mauern errichten wir? Im Inneren wie im Äußeren. Davor und danach. Was lässt uns hinüberschreiten? Fern jeglicher Wahrnehmung, die dieses Dasein trübt. Uns einbettet in ein Gefäß aus Fleisch und Knochen. Was lässt uns hinüberschreiten? Wann fließt uns das Fleisch von den Knochen und lässt Sprache zurück? Lässt zurück, was einst in den Lehm unserer Körper geschrieben wurde. Wird das bleiben? Wird das real sein? War es das?

Una

(London, 2004)

Der gesamte Tag erwuchs aus einem kristallklaren Morgen. Die Gedanken waren genauso klar wie die Gespräche mit den Patienten und Patientinnen. Das Verschreiben von Medikamenten, die Absprache mit dem Pflegepersonal, das Erfassen und Ablegen der Daten, sogar die Gespräche am Mittagstisch und der Small Talk kurz vor Feierabend waren feine Linien zum Abtasten, Verweilen oder Weiterziehen. Weiterziehen.

Una starrte die rosa Wand des Londoner Spitals an. Da war doch was ... Sie war wach. Hellwach. Anders als sonst. Genauso präzise, aber ihre Wahrnehmung hatte sich verändert. Jedem Gedanken spürte sie nach. Kostete ihn aus. Ja, jeder Gedanke war beinahe physisch in seiner Präsenz. Kein Prickeln, kein Wetzen – mehr ein Abdruck im Gesicht und im Körper, ja, so, wie man ihn hatte, wenn man sich kurz zwanzig Minuten der Erschöpfung hingab, und dieses süße Nachgeben der Müdigkeit sich noch lange später auf der Haut ablesen ließ, obschon man wieder wach war, wieder mitten im Alltag. Und dann waren da die Worte. Ja, hatte sie diese jemals schon so gesprochen? Jedes Wort war ein Nachfahren der Lippen. Satt und sanft.

Hatte sie gestern genauso gesprochen? So neu, so

frisch und aufpoliert? Mit diesen Lippen? Ja, war dort nicht etwas gewesen? Dort, in dieser Bar, deren Luft dick von Biergeruch und Männerschweiß gewesen war, in der über erhobenen Köpfen und Biergläsern das Spiel von England gegen Portugal über den Bildschirm flimmerte?

Nationalmannschaften hatte Una nie etwas abgewinnen können, auch nicht den Ballpatrioten, dem ganzen Gewese um diesen hohlen Sport, der das Blut aus der einstigen Gladiatorenarena in die pochenden Herzen und Köpfe der Fans verbannte und es dort zu einem seltsamen Zugehörigkeitsgefühl verkochte. Dieser seltsame Zusammenhalt hatte immer schon befremdlich auf sie gewirkt.

Und trotzdem war es an diesem Tag anders. Heute hatte sie Heimweh und sich der Gruppe angeschlossen. Obwohl sie sich lieber dem Geburtstagsfoto auf ihrem Nokia angeschlossen hätte. Dem Geburtstagsfoto, das die pixeligen Gestalten von Pavel, Siegried und dem Onkel zeigte. Allesamt standen sie vor einem Pixelkuchen mit Pixelkerzen und zeigten ein Pixellächeln. Wie gerne hätte sich Una gleich einem Tetrisstein neben ihnen eingefügt.

Bald zwei Jahre war sie nun schon in London.

Die vier Semester vorklinische Arbeit in Deutschland hatten für Una kein Problem dargestellt. Sie merkte sich Begriffe und Zusammenhänge mit Leichtigkeit, blieb konzentriert, und dank Pavels gebrannten CDs funktionierte auch das nächtliche Lernen ohne Einnahme von Ritalin. Der Onkel sorgte dafür, dass Una genug aß, auch wenn die Siegried mahnte, dass Kuchen kein Grundnahrungsmittel sei.

Da parierte er: Dosenobst auch nicht!

Er behauptete, es sei kein Wunder, dass die Siegried keinen Mann gefunden habe. Sie könne ja nicht einmal kochen und nutze den Umluftofen nur zum Aufwärmen von Fäustlingen und zum Aufbacken von Tiefkühlpizzen, und selbst das beherrsche sie nicht. Immer erst vorheizen auf zweihundert Grad, das sei das Wichtigste, sonst gehe der Teig nicht auf und werde nicht fluffig knusprig. Aber die Siegried esse ja sowieso alles am liebsten verbrannt, selbst den Toast zum Frühstück – wahrscheinlich sei das ihrer Liebe zum Glimmstängel geschuldet. Das behauptete er zwar, aber es blieb nur bloße Vermutung.

Ominös wurde es mit der Anschaffung dieser Mikrowelle. Nur unter Vorbehalt aß der Onkel von den pingenden, dampfenden Speisen. Aber die Siegried liebte es einfach, Spielzeuge mitzubringen und ihn damit zu nerven. So nannte er alles Neue, was sie anschleppte: Spielzeuge. Den Computer der Siegried schaute er niemals an. Lief der Computer, blieb der Onkel immer wie ein herrenloser Gegenstand im Raum stehen und redete erst, wenn Siegried aufgehört hatte, Fernsehen zu spielen, ja, so nannte er das.

Auch das Nokia 7650 war so ein nerviges Spielzeug, obschon er eingewilligt hatte, der Una einen Zwilling davon zu schenken.

Das sagte er jedenfalls laut: Das ist auch von mir!

Und die Siegried erklärte: Da ist eine Kamera eingebaut, da kannst du oben Fotos schießen.

Damit meinte sie das Oben, von dem Una nach der Hospitation zufrieden zurückgekehrt war und über das sie nun allen erzählte: wie wohl sie sich unter den Pflegern und Pflegerinnen in London gefühlt habe, dass die Oberärztin viel über die Leistungen ihrer Mitarbeiter und Mitarbeiterinnen gesprochen habe, ohne sich selbst in den Vordergrund zu drücken.

Da wetterte der Onkel: Also nicht wie diese Dozentin, die sich so gerne hat selber reden hören.

Worauf die Siegrid sagte: Dann musst du gehen.

Und das Ja des Onkels waberte genauso asthmatisch über den Tisch wie die Rauchschwaden im Schirm der Küchenlampe.

Für London legten Siegried und Onkel zusammen und der Onkel letztlich seinen Argwohn gegenüber dem Nokia ab. Ja, jeden Tag wollte er wissen, wie es seiner Una ergangen war.

Und es half. Sehr.

Auch wenn die ersten Monate des Praxisjahrs kaum Gedanken und Gefühle zuließen, die nicht den Krankenhausalltag betrafen. Sich die ganzen theoretisch erlernten Molekülstrukturen, Mechanismen und Medikamente plötzlich zu Patientinnen oder Patienten zusammenschlossen, die in einem Bett saßen, mit schlagenden Herzen, echten Emotionen und Ängsten. Der restliche Alltag war ein Origami aus Papier, Aktenführung und dem Austausch mit dem Pflegepersonal. Und dann kam irgendwann, aber immer häufiger, nach all der Mühe und Erschöpfung, dem Aufschreiben und Dokumentieren, dieser wunderbare Moment, wenn es der behandelten Person tatsächlich besser ging.

Una war nicht mehr unruhig, wenn sie ein Medikament verordnete und die Pflegefachperson dieses dann auch tatsächlich verabreichte, sich der Blutdruck des Patienten erhöhte oder senkte. Sie hatte sich die verlorenen Kilos der ersten Praxismonate wieder draufgefuttert, ihr Alltag bewegte sich wunderbar routiniert. Sie hatte wieder zur Ruhe gefunden und war ganz bei sich. Hatte Zeit. Zeit für sich. Zeit für Heimweh.

Ein Owen schoss ein Tor, und es folgten die Jubelarien der Kolleginnen und Kollegen. Siegessicher fielen sie sich in die Arme. Auch Una wurde angestupst und umarmt, auch sie sollte eine Flagge auf der Wange tragen. Und sie ließ es zu.

Rotes Kreuz auf weißer Flagge.

Eckbälle und Fernschüsse – kein taktisches Geplänkel.

Three Lions. Beinbruch.

Vassel für Rooney.

Fernschüsse, Fernschüsse.

Englische Defensive.

Flanke Simao, Kopfball Helder Postiga: 1:1.

Achtzehn Meter vor dem Tor, Rui Costa: 2:1.

Beckham-Ecke, Terry-Kopfball – Frank Lampard im freien Fall: 2:2.

Una konnte es nicht leugnen, auch ihren Körper

hatte das Balldrama ergriffen. Das Bier schwappte und schäumte, und das Heimweh verlor sich in Wogen und Ausrufen. Verbrüdern und Verschwestern mit rotweißen Wangen.

Elfmeterschießen.

Beckham schoss den Ball in den Nachthimmel.

Rui Costa vergab seine Chance.

Ricardo hielt ohne Handschuhe Vassells Ball und versenkte seinen eigenen Elfmeter schließlich im Netz der Engländer.

Geplärr, Ausrufe, Tränen.

Auch eine halbe Stunde später saß der Stationsarzt noch auf dem grünen Leder des Barhockers und vergoss dicke Tränen neben seinem halb leeren Bierglas. Die Kollegen trösteten den Familienvater, einen gestandenen Mann von sechsundvierzig Jahren, Besitzer eines Einfamilienhauses in Greenwich und Vater zweier Kinder, der immer wieder aufheulte, und brachten ihn schließlich nach draußen. Das Taxi wartete bereits.

Una, willst du wirklich nicht mitkommen?

Nein.

Una blieb.

Sie hatte die aufsteigenden Bläschen im Bier beobachtet und die Barfliegen schwirren lassen. Deren Aufregung galt dem Schiedsrichter Urs Meier, der das Tor durch Sol Campbell in der neunundachtzigsten Spielminute nicht anerkannt hatte. Sie spien und redeten, zu sich und zu der niedrigen Decke hinauf.

Die ungestüme Aufregung ebbte erst ab, als eine kleine Gruppe junger Männer sich einen Schlagabtausch in Worten leistete – irgendwo zwischen Battle-Rap und Poetry Slam. Una staunte und horchte. Wie Lyrik und Wortwitz gleich dem Bier über die Tischplatten schwappten. Es ging um Fußball, aber auch um Grenzen. Wo fingen diese an?

Was ist ein Volk und dessen Kultur?

Sprechen deine Gene englisch?

Brühen sie Tee auf? Den Tee aus Indien, aus den Kolonien. Wurde hier Kultur, wurde da Kultur, war aber dort Kultur und ist es auch heut noch. Opium fürs Hirn. Die Doppelhelix von Natur und Kultur – und überhaupt!

Würden wir auch den Frauen zuschauen?

Oder nur den Spielern, diesen Soldaten? Wo sind die Soldatinnen? Wo fangen diese an? Wo liegt die Kluft? In welchen Mustern und Farben? Größen und Breiten?

Lachen. Feixen. Die Barfliegen rissen die Mäuler auf. Schlechte Zähne, faule, und Lücken, aber der Zeigefinger fiel wieder in den Schoß. Kein Deckenblitz des Zeus oder anderes Himmelslicht. Alle Argumente zerbröselten noch vor dem Sprung über die Zunge.

Vor dessen Augen, vor dessen Worten. Kurz geschorenes Haar, T-Shirt und Wortsaltos. Der Mund mit charismatischen Winkeln versehen, das Gereime so gekonnt, so treffsicher zugespitzt, wortwitzig, wahnwitzig und doch so überzeugend. Dieser junge Mann rappte über den Tisch und pflanzte seine Meinung in die Bar. Immer rein mit der verbalen Spitzhacke, im aufgelockerten Boden wuchs es besser. Ja, seine Worte spalteten, seine Worte hallten und einten die Ja-Sager und die Nein-Sager in ihrer Bewunderung.

Laute Lacher mit schlechten Zähnen. Der Goodwill der Barfliegen. Der Junge war gut, war man sich einig, und hob die Gläser. Auch in Unas Richtung.

Diese schaute aber nicht hin. Ja, sie schaute nur mit diesen Augen, mit denen sie auch morgen schauen würde. So klar, so deutlich. Immer noch in diese Augen. Die seinigen. Die hiesigen. Morgen die gestrigen. Gerade die jetzigen.

Una blieb.

Auch er.

Blickkontakt, ein Lächeln beim Bierholen an der Bar und große Augen über den schwirrenden Wortfetzen der Barfliegen. Blickkontakt beim Nippen. Blickkontakt.

Alles änderte sich, als sie in die Bar kamen. Die aufgerissene Holztür, das Hineinplatzen wie Sonnenlicht.

Das Schweigen der Barfliegen. Deren Drehung und Glotzen. Dieses Mal ohne fauliges Lob. Ohne lobende Lücken. Nur leises Summen. Krabbeln und Putzen. Und das Thema schien gefunden, die Worte wurden gerichtet.

Das dort sind Männer in Kleidern. Und dann noch schön anzusehen.

Das ist es ja. Leider. Das ist es.

Da taten sich Lücken auf. Zwischen fauligen Zähnen. Da tat sich alles auf. Nur Flirren und Summen. Nur Vernuren und Verabern. Nur. Aber.

Der Wortakrobat wieder in Unas Sichtfeld. Im Begriff, sie anzusprechen. Im Begriff und doch wartend.

Nur worauf? Dass das Schwirren der Barfliegen von ihr abließ? Deren Ausschweifen und Kreisen?

Ihr solltet mit ihnen sprechen, sagte Una schließlich und erhob sich vom Hocker.

Ein Schritt zu ihm hin. Auch der nächste noch.

Ich heiße Una. Und du?

Unas Blick lag immer noch auf der rosa Wand. Ihr Finger immer noch auf ihrem Mund. Dem Mund, der diese Worte geformt hatte. Dem Mund, der ihn geküsst hatte.

Zum ersten Mal hatte sie vergessen, dem Onkel noch vor dem Abend zu antworten.

5

Pablo, jetzt sehe ich deinen Körper, beinahe nackt. Nur wenige Buchstaben trägt er. Wie wunderschön.

Susa

(New York, 2008)

Susa stand im Ausstellungsraum Kupfer (Copper) der New Yorker Marian Goodman Gallery. Ihre raumgreifende Installation eines kubisch flächenzentrierten Gitters, die den Namen *face centered cubic* trug, wurde nicht mehr von Herero-Gesängen und -Klängen beschallt, die Stimmen schwiegen, aber die bunten und eingeätzten Fragen klangen nach.

Gibt es Versöhnung? Deren Möglichkeit nach all den Verbrechen? Wie sieht Wiedergutmachung aus? Was bietet Trost? Was ist unwiederbringlich verloren?

Bilder von Frauen in bunten Trachten. Verschwommen, sich auflösend, sich in wirren Linien und der abgetragenen Farbe verlierend. Hörner ragten aus pseudomorphischen Kupferstücken – weggelöst, ausgehöhlt, wieder aufgefüllt – vor einer riesigen Leinwand, die ein tristes Wüstenbild zeigte. Farblos.

Einmalig (*unrepeatable*) hieß die Ausstellung, für die Susa und Wilfried erstmals mit Aktivistinnen und Aktivisten zusammengearbeitet hatten. Sie hatten diese von eigenen Erfahrungen berichten, Lieder, Bildmaterial und Interviews zusammenstellen lassen, die nun auf großen Leinwänden abgespielt wurden. Betroffene kamen zu Wort, sangen und klagten, und die

New York Times würde am nächsten Morgen schreiben: *Art that speaks*.

mineralien klagen
lautlos
wir sind staub

die körper klagen
lauthaft
aus staub erheben wir uns

brechen und splittern
zu staub wird alles wieder werden
staub sind wir

Trotz PID hatte Susa sie verloren.

Der erste Trubel war vorbei. Die Interviews, der Apéro mit den geladenen Gästen. Wilfried und Thomas waren bereits ins Restaurant vorgegangen. Mit ihnen die gesamte Crew. Auch Milan.

Der Applaus, die ganze Aufregung durchdrang noch Susas Körper. Hallte nach. Stieß an. Setzte in Bewegung. Ein heftiges Zittern. Epigenetik. Zelluläre Erinnerung. PTBS.

Der Putzmann schob den Eimer in den nächsten Raum und grüßte.

Wetterleuchten.

Angst machte sich in Susa breit, bis das Zittern sie

ausfüllte. Ein Zittern wie nach Applaus. Sie saß immer noch zittrig in ihrem Wagen. Immer noch zittrig, also noch lebendig. Irgendwie. Irgendwie das alles. Vollgepumpt, nicht aufgepumpt. Mit Adrenalin, nicht mit Luft – aber das Ergebnis war dasselbe. Sie tastete nach dem Türgriff. Plötzlich stand sie auf dem Pannenstreifen. Das Handy am Ohr.

Ein Unfall, ich denke es gibt Verletzte. Wo? Auf der Autobahn. Ja, ich denke, es gibt Verletzte. Vielleicht sind sie tot, dann müssen sie trotzdem kommen. Aufräumen. Ja, auf der Autobahn. Ja, ich denke, es gibt Tote. Ich denke, sie sind tot. Ja, sie sind tot.

Ein Lkw war ausgeschert aus der Kolonne. War ihr frontal entgegengekommen. Aber sie hatte reagiert. Rechtzeitig und doch zu spät. Hatte das Lenkrad rumgerissen, neuer Kurs, die Bremse getreten, sodass das Hupen des Lkw dröhnend an ihr vorübergezogen war und sie nicht unter den Tonnen aus Metall, Kunststoff und Glas zerquetscht wurde.

War längst vorbei. Vorübergezogen.

Aber sie stand auf dem Pannenstreifen.

Nein, es hat keine Kollision gegeben. Nein, nein. Aber verstehen Sie denn nicht? Sie sind tot.

Wetterleuchten.

Susa zitterte. Sie ging durch den Raum mit den Interviews von Herero-Aktivistinnen und -Aktivisten. Völkermord verjährt nicht. Es geht um Respekt, waren Sätze, die unter den Kopfhörern ins Ohr traten. Anschließend die nächste Installation – gläsern, spiegelnd.

Der Mensch als Festkörper wie ein Kristall, der sich periodisch in allen drei Raumrichtungen aufbaut. Sich in bestimmten Abständen wiederholt, unendlich. Ein festes, wiederkehrendes Muster, eine definierte geometrische Struktur, die seine typischen Eigenschaften bestimmen.

Translationssymmetrie.

Translationsvektor.

Deckungsgleiche geometrische Figur.

Klassifizierung nach Symmetrie.

Spiegelebene.

Symmetrie-Operation.

Die Ausprägung im Kleinsten nimmt Einfluss auf die Form im Großen, hatte Susa ihre Idee beschrieben. Nicht nur Strukturen werden vorgegeben, sondern auch die Eigenschaften. Denk an Kohlenstoff: Der kommt als Graphit und als Diamant vor – die grundverschieden sind. Diamant ist das härteste Material, das wir kennen. Graphit nicht. Graphit ist in Schichten aufgebaut, weich und brüchig. Beim Diamanten aber sind alle Atome miteinander verbunden.

Und Wilfried hatte es begeistert für seine Ausstellungstexte notiert – ein paar Wochen nachdem sie sie verloren hatte. Ein paar Wochen bevor sie Milan gesagt hatte, sie wolle es nicht noch einmal versuchen. Nicht mehr, nachdem der Schreck sie ihr genommen hatte. Die zwei von vieren, die bei der PID als gesund erachtet worden waren. Die keine Buchstaben zu viel oder zu wenig besessen hatten. CAG. In-vitro-Fertilisation. Die erfolgreich eingepflanzt worden waren. In London.

Die anderen zwei waren entsorgt worden. In London. Und dennoch nahm ihr der Schreck die gesunden. Nahe London.

Es war ihr erster Streit gewesen. In London. Nur kurz, aber da.

Du hättest nicht arbeiten sollen! Warum hast du dir keine Ruhe gegönnt?!

Ich kann mir keine Ruhe gönnen, das kann ich nicht! Sonst dreh ich durch! Die Fragen sind da. Immer. Die drehen sich in mir zu nervösem Schwindel. Soll ich denn den Verstand verlieren?

Natürlich nicht. Gar nichts sollst du verlieren. Gar nichts! Susa, traurig bin ich. Susa, alles tut mir weh!

Ja, mir auch. Mir auch.

Gott, Susa!

Vorbei an zwei großen gesichtslosen Lamassu-Figuren, die seit *Berlin schreibt sich Babylon* zu Susas Markenzeichen geworden waren, betrat sie den letzten Raum. Zwei Meter hohe Skulpturen aus langen bunten Ketten und verflochtenen Netzen, allesamt aus recyceltem Kunststoff gefertigt, standen hier. Anmutig, in stillen Wellen erstarrt.

ICH BEWEGE MICH – WIR WERDEN EINS SEIN stand in Versalien an der Wand, und an jedem Exponat warfen Projektoren die Anzahl der Jahre auf den Boden oder an die Decke, bis sich alles wieder miteinander vermischt haben würde. Der Raum hinterfragte in seiner Wirkkraft nicht nur das Anthropozän, sondern auch, was künstlich war und was nicht.

Wie sublimiert sich Natur zu Kultur?

Ab wann wirkt Kultur natürlich, ursprünglich?

Wird wiederum bedroht durch das Künstliche?

Vergisst ihre Bewegung und klammert sich an einen Ursprung, dessen Durchmischung sie einst hervorbrachte. Mimesis.

Wann wird letztlich alles wieder eins sein? Natürlich.

An den Wänden begleiteten düster gehaltene Ölgemälde die Plastikexponate. Dick aufgetragene Grautöne bargen reliefartig ganz alltägliche Dinge – eine Zahnbürste, eine CD, eine Wäscheklammer, einen Kugelschreiber –, für deren Herstellung Rohöl gebraucht wurde. Die Übermalung verwischte deren Konturen, entriss sie der Zeit und konservierte sie in der Farbe.

Langsam kam Susa zur Ruhe. Das Zittern ebbte ab. Ihr Herzschlag regulierte sich. Sie wusste, dass man sie erwartete. Sie wusste, dass Milan noch da war.

Sie dachte mit einem seltsamen Gefühl an das Gemälde von ihm, an dem sie arbeitete. Er sitzend. Der Rücken halb entkleidet, der Blick abgewandt, ein Gefühl umsäumt von Wetterleuchten. Zwischen geschlossenen Türen.

Der Jubel im Restaurant empfing sie blitzend. Das Lächeln nicht mehr ganz so offen, nicht mehr ganz so frei. Zügig setzte sie sich zwischen Milan und Wilfried. Gab beiden einen raschen Kuss.

Bei Wilfried fügte sie hinzu: Worauf wartest du denn noch?, und schaute zu Thomas hinüber, bevor sie ihr Glas hob.

Pablo, ist das Militär organisierte Gewalt? Ist es eine Institution, die den Menschen zur Sache macht? – Lass mich dir sagen: Fremd und verdreht stehen sie da, die Soldaten. Ihrer Wesenszüge entfremdet, das Gewehr geschultert, die Hand bereit; bereit, sich auszustrecken, den Abzug zu drücken, bereit zu vollstrecken, für die Hingabe zum Führer – zum Volk und seinen Mythen.

Gefährliche Worte.

Malena

(Auschwitz, 1943)

Vier Tage dauerte die Deportation von Oskar und seiner Familie nach Auschwitz.

Das Mamele hielt seine und Malenas Hand. Nicht umfallen nicht, nicht wegknicken, nicht in die stickige Hitze hinein, den Gestank, den Unrat auf dem Boden, den kriechenden Tod. Wer fiel, der blieb liegen. Wurde zu Boden, zu Brettern. Glitschig. Nass. Bitterer Geschmack auf Zunge und Lunge.

Die Tante, die wimmerte. Die Friederike, die schwieg.

Haltet die Kinder fest. – Hebt sie zum Wasser dort unter den Ritzen. – Holt tief Luft! – Malena, sing ein Lied für uns. – Malena, hör nicht auf, sagt das Mamele Therese. Käthe, stütze deine Großmutter.

Brot, das schimmelte.

Wimmern, das verstummte.

Komm, Malena, sing für uns. Hör nicht auf!

Das Gebell der Hunde ließ Oskar zusammenschrecken und zu sich kommen; in diesem Durcheinander von Schreien, Weinen und Gebrüll auf der Rampe des Bahnhofs. Nicht mehr in dem Viehwaggon mit Kälte, Hunger und Durst; das alles löschte das Licht der Scheinwerfer aus, wurde von den SS-Männern aus dem Körper gebrüllt. Der erste Schuss ließ die Stimmen fliehen, der zweite sie verstummen. Keine Stimmen, nur noch Tränen.

Malena sang nicht mehr. Oskar hielt ihre Hand immer noch fest in seiner.

Aufreihen! Immer fünf zusammen. Abmarsch! In Fünferreihen – ihr sollt euch aufreihen!, brüllte ein SS-Mann, auf dessen Mütze das Scheinwerferlicht reflektiert wurde.

Ein Totenkopf. Die blitzten über den Köpfen der SS-Männer wie die Flügel von Totengräbern.

Oskar fasste Malenas Hand noch fester. Die war immer noch ganz still, genau wie die Friederike, die in den dunklen Wald vor sich starrte, neben ihr das Wimmern einer Nachbarin.

Das Mamele sagte: Wir lassen uns nicht los, hört ihr? Niemand wird losgelassen nicht!

Hinter ihnen ging die Käthe mit ihren Schwestern Marina und Feli, ihrer Mutter Elizabeth und Großmutter, vor ihnen liefen der Tata und Onkel Willi zusammen mit drei anderen Männern, die Sterne trugen. Der eine stürzte und stand nicht gleich auf. Schon droschen die Gewehrkolben der Totengräber auf ihn ein.

Weitergehen. Nicht stehen bleiben. Schneller! Wird's bald!

Durch den Wald hinauf, dem Licht entgegen.

Die Alten stürzten, die Jungen, die Schwachen. Schläge. Wer nicht sofort wieder hochkam, der wurde geprügelt. Der wurde erschossen.

Schiebetüren zur Nacht. Alles raus.

Schneller. Schneller!
Aufschließen, schneller, schneller.
Grelle Sonnen in der Nacht.
Das Heulen des Windes.
Das Wimmern der Wolken.
Der Wind trieb sie voran.
Der Wind wehte sie fort.
Schüsse im Dunkeln.
Schreie.
Die Kolben im Genick.
Jetzt nicht müde werden. Immer weitergehen.
Schneller, schneller, aufschließen!
Die Sonnen in der Nacht. Unser Morgenstern.
Rote Backsteine.
Geschmiedeter Hohn.
Minus achtzehn Grad.
Das Feuer der Nacht.

Die Friederike sprach auch in der Baracke kein Wort, in die sie nach dem langen Nachtmarsch vom Bahnhof ins Lager Auschwitz-Birkenau gebracht wurden. Manchmal zuckte sie zusammen, wenn dieser Mann in gestreifter Kleidung rumbrüllte und die Türen aufriss, sodass die Kälte noch tiefer in die Haut schnitt. Dann starrte sie einfach weiter. Starrte in den Raum. Manchmal unverwandt auf einen der Sterne und dann wieder durch die Bretterverschläge hindurch.

Malena machte das Angst.

Oma, sagte sie durch das Weinen und Wimmern der

Tante und Cousinen, die Gebete von deren Großmutter hindurch, Oma, komm – du erfrierst uns noch!

Aber die Friederike verharrte aufrecht, die ganze Nacht. So lange, bis das Barackentor wieder aufgerissen wurde, das Gebrüll sie von den Sternen trennte.

Hier entlang! Schneller! Dort lang. Alle! Los!

Zwischen Stacheldrahtzäunen hindurch, durch ein Stacheldrahttor, noch eines. Gehen, immerzu gehen.

Oskar drehte Malenas Gesicht von den Leichen weg. Sieh nicht hin, was dort neben den Baracken liegt!

Seht nicht hin!, wiederholte das Mamele.

Und die Friederike schwieg. Der Saum ihres Umhangs funkelte kaum noch vor Dreck.

Funkelte kaum noch, als ein Häftling in einer Baracke Friederikes Daten erfassen wollte und sie flüsternd bat, doch endlich zu sprechen; Malena den Umhangstoff zu einem wirschen Knäuel verdrehte und hilflos die Augen des Mamele suchte, bis diese dem Häftling eilig alles diktierte. Er mit Tinte eine vierstellige Zahl zittrig unter Friederikes Haut am Unterarm stach, hinter einem Z.

Sie sagte nichts, als man ihr den Oberkörper frei machte, sie angeblich gegen Fleckenfieber impfte.

Sagte nichts, als ihre schwarzen Locken zu Boden fielen und es die Malena vor Schluchzen schüttelte.

Schwieg, als das Mamele Malena kusselte und meinte: Nicht weinen, Haare wachsen nach, nicht weinen nicht.

Sie schwieg beim Nackt-Duschen. Dem Einstäuben der Scham, des Kopfes. Alles im weißen Nebel.

Entlausung. Entlausung. Entlausung.

Vernichtet das Ungeziefer!

Der Samtumhang zerknautscht zwischen den Kleidern der vielen.

Sie selbst zerknautscht unter vielen.

Da stolperte die Friederike. Da stürzte sie beinahe.

Aber der Oskar stützte sie, ohne Malena aus den Augen zu lassen. Die rannte zu denen, die die neuen Kleider verteilten. Zog sich ganz schnell wieder an.

Sie ertrug das Nacktsein von allen am wenigsten.

Bin ich ein Traum, oder träume ich? Mein Wasserballett ist ein verdrehter Tanz, gleich dem der Doppelhelix. Fürchte dich nicht angesichts meines Schauderns. Komm näher. Berühre mich. Nimm ab von mir die Schwere und die Trauer. Zieh mich zu dir. Lass uns uns drehen. Dort waren einst Finger, sind jetzt Federn, sollen wieder Finger sein. Greife mich. Lass uns schwirren. Lass uns tanzen. Die Dualität duelliert sich in unseren Augen. Unser Licht krönt die Iris. Mein Herz schlägt noch. Lass verweilen, nur ein wenig. Mein Liebling. Mein Pablo.

Una

(Berlin, 2008)

Una sah auf das kleine Gesicht, das vor ein paar Minuten noch feuerrot gewesen war. Lediglich ein schwacher rötlicher Punkt, gleich einem Horn, verwies noch auf die Wut, die diesen kleinen Körper durchdrungen hatte. Wut vor Hunger, Wut vor Durst. Vor Müdigkeit, vor der Scheiße, dem ganzen Dasein. Immer diese Wut. Und immer kam es Una so vor, als gälte sie ihr, diese Wut.

Ertappt habe ich dich, schien das Gesicht zu klagen – mit dieser Kerbe auf der Stirn, mehr Delle als Falte, bevor das kleine Wesen wütend schrie. Du hast mich hierhergebracht. Du hast mir Leben und Licht eingeflößt. Du hast mich nicht gefragt. Du kannst mir nicht helfen. Du kannst dich nicht besser fühlen. Nicht wegen mir. Du kannst mir nicht helfen.

Und trotzdem schlief es jetzt. Ruhig und gesund. Ja. Es war gesund. Ihr Kind war gesund.

Dass sie schwanger wurde, hatte sie dann doch erstaunt – trotz ihrer Absicht. Und sie hatte das Wunder befühlt, das in ihr heranwuchs. Denn das war es – ein Wunder.

Und Paul blieb, aber sie wollte nicht mehr studieren.

Die Stimme des Onkels rau vor Erschöpfung, die der

Siegrid müde vor Enttäuschung: Ein Kind ist nicht das Ende. Wir packen das.

Darum geht es aber nicht. Ich will keine Ärztin mehr sein. Ich will nicht mehr helfen. Ich kann nicht mehr.

Und das Wunder wurde immer größer. Ernährte sich von ihr. Ein Wunder. Ihr Wunder.

Paul, der blieb.

Die Oberärztin, die die Miene verzog. Ein Kind ist nicht das Ende. Und wenn du unglücklich bist, gibt es Mittel. Es gibt einen Weg.

Ich weiß.

Paul, der ihr die Füße massierte, auch für sie kochte. Vor seinen Auftritten. Nach seinen Auftritten. Wunderbarer Paul. Spoken-Word-Künstler Paul. Liebhaber Paul. Papa Paul.

Der, den sie liebte. Den sie deshalb vermisste.

Una schob den Vorhang zurück. Ein Schatten fiel auf das jetzt so friedliche Gesicht.

Sie muss viel von ihm haben, hatte die Siegrid eines Abends gesagt und war verliebt durch den roten Flaum des Kinderkopfes gefahren.

Una wieder zurück in Deutschland. Wieder beim Onkel. Der Stube mit dem Familienfoto. Wieder im alten Zimmer. Der Onkel, der den Bettwagen aufstellte; die Siegried mit der Schaltuhr für die Lichterkette. Der Pavel, der strich und malte.

Der Regenbogen gefiel Una sehr. Auch, dass die Sonne weinte.

Ja, so entstehen Regenbögen. Aber gerade weinst

du nicht. Gerade bist du sicher und schläfst. Du Wunder. Mein ... nein, dein Wunder. Du Wunder. Wirst du mich Mutter nennen? Wunder.

Und was willst du jetzt tun?, hatte Pavel einmal am Abendbrottisch die Frage gestellt, die sich niemand zu fragen getraute.

Es stillen.

Dabei wurde das Wunder immer besonders wütend, und die Siegried fürchtete das Geschrei.

Aber dieses Mal griff sie Unas Hand und sagte: Egal, was du tust, wir unterstützen dich. Das weißt du, ja?

Und Una hatte genickt, sich erhoben und es zu sich genommen. Sogleich fing es an, wie am Spieß zu schreien. Es wollte einfach nicht an der geschwollenen Brustwarze trinken.

Bald pumpte Una ab. Ihre Milch in Fläschchen. Den Schnulleraufsatz darauf nahm es. Begierig öffnete es den Mund für die künstliche Brustwarze. Zutschte und saugte und schaute dabei süchtig in die Leere. Una zeigte keine Tränen.

Auch nicht, wenn Pavel nach *ihm* fragte und Onkel und Siegrid aufhorchten.

Es war meine Entscheidung. Wir lieben uns. Paul soll weiter auftreten. Er soll frei sein. Er soll sich nicht um eine Entscheidung kümmern, die nicht seine war. Aber es braucht eine Familie. Es braucht euch!

Und wir sind da, erwiderte der Onkel, dessen Hände, die in den Backhandschuhen ruhten, in ihrer Bewegung innehielten.

Und Pavel schaute.

Und die Siegried schaute. Liebst du ihn noch?

Immer!

Seltsam. Früher konnte sie das Foto, das sie mit ihrer Mutter, ihrem Vater, Opa und ihrem älteren Bruder zeigte, kaum ansehen, nicht, ohne die Ratschläge dieser Ärztin zu befolgen. Das Zählen, das Atmen. Nicht, ohne zu weinen.

Genau, wie wir dieses Gerät in einen ausgeglichenen Zustand zurückversetzen können, können wir das auch mit unserem Kopf tun, hatte diese Ärztin gesagt und Una ihren Walkman zurückgegeben, dessen Reset-Knöpfe sie gedrückt hatte.

Vor Kurzem hatte Una das Foto zum ersten Mal aus dem Rahmen genommen und geschaut, was auf der Rückseite geschrieben stand: eine Notiz für den eigenen Bruder vielleicht, der die eigene Familie nie besuchte, der nur Geld schickte, worüber sich ihr Vater immer maßlos aufgeregt und es postwendend zurückgesendet hatte. Das hatte sie zu wissen geglaubt – aber offenkundig hatte sie es nur an die Leerstelle gestellt, die die Dinge zurückgelassen hatten, die ebenso verschwunden waren wie die ganzen Erinnerungen daran.

Mamas Parfum – hatte sie überhaupt Parfum getragen, oder war es ihr körpereigener Geruch gewesen?

Der blaue Lack der Wohnungstür – oder war er grün gewesen?

Die Fahrräder von Valon und ihr, die beide einen Blitz am Rahmen entlang trugen, oder?

Papas Fernglas, mit dem er die Vögel im Winter beobachtet hatte, oder waren es nachts die Sterne?

Opas Pfeife, ja, die auf dem Bild. Ja, die hatte es wirklich gegeben.

Genau wie die Couch, Mamas dünne schwarze Bluse, die gestreiften T-Shirts – Valons gelb, ihres grün.

Das alles war nicht einfach nur eine Vorstellung, es war eine wahrhaftige Erinnerung und existierte weiter. Genau wie das krakelig mit Kugelschreiber geschriebene Datum auf der Rückseite des Fotos: *1. Juni 88* – mehr stand dort nicht.

Die Lichterkette leuchtete schwach und schummrig über dem Kinderbett. Ein Schwan, an dessen Bauch eine weiße Schnur zu einer Spieluhr darin führte, hing schweigend daneben. Das Lied ließ das Wunder immer schreien, darum zog ihn niemand auf, den Schwan. Nie spielte er. Kein Schwanengesang. Aber wenn es wach war, dann starrte es ihn an. Unverwandt. Fremd.

Was denkst du? Oder wie? Fließen erst unsere Wörter in deinen Körper? Siegrids, Onkels – Pavels? Die der Straße: Atomausstieg, Ausländer raus. Die des Fernsehers: Finanzkrise, Terror in Mumbai, im Kaukasus führen Russland und Georgien Krieg. Daher diese Wut? Nein, sie gilt mir. Ich weiß, du spürst, was ich dir angetan habe. Ich habe dich hier hineingeboren. Gedankenlos. Und langsam füllen die Wörter um dich herum deinen schreienden Körper. Beschreiben und umfassen ihn. Bald werden deine Gefühle sich mit Worten verbinden. Erfahrungen mit Gedanken.

Muster werden entstehen. Bald schon kannst du nicht mehr an die Decke sehen, ohne zu denken. Bald schon gibt es kein Zurück mehr. Ich verstehe deine Wut.

6

Pablo? Warten die Formen der Körper nicht auf unsere Beschreibung und Zuschreibung, um in ihrer Vermittlung Erfüllung zu finden? Werden wir nur auf diese Weise real?

Susa

(Zürich, 2012)

Was mit schweren Grautönen in *Einmalig* begann, brachte Susa in ihrer Ausstellung *Sanierung* zur Vollendung, in der sie sich erstmals auch einer persönlicheren Seite widmete – sowohl gegenständlich als auch abstrakt. Beides schloss nur die Farbe aus.

Grau bleibt war der einzige stille Kommentar gleich zu Beginn dieser Ausstellung, die auf jegliche Installation und Skulptur verzichtete. Kein Tamtam für die Augen.

Für das Stille, hatte sie einem Journalisten in einem Interview gesagt.

Weniger still wurden ihre Gemälde in den Medien besprochen, besonders jene, die weibliche Nationalallegorien zeigten und deren Vergewaltigung.

Susas einziger Kommentar: Meine Ratlosigkeit treibt mich an. Die Kunst hilft mir.

Susa konnte dem Trubel um ihre Person, der mit der Popularität ihrer Kunstwerke einhergegangen war, nichts abgewinnen. Hatte sie einige Jahre zuvor noch mit hübschem Lächeln Fragen beantwortet, diskutiert und bei Antworten weit ausgeholt, so hatte sich ihr Strahlen nunmehr auf ein bedächtiges Flackern reduziert.

Besuchte Wilfried Susa in ihrem neuen Atelier, dann traf er sie oftmals konzentriert an, ihr Blick unverwandt auf ein neues Werk gerichtet, nur um nach Minuten der Stille an dieses heranzutreten, einen Pinselstrich zu tätigen und wieder Abstand zu nehmen. Dann schaute sie wieder und schaute, ganz außerhalb der Zeit, und wiederholte den Vorgang.

Manchmal holte sie der Kaffeeduft von dem Ort, an dem sie gerade war. Der Geruch durchdrang alle Schichten und Zeiten und holte sie in die Gegenwart: Du bist hier. Du bist jetzt. Auch deine Erinnerungen.

Dann schaute sie zu Wilfried und der Tasse in seiner Hand. Dann, immer erst dann, reichte er sie ihr.

Du wirkst anders, sagte sie und nahm die Tasse. Ich mag dein Hemd.

Ich bin gekommen, um dich abzuholen – aber wir haben noch Zeit.

Die Kaffeetasse schwebte vor Susas Mund – die Beerdigung!

Scheiße! Gib mir zehn Minuten. Wie geht es dir?

Susa hatte sich einen der schwarzen Hosenanzüge angezogen, die sie in ihrem Zürcher Atelier griffbereit hielt. Sie saß neben Wilfried, der ab und zu die Gangschaltung seines VW-Golfs kuppelte. Ihr Blick ruhte erneut auf dem Blumenmuster seines Hemds. Er war ganz still, sein Blick nach vorn auf den Verkehr gerichtet. Radio Energy dudelte Popsongs.

Swimming Pools.

Paradise.

I Knew You Were Trouble.

Sie war eine Liebende gewesen. Das war sie gewesen, ja. Und trotzdem dieses Unvermögen, zu bleiben, diese Frau zu sein, wie es von ihr erwartet wurde.

Locked Out of Heaven.

Burn It Down.

Somebody That I Used to Know.

Dieses Anrennen gegen diese Tür, die alles voneinander trennte. Die Romantik mit all ihren Blumen. Ihr Körper die Vase, kein Wasser darin. Die Blüten welkten, ließen die Köpfe hängen. Sie füllte ihn mit Trübsal auf, mit Tränen.

Born to Die.

Take Care.

Goodbye.

Dennoch herrschte Leere dort, wo nichts mehr kam und nichts mehr ging.

Schwerer Duft von Lilien, gemischt mit dem von Weihrauch. Wilfried weinte neben Susa, während die Stimme des Priesters erklang.

Beim Trauergespräch hatte Wilfried kein Wort herausgebracht und seiner Mutter und Schwester nur dabei zugehört, wie diese dem Priester mit roten Augen berichteten, was sein Vater für eine Person gewesen sei.

Nüchtern und geordnet nun die Trauerrede zwischen dem Pomp zu großer Blumengestecke. Ein guter Sohn, hieß es. Ein gewissenhafter Bruder. Ein hingebungsvoller Ehemann und Vater. Die Lebensstationen wurden aufgezählt, eine nach der anderen, als wäre Wilfrieds Vater nichts als eine Anhäufung von Daten und Ereignissen gewesen. Ab und zu diktierte der Priester eine Seitenzahl des Gesangbuchs. Verhaltener, kehliger Gesang unter goldener Engelschar erklang. Wilfried in seinem geblümten Hemd, die Verwandtschaft andächtig und in Schwarz gekleidet.

Für seinen Vater war alles immer *etwas* oder eben *nichts*: *nüt* oder *öppis*. Das Nüt und Öppis hatten Wilfrieds Leben lange bestimmt – wenn auch nicht bei der Studienwahl, seiner Doktorarbeit und seiner ersten großen Ausstellung über das Erhabene in der Kunst. Er hatte seinen Vater zur Eröffnung eingeladen.

Wie eine zusammengeschrumpelte Rosine im zu großen Anzug stand der Vater vor den Exponaten. Schulterzuckend, das wässrige Blau verloren. Er blickte angestrengt. Auch um sich, um die Reaktionen der anderen zu begutachten, zu erkennen, was diese sahen. Nüt, befürchtete Wilfried. Aber er wollte öppis gworde si in den Augen seines Vaters.

Sein Vater drehte sich noch einmal zu den begeisterten Besuchern. Das isch scho no öppis, sagte er zögerlich.

Und der Besucher neben ihm pflichtete ihm bei: Ja, das isch genial.

Wilfried hielt sich an Susa fest und ließ sie nicht los, auch später im Wagen nicht.

Wo ihr Ehrgeiz brannte, brannte Milans Furcht.

Warum es nicht noch einmal versuchen? Warum

möchte ich es mehr als du? Da ist doch noch Leben in uns, warum es nicht weiter probieren? Susa? Nun sag doch mal was! Susa, wo ist dein Lachen hin? Tanz wieder mal in der Küche. Wirf mir einen Kuss zu, Susa. Susa, warum so abweisend? Woher diese Ablehnung?

Die resultierte wohl aus der ernüchternden Erkenntnis, eine Einbildung zu sein. Sie war zwar zu Milan mit ihrem Bild durchgedrungen – dem der Kreativen, Lauten, Ausgelassenen –, aber nicht wirklich zu sich selbst. Plötzlich verstand Susa, dass sie sich immer an den Rollen abgearbeitet hatte, die sie für Bestimmung hielt. Plötzlich verstand sie, dass sie selbst nur eine Vorstellung in ihrem Kopf war. Spiegelverkehrt und sonderbar verzerrt. Sie bemerkte, wie viel Anstrengung es sie kostete, dieses Bild aufrechtzuerhalten. Tag für Tag. Diese Beziehung. Diese Rolle. Die Frau eines Mannes zu sein. Für einen Mann. Nicht einfach zu sein, neben ihm. Nicht davor und nicht dahinter, sondern *mit* ihm. Losgelöst von äußeren Attributen und Konventionen, einfach nur *mit* ihm. Die Gemeinsamkeit zu sein, nicht die Unterschiede zusammenzubringen und sich an diesen bis zur Erschöpfung abzukämpfen.

Sie strich über Wilfrieds Stirn, aber nicht, um seine Tränen zu hemmen. Nein, nicht doch.

Weine. Beweine all das und reinige dich. Spüle alles weg. Fühl dich verstanden, glaube mir. Ich verstehe es nur zu gut. Ich habe selbst viel zu lange im Verborgenen gelebt. Schlimmer noch. Habe mich nicht einmal selbst erkannt, im Gegensatz zu dir, sagte sie über seinen warmen Scheitel hinweg.

Und Wilfried presste sich dichter an sie.

Genau wie Milan, als Susa sich ein paar Wochen später lossagte von dieser Beziehung zu ihm – vor allem aber von jener zu sich selbst und damit einhergehend auch von dieser Liebe.

Ich wollte wirklich diese Frau sein, erklärte sie ihm. Aber jetzt verstehe ich: In mir ist schon lange vorher etwas zerbrochen. Noch vor dem Ganzen, vor all den Fragen, habe ich mir die Flügel zerknickt und mich verbogen, um in einer bestimmten Höhe zu fliegen. Aber ich konnte das nicht, ich habe das Kunststück einfach nicht fertiggebracht, mich vollends zu verbiegen. Meine Anstrengung blieb Gekünstel, das zwar allen um mich herum auffiel, mir aber völlig verborgen blieb. Ich versuche die Fragen, die mich nicht loslassen, in Kunst festzuhalten, und mir ist plötzlich klar geworden, warum mir das Bild, das ich von dir gemalt habe, das, auf dem du dich in aller Verletzlichkeit von mir abwendest, auf so sonderbare Weise gefällt.

Aber die Nachricht von der Trennung wurde von einer anderen verschlungen: ... *trennt sich von Jankovic* wurde abgelöst von Schlagzeilen über die Ermordung und Zwangssterilisation beinahe aller von Susas Familienangehörigen, die die Tageszeitungen und Nachrichtensendungen füllten.

Mit *Porajmos* dröhnte ein Wort in Susas Leben, dem sie, ohne es zu wissen, auf wundersame Weise entkommen war.

Pablo, wie misst sich Zeit? Durch Zahlen? Ellipsen? Hunger und Kälte? Tag und Nacht?

Malena

(Auschwitz, 1943 bis 1944)

Dort schritten sie zum Appell. Marschierten im Gleichschritt, die Figuren des Todes. Die Totenköpfe silbern. Die Augen starr. Die Stimme erhoben, gleich der rechten Hand, gleich dem Mythos vom Volk, gleich dem Fuß über dem Abgrund, in den sie fallen würden. Ihre Menschlichkeit. Ihre Würde. Zurück blieben die Gebeine. Verwesung. Dort glänzte es über den Knochen, silbern über der Asche. Ein letzter Funken verwehtes Menschsein.

Wie sollten Oskar und seine Familie richtig leben angesichts des nahenden Todes? Kein Memento mori. Nur die Kehle, die trocken nach Luft schnappte beim Anblick des Lebensrads, das jede Bewegung munter vorzeichnete ohne jegliche Überraschung. Der Lageralltag. Tag für Tag dieselbe Drehung; derselbe Anfang und dasselbe Ende, die zu einem grauen Film verschmolzen.

Morgendliches Glockenläuten.
Weißer Strich.
Dahinter aufstellen.
In Fünferreihen.
Zählen, zählen.

Frieren, hungern, arbeiten.

Fall nicht um, sonst gibt es Schläge, sonst prügeln die dich tot.

Achthundertzehn, siebenhundertdreiundachtzig,
Dort kamen Neue,
achthundertvierzehn, achthundertdreiundfünfzig.
Dort starben Neue,
siebenhundertzweiundneunzig.

Wie Spatzen überfielen Kinderscharen nach der Essensverteilung die Neuankömmlinge und rissen ihnen die Scheiben schwarzen Brots aus der Hand.

Das Mamele ermahnte: Wenn der Stubenälteste etwas verteilt, dann rein in den Mund. Ja, nicht draußen behalten nicht.

In der Nacht erzählte Malena Geschichten von einem Land, in dem Honigmilch floss, Zuckerbäume wuchsen und gebratene Tauben auf den Dächern saßen. Ein Prinz lebte auch dort. Und immer, wenn die Dämmerung einbrach und die Luft kühler wurde und der Himmel sich der Erde näherte, aß er ein Brausebonbon, das einmal täglich aus einer Blume wuchs. Es verlieh ihm orangefarbene Flügel, solange das Knistern im Mund anhielt. Jeden Abend bei Sonnenuntergang stürzte er sich von dem höchsten Turm in den leuchtenden Himmel und gewann rasch an Höhe. Er wollte zur Federprinzessin, die Flügel statt Armen besaß und immer in der Luft bleiben musste, weil sie am Boden eingehen würde. In der Nacht aber war der Himmel nah, und der Prinz konnte so lange mit der Prinzessin reden und tanzen, bis das Bonbon im Mund aufhörte zu knistern und endgültig auf der Zunge zergangen war. Das hinauszuzögern, war sehr schwierig, denn das Bonbon schmeckte immer nach dem Geschmack, den man gerade am liebsten hatte, wechselte von Apfel zu Erdbeere, von Kuchen zu Leberwurst, von Braten zu weißem Butterbrot. Und obwohl die Federprinzessin eine Prinzessin war, war sie sehr arm. Und immer wenn sie den Prinzen küsste, küsste sie auch ein bisschen von dem Bonbon-Geschmack von dessen Mund weg. Oft hatte sie großen Hunger und war sehr ungeduldig. Aber je mehr sie von dem Bonbon wegküsste und begierig dessen Geschmack auskostete, desto schneller lösten sich die Flügel des Prinzen auf. Einmal war sie so stürmisch vor Hunger, dass sie ihm das ganze Bonbon aus dem Mund wegküsste und er seine Flügel verlor.

Was passierte dann, Malena?

Malena, erzähl schon fertig.

Flüsterte es durch die Baracke.

Und Malena antwortete erstickt: Der Prinz fiel und verschwand in der Ferne.

Und Malena rollten Tränen die Wange hinab.

Und die Käthe bat: Malena, erzähl noch einmal von diesem Fluss. Ich habe sie gerochen, die Honigmilch. Ich habe sie geschmeckt.

Die Kapelle spielte. Geigenmusik und Gitarrensaiten. Wie Spatzen schwärmten sie aus. Erhaschten das Wenige, das es gab, aus den Händen der Neuen. Der Ahnungslosen. Der noch nicht Gewieften. Würden noch dahinterkommen. Ließen sich selber Spatzenflügel wachsen. Hörten auf das Glockenspiel. Standen hinter weißen Linien. Keinen Pieps. Keinen Mucks. Nur strammgestanden. Wenn einer umfiel, dann prügelten die ihn. Dann droschen die ihn tot. Versuchte einer zu fliehen, zerrissen ihn die Hunde, zerschlugen ihn die Kugeln. Vermischte sich sein Blut mit dem Matsch, in dem sie standen. Wo nichts mehr wuchs – außer ihrer Angst.

Zuerst starb Käthes Großmutter, dann ihr Vater Willi, danach ihre Mutter Elizabeth. Sie und ihre Schwestern, Marina und Feli, überlebten das Fleckfieber, das man ihnen injiziert hatte. Alle weinten schrecklich. Selbst die Friederike, wenn auch stumm.

In der Nacht dürft ihr weinen, sagte Mamele Therese, aber am Tag müsst ihr Spatzen sein.

Warum sie ausgerechnet die Feigen mitgenommen hatte, das wusste sie nicht. In dem Zimmer der Friederike hatten sie gelegen. Eine ganze Schale voll. Eine ganze Schale voll, in dem Zimmer, dass sie nie hatte betreten dürfen. Eine ganze Schale voll, deren Inhalt sie in Stoff wickeln konnte, während die Polizisten brüllten; eine ganze Schale Feigen, die sie immer noch bei sich hatte. Irgendwie. Sie hatte das Bündelchen nicht losgelassen, genauso wenig wie die Hände ihrer Kinder. Wann hatte sie zuletzt so zugepackt, so kraftvoll, so schnell wie in der Entlausungsbaracke, als sie das kostbare Bündel unter den Kleidern der anderen schon verloren geglaubt hatte? War sie angesichts des Krieges wie betäubt gewesen, so war sie jetzt hellwach. Jetzt, da jegliches Zeitgefühl verloren gegangen war. Wasser auftreiben, Essen auftreiben, Schlägen entgehen, den grausamen Spielen der Aufseher und Aufseherinnen, stehen bleiben, immer stehen bleiben. Beim Appell, bei Kälte und bei Hitze, bis die Knochen in den Boden ragten, eins mit den Gelenken geworden waren. Niemals umkippen nicht. Niemals die Hände der Kinder loslassen.

Der Biss auf die Feige stieß auf Widerstand.

Friederike, hast du in manchen Schmuck versteckt?

Die Friederike, die nur dasaß, kahl und stumm, teilnahmslos, auch wenn Malena ihre Lippen mit Wasser benetzte; Wasser, welches Therese gegen den Ohrring eingetauscht hatte. Der andere wurde zu Brot.

Therese blieb wachsam, schaute, wie alles funktionierte, besprach mit ihrem Mann in der Nacht die Regeln. Jedes Lager war in nummerierte Blöcke unterteilt, jeder Block wiederum war in Stuben unterteilt, jede Stube bestand aus sechs dreistöckigen Holzgestellen – jede Stube hatte einen Stubendienst, sechs Stubendienste hatten einen Stubenältesten und jeder Block seinen Blockältesten. Der Blockälteste hatte eine eigene Stube und läutete zum Appell. Hinter der weißen Linie vor der Baracke zählte er alle Blockbewohner und berichtete dem Lagerführer von der Vollzähligkeit seines Blocks. Achthundertvierzehn, achthundertzehn, siebenhundertachtundneunzig –

jeden Tag gab es weniger zu zählen; dann doch wieder achthundertzwanzig, weil Neue ankamen.

Die Therese beobachtete genau. Behielt ihre Kinder im Blick. Das Läuten der Glöckchen in den Ohren. Die Chance, etwas zu erreichen, auf den Lippen. Der Stubendienst ihrer Stube starb, und der Stubenälteste war damit einverstanden, dass sie der neue Stubendienst wurde. Wenn die Nacht einbrach, trug er Friederikes Ring am Finger.

Der Friederike zupfte die Malena die Läuse aus dem nachwachsenden Haar. Vom Hemd und zwischen den Knöpfen.

Oma, das sind zu viele. Oma, das juckt ganz schrecklich.

Friederikes Ring funkelte am Finger des SS-Mannes, der auf die Käthe deutete und befahl: Mitkommen!

Aber die Therese warf sich dazwischen, bevor er die Käthe packen konnte. Presste sich an ihn. Flüsterte mit ihm. Dicht an dicht. Ging mit ihm. Dicht an dicht. Kam zurück. Und wurde wieder geholt. Abend für Abend.

Dieser SS-Mann und ich tanzen, erzählte sie der Malena und dem Oskar.

Und der Friederike liefen Tränen über die Wangen. Ihr Sohn, der Tata, wurde bald neuer Blockältester.

An der Rampe arbeiteten sie tagein, tagaus. Sahen die Lkw anfahren und wegfahren, das Feuer der Krematorien brennen. *Kanada* hieß die Schatzkammer des Todes. Süß wehte er durch das Lager. Tagein, tagaus.

Dort einen Flecken Rasen stechen. Grün platzieren. Kein sicheres Stück Land. Kein heiles. Aber ein Stück Hoffnung. Wieder einen Tag überlebt, einen Appell, die Spiele und Schikanen, die Arbeit, das Hungern und Frieren, die Hitze, das Dursten, das Ungeziefer, die Krankheiten.

In der Nacht flüsterte die Therese, die Arme weit über allen ausgebreitet, gute Worte. Der Käthe zu, der Marina und der Feli, ihrem Mann Fritz und ihren Kindern, Malena und Oskar, bevor sie sich ganz dicht an die Friederike drückte.

Du musst mir was wegmachen. Bitte!

Die Zeit verging auch ohne Zeitgefühl.
Sie arbeiteten an der Rampe.
Dort füllten sich Gräben mit Asche.
Dort stieß das Haar nach,
die Finger, die Knie.
Dort wurde Erde drauf geschüttet,
wurde gleichgemacht.
Sollte vergessen gemacht werden.
Sollte verloren sein.

Wir aber sprießen.
Wir aber bleiben.
Kein Gewesensein.
Kein Zukünftigsein.
Nur wir sein.
Nur sein.

Oskars Gesicht verlor das letzte bisschen Farbe, als der SS-Mann vor ihm stand.

Du da, aufstellen! Seid ihr Geschwister?, fragte er.

Malena nickte. Nickte auch, als Oskar sein Alter nannte.

Zwölf? Wirklich beide? – Zwillinge also?

Wieder stummes Nicken.

Mitkommen, sagte er.

Der Schrei der Therese durchdrang den Block. Lasst mir meine Kinder! Nehmt mir keines meiner Kinder nicht!, flehte sie.

Aber der SS-Mann brüllte nur noch einmal: Mitkommen!

Die Friederike, wie aus einer langen Starre erwacht, fuhr nach vorn, hinein in den Schrecken. Sie hielt die Therese.

Lass, Kind, er schlägt uns noch alle tot, sagte sie.

Aber die Therese hielt die Arme ihrer Kinder wie ihr eigenes Leben, schrie gegen das Gebrüll des SS-Mann an: Nein! Nicht meine Kinder nicht! Nicht meine Kinder!

Und plötzlich Malena mit erwachsener Stimme, ganz klar und fest: Mama, weine nicht, wir kommen bald wieder.

Worauf der Friederike ebenfalls ein Schrei entglitt.

Auch du nicht, Oma, sagte sie.

Sie löste deren Hände von denen des Mameles, die des Mameles von Oskars und ihren. Oskar blickte zurück, sah, wie das Mamele und die Oma in der Baracke standen, völlig entrückt. Ohnmächtig. Nur nachschauen. Oskar griff Malenas Hand fester. Ihm war übel.

Erst unter der grauen Bettdecke des Krankenbaus erzählte Malena: Darf ich dir etwas verraten? Ich habe auch Angst.

Das sagte sie im grauen Kittelchen steckend unter der grauen Bettdecke, in dem grau gestrichenen Raum mit seinen grauen Vorhängen.

Und Oskar antwortete ihr: Hier sind wir keine Spatzen mehr – Geister müssen wir sein. Niemandem dürfen wir auffallen nicht. Kein Wörtchen, kein Mückschen mehr, verstanden?

Aber Mengele fiel Malena sofort auf. Auch wenn sie still vor der grauen Wand saß, halb bedeckt vom grauen Vorhang. Sein Blick war über humpelnde, stöhnende und schluchzende Kinder gestreift, Kinder, so grau wie die Einrichtung, und winkte sie sofort zu sich. Sie rappelte sich auf und ging; ihr Gang noch immer elfenhaft, trotz Hunger und Schwäche, gleich einer Feder, die im Sommerwind taumelte.

Oskar sagte: Nicht meine Schwester!

Er stellte sich vor sie, dass dem Mengele ein dünnes Lächeln in die Wange schnitt. Etwas klimperte in dessen Tasche. In einem flachen Döschen prasselte etwas aneinander. Mengele schraubte es auf.

Sag, mein Junge. Wie viele Jahre sind deine *Schwester* und du auseinander?

Oskar schüttelte den Kopf und sagte: Gar keines, aber seine Augen lagen nur auf den Süße versprechenden Farben in dem Döschen, das vom Bonbonspiel gefüllt war.

Jetzt wollte Mengele beide Unterarme sehen. Erst Oskars, dann Malenas. Dann versprach er beiden eines der Bonbons, wenn sie zur anderen Seite des Raumes rannten und wieder zurück. Die keuchenden und wimmernden Kinder waren wie steife Puppen stehen oder aufrecht sitzen geblieben und hatten Keuchen und Wimmern vergessen.

Auf drei. Eins, zwei und – los!

Beide rannten. Rannten zur anderen Seite des Raums und wieder zurück. Erhielten je ein Bonbon.

Ihr gleicht euch, wie ein Ei dem anderen. Wundersam, eure Augen sind bei euch beiden blau, sagte Mengele schließlich und fuhr über Malenas Gesicht, und doch so anders.

Er betrachtete noch einmal Malenas Gesicht von allen Seiten, schaute immer mal wieder zu Oskar hinüber, bevor er sich sichtlich zufrieden aufrichtete und hinter dem Vorhang verschwand. Eine ganze Weile Stille. Dann setzte vorsichtig wieder das Wimmern und Stöhnen ein.

Als sie zurück an ihrem Bett waren, sagte ein grauer Junge, dem die Haut über den Knochen spannte und dessen Augäpfel verloren in ihren Höhlen lagen: Nehmt keine Bonbons von ihm. Wer Bonbons nimmt, der kommt nicht mehr zurück.

Pablo, wie erzählen und verstehen wir uns? Welche Geschichte polstert uns aus? Welche Fantasie bildet ihr Gerüst um uns? Aus welcher Erinnerung werden wir Tag für Tag neu geboren?

Una

(Berlin, 2012)

Una stand in Pavels Wohnung. Eigentlich mochte er es nicht, wenn Leute zu Besuch kamen. Während er in der Bar sauber und ordentlich war, nahezu pedantisch, glich seine Wohnung einem dunklen Loch, voller Zettelberge, Bücher, Zeitschriften, ungeöffneter Briefe und Gerätschaften. Dieses Mal ging es aber nicht anders. Sie musste die Kleine bei ihm lassen. Sie musste fort und er sowieso vor Ort bleiben wegen Umbauarbeiten in seinem Bad, und die Siegried und der Onkel waren auf Kreuzfahrt.

Dazu hatte der Onkel die Siegried tatsächlich überreden können, nachdem er ihr auf einem Tortenguss mit Zuckerschrift vorgerechnet hatte, wie klein ihr CO2-Abdruck sein würde und wie nötig sie diese Kreuzfahrt hätten. Dass Pavel in der Zeit auf die Kleine aufpassen sollte, fanden sie gut.

Besuch du nur deinen Paul, Pavel kann dann zwischen zwei Wohnungen wählen. Das hatte die Siegried gesagt, und der Onkel hatte dazu genickt.

Jetzt regte sich Pavel mal wieder darüber auf, dass sein Nachbar wissen wollte, was er zwischen zweiundzwanzig Uhr und zwei Uhr morgens gemacht habe.

Ick reiß mir ja zusammen, aba immer die Luft anhalten, kann ick och nich. Pavel guckte mit großen Augen, blähte seinen Brustkorb auf und redete weiter: Denk ick ma so, okay, jetzt warste drei Wochen brav, dat wird er schon überleben – Pustekuchen. Wenn über mir laut is, dann überlege ick mir immer Jeschichten dazu und freu mir, dass hier noch Männekieken leben, aber dat scheint nich so dat gängige Konzept zu sein. Da jeht dir der Arsch uff Grundeis. Er fuhr sich über den Kopf und schüttelte ihn dabei so, wie es Pferde taten.

Onkel, wenn dich jemand anbufft, kanner ne Schelle kriejen, sagte die Kleine und ging um die Zetteltürme herum wie in einem Labyrinth. Der kupferne Schopf über den grünen Augen, die begierig über einen Stapel hinweglinsten. Grinsend. Bereit, geschnappt zu werden. Bereit für den Schabernack mit dem Onkel.

Der kam auch und packte sie, sodass sie quietschte. Wirbelte sie herum wie der Löwe die Antilope.

Ja. Zum Onkel war der Pavel geworden. Und der Onkel zum Opa, die Siegrid zur Oma und Una zur Mama.

Immer wenn die Kleine sie so nannte, fühlte sie sich ertappt. Anfangs war ihr heiß geworden – mit einem Gefühl von Übelkeit in der Magengegend verbunden. Aber es schwand. Und heute war es nur mehr warm, wenn sie diese zwei Silben hörte und damit gemeint war.

Ich habe dir dein Leben geschenkt. Es war meine Entscheidung. Ja. Dich hat niemand gefragt. Aber du bist nicht mehr wütend. Du schreist jedenfalls nicht mehr. Vielmehr lachst du und willst alles wissen. Wie die Welt so funktioniert. Saugst das Wissen auf. Mein Wissen. Mein begrenztes Wissen. Aber endlich nimmst du von mir. Endlich kann ich deinen Durst stillen. Und du suchst sogar noch mehr. Schutz und Wärme. Letztens hat dich eine Wespe gestochen. Das erste Mal. Der Opa hat dir eine Zwiebel auf den Stich gedrückt, die Oma dir erklärt, dass Wespen beim Stich ihren Stachel nicht verlieren, anders als die Bienen. Aber halten sollte ich dich. Deine heiße Stirn. Deine süßen salzigen Tränen an meinem Mund und Hals. Deine kleinen Hände in meinem Haar.

Jetzt ließ Pavel die Kleine los, und sie rannte davon.

Sobald die Klempner hier durch sind, ziehn wir zum Opa.

Ich find's aber schön hier. So viele tolle Verstecke.

Pavel sah auf. Sein Gesicht suchte Unas Reaktion auf die Worte ihrer Tochter.

Wann, denkst du, sind sie fertig?

Morgen, spätestens übermorgen – aber du hörst ja: Der Kleenen jefällts hier.

Jetzt schepperte der Drumstick auf der Schelle. Pavel drehte sich um und suchte mit Tiergeräuschen nach der Kleinen und dem zugestellten Schlagzeug – einem von Pavels vielen Projekten und Träumen.

Drummer sein, Tätowierer, Fotograf, Seefahrer – so viele Arten zu sein. Immer wieder kam er auf eine neue Idee. Kaufte sich Equipment und Bücher, Selbstlehrgänge und anderes Material. Las sich ein, entbrannte, machte schnell Fortschritte. Sorgte für staunende

Blicke und offene Ohren. Und ließ es dann wieder. Meistens nach einem Monat. Spätestens nach drei. Die Vorbereitung für die Fahrprüfung hatte er schon dreimal absolviert – sich aber niemals zum Prüfungstermin angemeldet.

Dabei ist der Junge so pfiffig!, sagte der Onkel dann immer. Der kann einfach alles, aber herumdümpeln tut er in der Bar.

In der Bar, in der auch Una arbeitete. Aber bei ihr war es anders. Der Schock, dass sie das Medizinstudium abgebrochen hatte, saß bei allen zu tief, als dass darüber gesprochen wurde. Das Studium, in dem sie so gut gewesen war, dass selbst die Oberärztin angerufen hatte und der Onkel die Siegrid holen musste, die trotz wackeligem Schulenglisch verstand, was die Oberärztin da von ihr wollte.

Die Una. Ja, sie solle bleiben. Die Una. Alle mögen sie hier. Die Una. Die ist ganz eine Talentierte, die kann arbeiten. Die Una, warum schmeißt sie hin? Braucht sie Bedenkzeit? Wir warten.

Aus dem Warten waren mittlerweile fünf Jahre geworden. Fünf Jahre, von denen Una die ersten beiden oft nur herumsaß und das Wunder ansah. Ja, dermaßen anstarrte, dass dem Onkel und der Siegried manchmal schon ganz mulmig zumute wurde. Sie drangsalierten den Pavel, er solle mal fragen und horchen, was da drüben genau vorgefallen sei. Aber Una schwieg. Sie schwieg über ihren Entschluss, nicht mehr weiterstudieren zu wollen. Den Entschluss, ein Kind zu bekommen. Den Entschluss, einen Mann in England zu lieben, den niemand kannte und sah außer ihr und der Kleinen.

Und weil der Onkel es nicht wie einen Vorwurf klingen lassen wollte, fügte er jeweils schnell hinzu: Und eine Frau hat er auch nicht. Ist doch kein Hässlicher, der Pavel. Nein, gar kein Hässlicher.

Ja, Pavels Frauen blieben nicht lange aktuell. Zwei Wochen, drei Wochen – höchstens acht. Dann waren sie aus der Mode. Die Siegried bemühte sich nicht einmal mehr, sich die Namen zu merken. Der Onkel fragte dennoch. Er mochte es, mit Zuckerglasur Namen auf Tortendeckel zu schreiben.

Seiner Doppelrolle als Papaonkel wurde Pavel nicht überdrüssig. Da bewies er langen Atem. Da war er da. Einfach da. War da beim ersten Zoobesuch, den ersten Schwimmflügeln, beim ersten Kindergartentag, dem ersten wackeligen Zahn.

Und trotzdem wollte die Kleine ihm nicht glauben, dass er so alt war wie die Mama und der Papa – denn er fahre doch kein Auto wie die beiden und sitze immer hinten, wenn Opa und Mama, Mama und Oma oder Opa und Oma einkaufen fuhren und er dabei war und mit ihr Automarken zählte. Er hatte auch keinen Bart wie der Papa oder der Opa. Und er schaute immer Trickfilme und spielte mit ihr Lego-Batman auf der Xbox 360. Ganz allgemein sei er nicht wie die anderen Erwachsenen.

Una sah, dass die beiden Spaß hatten, und wusste, dass es gut gehen würde. Sie rief die Kleine und kauerte sich auf den Boden.

Mama geht jetzt – sei anständig beim Onkel, ja?

Sagst du Papa, dass ich ihn lieb hab?

Natürlich.

Küsse. Eine Umarmung mit Pavel, und dann war sie fort. Am Flughafen. Im Check-in. In der Luft. Nie fühlte sie sich unbehaglich bei Flügen. Flüge bedeuteten Rettung. Flüge bedeuteten Rückkehr nach Hause. Nur vor Donner unter blauen Himmel musste man sich in Acht nehmen. Aber der Himmel über London war rosa. Genau wie die Kittel der Schwestern.

7

Pablo, dein weißes Kleid treibt im Wasser. Bald schon gleichst du mir – jetzt, da wir tanzen und singen. Deine Finger zwischen meinen.

Der Wind rauscht durch das Blattwerk der Platanen. Melodisch ihr Geruch – sag, wie viele Sommer hält das Leben für uns bereit?

Susa

(New York, 2016)

Susas Ausstellung *Möchtest du ein Stück Kuchen? – Would You Like a Piece of Cake?* wurde verlängert. Ihre Bilder hatten sich wie ein Lauffeuer im Netz verbreitet, für Begeisterungsstürme gesorgt und für hitzige Köpfe. Auch für ein paar Morddrohungen. *Die da mordet unsere Kultur. – Die da hat wohl den Geschichtsunterricht verschlafen.* Tweets, die auf den zentralen Ausstellungsraum und die Hauptattraktion anspielten: die Skulptur einer schwarzen Frau. Schwanger und stilisiert als Marie Antoinette, ganz in Flohfarben gekleidet, Amarant im Haar. Vor ihr eine Torte mit dem Umriss von Afrika auf dem Deckel. Der Thronraum lag im Zentrum einer Weltkarte. Sie verwies von deren Zentrum Europa in die anderen Ausstellungsräume: Asien, Nordamerika, Südamerika, Australien und Afrika.

Naturalistische Bilder verschmolzen mit Abstraktion. Sklavenschiffe. Kriegsfeuer und brausende Gischt. Vermessung von Menschen. Völkermord. Die ganzen Vergessenen. Die Unwiederbringlichen. Gesichtsschmuck, -bemalung und -farbe reduzierten sich zu Streifen auf riesigen Leinwänden. Verschmolzen mit den Worten und Videos von Aktivisten und Aktivistinnen.

Wo fängst du an? Wo ich?

Wie viel Melanin, welche Knochenstruktur und Schwanzlänge braucht es?

Warum Vielfalt zerstören, anstatt sie zu preisen?

Warum erbaust du Schlösser auf anderer Menschen Erde und versklavst sie?

Woher dein Größenwahn?

Hast du genug in der Hose?

Du glaubst, du kannst zahlen?

Verstehst du nicht? Ich bin unbezahlbar.

Ich bin unwiederbringlich.

Erkennst du nicht den Zusammenhang des Ganzen?

Kultur und Natur.

Knaultur.

Das Knautschen und Knietschen.

Das waren Pauls Worte. Pauls Worte, die durch die Ausstellungsräume takteten. Paul, mit dem sich Susa auf Anhieb eine Kooperation hatte vorstellen können. Dem sie sich auf wundersame Weise ganz nah fühlte. Sie sprach in seiner Gegenwart offen über vieles; vieles, über das sie sonst nur die Kunst sprechen ließ; vieles, das er in seine Spoken-Word-Texte aufnahm, so, wie es Wilfried immer mit den Ausstellungstexten tat. Susa verspürte eine tiefe Bewunderung beiden gegenüber, die so genau wussten, auf welche Weise sie in diesem Dasein verankert waren, die sich mit einem sonderbaren Urvertrauen hinterfragten, trotz der ganzen Seinsschablonen, die ihre Formen um alle zogen. Passgenau, einschneidend.

Gesichts- und geschlechtslos war sie – Susas Lamassu-Statue.

Hornkrone, Schwanenflügel und Fischleib. Löwenpranken.

Verschlungen.

Unpassend.

Wetterleuchten.

Nach Jahren des Schweigens hatte sie es getan. War in den Zug gestiegen und in diese Stadt gefahren. In die Stadt ihrer Kindheit. Diese Stadt mit ihren Wipfeln und Türmchen, diese Stadt, die einmal für Offenheit stand, in der die erste Simultankirche eingerichtet worden war – lange bevor Flüchtlingsheime brannten und AfD-Parolen laut wurden. Das war lange her, und Susa hatte beschlossen, keine Vorwürfe zu erheben. Nicht gegenüber dieser Stadt und nicht gegenüber ihrer Mutter. Gesunden lassen. Das war der Brunnen, der Heilung versprach.

Und da saß sie nun in der Dreizimmerwohnung des Plattenbaus, saß vor dieser Frau, gefangen in einer Enklave aus Zeit und Rauch. Wie ein Sediment begraben unter Kulturschichten.

Dein Vater hat nie darüber sprechen wollen – das war die knappe und einzige Antwort, die ihre Mutter für sie bereithielt.

Das Fenster stand gekippt, und der Kaffee dampfte aus der Kanne. Auf dem Streuselkuchen krabbelte eine dicke Fliege. Der Werbeplastikaschenbecher glänzte unberührt.

Wo hab ich nur die Fliegenklatsche?, war die Frage, umhüllt vom Klagen, dass sie kaum noch etwas sehe.

Ihre verschleierten Augen suchten müde in der kleinen Küche nach der Klatsche.

Seit wann hast du es so schlimm mit den Augen?, fragte Susa und reichte ihr die Klatsche, die neben der Brotmaschine lag.

Es folgten matschige Antworten. Kuchen und Kaffee vermischten sich hinter dritten Zähnen.

Wie lange hatte dieser Frau niemand mehr zugehört?, fragte sich Susa und bekam eine vage Vorstellung davon, wie es gewesen sein musste, als ein junger Journalist – oder war es eine Journalistin gewesen? – den Nachmittag dieser Frau, ihrer Mutter, mit offenen Ohren und lauter Fragen über sie und ihr Leben bereichert hatte. Sie beobachtete diese kleine Frau, die über die Jahre an Gewicht zugelegt hatte, wie sie schlaff in ihrem Stuhl versunken saß und immer noch ihre Wehwehchen aufzählte. Wie ein Hintergrundrauschen, in dem Susas Gedanken vordergründig das Gesehene abtasteten und versuchten, es mit dem Bild der Mutter von früher abzugleichen. Ab und zu nickte sie. Dann sprach ihre Mutter zufrieden weiter und aß vom Streuselkuchen.

Susas Blick schweifte über die bunten Emailletöpfe neben der Herdplatte. Rote, weiße, blaue, mit Blumen und Mustern verziert. Sie erinnerten Susa an die Soljanka, die sie mit ihrer Mutter gekocht hatte und mit der sie den Vater in Verzückung versetzt hatten. Oder war das Heinrich gewesen? Der zweite Mann ihrer Mutter. Der sie das Schachspielen lehrte. Der Taxi fuhr. Der sie seine Prinzessin nannte und damit die Augen ihrer Mutter veränderte. Sie erinnerte sich, wie ihre Mutter die weiße Jeans aus dem Westpaket dem Nachbarsmädchen schenkte, weil sie dieser besser stünde. Sie erinnerte sich an die Dresche, weil sie in der Schule erzählt hatte, dass sie Zeitungs- statt Klopapier benutzen und es in die Toilette spülen würden. Sie war ein Kind und dazu erzogen worden, Autoritäten die Wahrheit zu sagen. Wie hätte sie auch abschätzen können, dass man ihre Familie für die verstopften Rohre verantwortlich machen würde? Woher wissen, dass sie in diesem Moment hätte lügen sollen, in anderen aber nicht?

Hab ich dich! Die Klatsche knallte, und der Fliegenkörper klebte als breiige Masse in dem Plastikgitter.

Bist du eine Sinteza?

Der Blick der alten Frau, plötzlich ganz nah und klar, plötzlich zwischen allen Schichten – den Gesterns, Heutes und Morgens –, alles überschauend in seiner Nähe und Direktheit.

Ich bin Deutsche, sagte sie und griff nach den F6-Zigaretten. Da musst du dir schon etwas anderes zusammenreimen. Rauchschwaden.

Diesen Rauchgeruch verband Susa mit ihrer Kindheit. Wie er sich ganz zart – zusammen mit der Süße der Speisen, dem Kaffeegeruch und dem Parfum ihrer Mutter – in Haar und Textilien einwob. Niemals kalt, immer warm. Susa erinnerte sich daran, wie ihre Mutter die zahlreichen Gardinen und Vorhänge wusch. Wie Susa auf den Stuhl kletterte, um sie wieder aufzuhängen. Sie erinnerte sich an Kartoffelsalat und Schnitzel, an Pökelzunge und Salzkartoffeln, an das

Porzellangeschirr mit dem goldenen Rand, das ihre Mutter hütete wie einen Schatz.

Als du auf die Welt kamst, warste behaart wie der Teufel. Und deine Haut war ganz gelb. Ikterisch warste gewesen. Aber du warst das schönste Kind auf der Station. Das haben alle gesagt. Sie blies Rauch aus, diese Frau, mal Mutter, mal Fremde.

Susa spürte die Tränen an ihre Augen klopfen.

Du warst ein sehr liebevolles Kind. Hast mir immer geholfen und konntest keiner Fliege was. Nur dieser übersteigerte Gerechtigkeitssinn! Und laut warste, immer so laut. Und deine große Klappe. Das hat dir immer Dresche eingebracht. Weil du deine Nase in Dinge gesteckt hast, die dich gar nichts angingen. Überall haste eine Verschwörung gesehen. Da hamse dich immer rausgezogen und gleich noch mitverpocht. Immer diese blauen Flecken. Und die schönen Filzstifte. Weißte noch? Die hamse dann aus dem Fenster geworfen, und du hast gebrüllt. Selbst als du schon zu Hause warst.

Du hast mich geschlagen.

Geschlagen, Mädel – vielleicht is mir mal die Hand ausgerutscht. Das war halt damals so. Weißte, wie wenig wir hatten? Weißte, wie viel solche Stifte kosteten? – Das ist nicht wie heute. Aber du musstest dich ja kloppen, nur weil diese bescheuerte Bärbel gehänselt wurde. Du warst nicht wie die anderen Kinder. Immer schon. Du wolltest immer helfen. Auch wenn es nicht richtig war.

Bärbel hatte früh Oberweite und war ein Scheidungskind.

Ja, und bekloppt war se noch dazu.

Ihr Blick immer noch ganz nah. Schleier formte nur die Zigarette.

Wann musstest du umziehen?

Worte. Wie sehr sie das Haus an der Spree vermisse. Den schönen Garten. Das Leuchten der Erdbeeren. Worte. Reue. Schwermut. Ihre Mutter, die sich entfernte. Susa, der es genauso ging; die dachte, zurückdachte. Die durch den Rauch den Sommer roch. Der Heinrich, der ihre Mutter packte und über die Beete trug. Die Gießkanne, die Regenbogen warf. Das Lachen. Das gelbe Sommerkleid. Die Albträume.

Warum erinnere ich mich nicht mehr an Vati?

Der Heinrich war dein Vater – der hat sich gekümmert. Der hat sich gut um dich gekümmert. Besser als um mich.

Hast du mit den Journalisten über Vati geredet?

Natürlich sind se hier gewesen, aber was weiß ich schon? Mit mir hat er doch über nichts geredet. Nicht ein einziges Mal. Einmal habe ich ihn gefragt, wegen der Tätowierung auf seinem Unterarm, und dann war alles klar. Danach hat er geschwiegen. Ich hab auch nimmer gefragt. Und dann isser ja auch bald schon gestorben.

Die Mutter, die eine weitere F6 zischte. Die Mutter mit dem geklärten Blick. Die dritten Zähne, die sprachen.

Kind, nach welchem Unglück suchste denn? Das betrifft uns doch nicht. Kein einziges Mal hat er vor mir Romanes gesprochen. Er war Deutscher. Nun heul nicht. Bist doch eine erwachsene Frau; als ich so alt war wie du, hatte ich schon lange ganz andere Sorgen.

Die Worte ihrer Mutter hemmten Susas Tränen

nicht, die auf die Tischdecke tropften. Stoppten nicht die Hitze, die sich hinter ihrer Stirn ballte und heiße Gedanken ausstieß.

Willste gar keinen Kuchen? Mit Streuseln, den hatteste doch immer am liebsten.

Jetzt entfuhr Susa ein Lachen, und zwei weitere Tränen fielen. Sie stach die Gabel zwischen Teig und Pflaumenmasse.

Mensch, Mädel – was nimmste denn auch immer alles so schwer? Das muss es doch nicht sein. Hat sich doch alles gut ergeben für dich. Schade, dass du den schönen Mann nicht mehr hast. Diesen Künstler. Da war ich schon ein bisschen neidisch.

Sie zwickte der Susa in den Unterarm und zappelte vergnügt. Wie damals. In dem Haus an der Spree, die jetzt diese Bilder in die Platte spülte.

Als nur noch Krümel auf den Tellern lagen und der Kaffee nicht mehr mit den Zigaretten um die Wette dampfte, standen die zwei Frauen auf. Gingen durch den prasselnden Vorhang der kleinen Küche, den dunklen, schmalen Gang entlang. An dessen Ende, neben der Wohnungstür, hing ein von Susa gemaltes Bild. Es zeigte ihre Mutter in dem Sommerkleid. Das hatte sie ihr geschenkt, zum Muttertag vielleicht. Da war sie zwölf oder dreizehn gewesen.

Ja, da denk ich mir immer, das Mädel kann wirklich zeichnen, so schön ist das. Deinen anderen Quatsch versteh ich nicht.

Sie sah ihre Mutter an und schenkte diesem Körper eine Umarmung, der steif blieb.

Mädel, was heulste denn, ist doch nichts passiert, sagte ihre Mutter, und ihr Blick versank kurz im Gestern und wurde wieder klarer: Manchmal, im Schlaf, wenn er sich die Bettdecke bis über beide Ohren gezogen hatte – dann murmelte er von einer Malena. Immer wieder. Da hab ich dann mal die Schüssel mit dem Plinsenteig nach ihm geworfen, er solle mir sofort erzählen, wer das sei, und selbst da hatte er noch gelogen, hat gesagt: seine Zwillingsschwester, und: Das würde ich nicht verstehen. Aber ich bin ja nicht dumm, ich war Lehrerin.

Gibt es denn noch andere Verwandte?

Wieso denn? Sind die interessanter als ich? Mädel, wonach suchste denn? Wir sind Deutsche. Bild dir doch nichts ein.

Susa nickte, öffnete die Wohnungstür und trat ins Treppenhaus.

Besuch mich mal wieder. Du kannst mich ruhig auch mal anrufen. Meine Nummer haste ja.

Die Tür schloss sich; die Zeit spuckte Susa aus der Platte. Wetterleuchten.

Keine Angst, es tut dennoch weh, schlossen Pauls Worte durch die Sprechanlage der Installation, und es herrschte kurz Stille im Ausstellungsraum.

Susa sah, dass Wilfried im Nordamerika-Raum über seinem Smartphone hing und darauf tippte.

Die Beerdigung. Das Auto.

Dort war er zusammengebrochen. Hatte ihr alles gesagt.

Wilfried und sein inneres Ringen. Das Kämpfen mit seiner Natur. Die Kultur die Arena. Die ewige Frage: Stimmt etwas nicht mit mir, mit meinen Wünschen und Sehnsüchten? Er erzählte Susa von den pathologisierenden Worten, die wie Scherben in sein Leben ragten.

Schimpfwörter schmückten seine Gedanken wie Blumengirlanden einen unheimlichen Garten, überdeckten seine schönen Gefühle, all die schönen Farben, von denen er behauptete, sie seien überschattet gewesen wie in einem Rembrandt-Gemälde.

Ja, zu der Kunst hatte er stehen können, nicht aber zu seinen Empfindungen. Nicht vor dem Blick des Vaters, den Blicken im Kreise der Familie; vor denen er seine feinen Bewegungen in die Scharade des Intellekts hüllte. Der Künstlersohn halt.

Den interessieren nur Farben und nackte Titten, hatte ein Verwandter trunken über den Tisch einer Familienfeier geprostet, als Wilfried über den weiblichen Akt gesprochen hatte, und ihm auf die Schulter gedroschen. Ein Stoß, gleich dem vor der Klippe.

Aber Wilfried fiel nie hinunter. Immer fing er sich, klammerte sich mit aller Kraft an dem Dahinter fest, um nicht in den Abgrund der Wortmonster zu stürzen. Immer wieder fing er sich. Immer wieder schaffte er es hinauf. Aber wo hinauf bloß? Zurück – bloß wohin?

Einfachste Farben waren universell und in unserer Genetik verankert, war dem nicht so? Hatte Newton nicht reines Sonnenlicht mithilfe von Prismen gespalten und wieder geeint, den Augen vorgeführt, dass nicht Unreinheiten im Glas Regenbogen hervorriefen, sondern dass das weiße Licht, dieses Gottesgeschenk, nichts anderes war als das Zusammenspiel aller bunter Wellen? Wusste man nicht darum? Oder gerade eben doch? Wollte man stets den Einheitsbrei, die eintönige Suppe? Machte man sich deshalb des Verstoßes gegen die Naturordnung strafbar, wenn man die Pigmente mischte? Das war es, was die Kirche noch im Mittelalter postulierte und weswegen sie die Ketzer strafte. Die Kirche, die Wilfried stets so viel bedeutet hatte. Die Kirche, die ihm bereits als Kind diese besondere andächtige Ruhe geschenkt hatte und dann doch immer wieder so viel Schmerz für ihn barg bei jedem zarten Gefühl, das sich in ihm regte – *Wenn jemand bei einem Manne liegt wie bei einer Frau, so ist das ein Gräuel, und beide sollten des Todes sterben.* Dieses sanfte Gefühl, dessen Bezeichnungen sich in die Haut fraßen wie Brandzeichen: Homo, Schwuchtel, Tunte. Aber da waren auch diese anderen Worte, die so unsagbar viel Trost für ihn bereithielten und die er immer und immer wieder las – *Und da er hatte ausgeredet mit Saul, verband sich das Herz Jonathans mit dem Herzen Davids, und Jonathan gewann ihn lieb wie sein eigen Herz.*

Und jetzt lagen sie vor ihm, die Kreuze, gefasst in Regenbogen. Noch undenkbar vor so vielen Jahren, als er zu sich selbst noch von Glück gesprochen hatte, dass er nie nachgegeben hatte. Nie gestraft worden war, mit Worten, Schlägen oder, schlimmer noch, Krankheit. Erst heute verstand er, dass diese Selbstkasteiung die größte Strafe von allen gewesen war.

Auf der Beerdigung seines Vaters hatte Wilfried das erste geblümte Hemd getragen. Nach der Beerdigung hatte er sich zu Thomas bekannt, dessen Briefen und scheuen Versuchen; hatte ihm gestanden, dass er ebenso empfand. Jetzt konnte er mit ihm zusammen sein. Wann immer er das Grab seines Vaters besuchte, beweinte er die verlorene Zeit.

Ich wurde betrogen von der Zeit, hatte er zu Susa gesagt und tief Luft geholt, betrogen von mir selbst. Dein Erfolg war ein solch sanftes Gefühl. In diesem Fall hatte ich die Zeichen der Zeit richtig gedeutet. Dich zu fördern, war eine Wiedergutmachung an mir selbst.

Susa war still neben Wilfried getreten, dessen Augen auf den jungen Körpern im Instagram-Feed ruhten, die die Straßen wie buntes, wimmelndes Konfetti füllten. Sie stupste ihn an.

Wilfried vergrößerte ein Foto, das Paul gerade gepostet hatte, und hielt Susa das Smartphone hin. Ein Foto seiner Tochter. Grüne Augen. Kupfernes Haar. Ein Foto, das Susa einen Schlag versetzte.

Alles in Ordnung?, fragte Wilfried.

In diesem Augenblick begann die Tonschleife, die die Ausstellung begleitete, erneut, und Pauls Worte drangen wie durch einen Schleier zu Susa:

Ihr Menschenkinder, die das Grün zähltet und nicht die Zeit. Die ihr einst mit den Gestirnen tanztet, harmonisch im selben Takt; den Daseinsstrang der Sinnlichkeiten bewohnend, ihn mit Worten umwobt, pflegtet und weitergabt. Ihr Kinder saht ihn nicht kommen, den

Maschinenmenschen, der lügt und stinkt, vergewaltigt und raubt. Den Maschinenmenschen, der in eure Zeit-Raum-Enklave eindrang und die Unendlichkeit zerstörte, sie zertrennte und die Fetzen mit seinen Raum-Zeit-Ansprüchen verschränkte, verhämmerte und verschraubte.

Da rannte und rannte es – immer schon.

Da rennt es und rennt – immer schon.

Da wird es gerannt haben und war gerannt – das Menschenkind.

Unaufhörlich. Immer schon.

Und währenddessen rast die Zeit dahin.

Der Ofen der Dampflok brennt.

Der Schornstein raucht.

Zeit fressend.

Den Raum durchquerend.

Das Menschenkind als Speiche.

Das Menschenkind als Kohle.

Das Menschenkind als Rauch.

Das Tempo des Fortschritts.

Der Fortschritt als Lokführer.

Fortschreitende Menschlichkeit.

Mein Kind.

Wo bist du hin?

Weißt du? Unsere Körper begrenzen uns wie das Tongefäß seinen Inhalt. Komm, ich zeichne eine Geschichte darauf und drehe an. Sieh, die Ränder schwappen und kreisen. Linien vereinen Sinnhaftigkeiten. Formlose Worte gießen Formen. Der Körper erhitzt und erkaltet. Darf ich ein Muster auf deine Haut zeichnen, oder verschränkst du die Arme? Schwappt unser Gefäß über? Platzen wir? Klirren und Zertrümmern?

Malena

(Auschwitz, 1944)

Mengele schaute Malena an und nannte sie Z-3804. Sein Blick sezierte das Kind mit wacher Gelassenheit, seine schmalen Hüften, die dünnen Arme und die zierlichen, langen Finger. Das Gesicht, der Körper – alles glich deutlich dem des Zwillingsbruders, die Augen ebenso blau, und doch war Z-3804 feiner, ja graziler in allem, was den Zwillingsbruder ausmachte. Er bedeutete Z-3804, das Kinn zu heben. Der trockene Mund barg gesunde Zähne. Dieses Blau. Diese Farbe. Geschmolzen schien sie in den Augen zu schimmern. Nicht nur die Furcht darin.

Mengele trat beiseite und richtete den Kragen seines Kittels.

Und waren auch alle Menschen dem Gewürm entsprungen – Läuse, Ratten –, stellte doch die Schöpfung sie, die Reinen, die Rechten, die Richtigen, über all die Kriecherischen, Niederen. Und über all jenes waren sie hinweggeschritten auf den Stufen der Evolution, immer höher hinauf in das Blau des Himmels. Die Spitze des Himmelzelts: das große Reich, tausendjährig.

Er schaute auf das zarte Kind hinab. Und was war Z-3804? Dieser bebende Körper? Selbst im Beben glichen die Bewegungen nicht denen des Zwillingsbruders.

Alles Niedere war eine Stufe. Eine Stufe, die in die Höhe führte und über einer anderen lag.

Er nickte entschlossen und klimperte mit dem Döschen unter dem Kittel. Ein Drehgeräusch. Blech harrte nicht mehr ineinander. Buntes Geklimper, süßes Geklimper. Er reichte Z-3804 ein Bonbon. Beben. Mengele packte das Bonbon in die zittrige Hand, verhalf ihr zum Schließen.

Malena spürte die Brause in ihrem Mund, wie Licht in ihren Gedanken.

Diesmal ruhten die Bonbons im Blech. Kein Geklimper. Kein Getrommel. Nur seine Blicke über Malena, seine Gedanken und das Schneiden des Skalpells. Der Schmerz zog eine Linie. Gab scheinbar seine Geheimnisse preis.

So muss es gewesen sein, konstatierte Mengele. Das muss Gott gesehen haben, das noch Sanftere, als er entschied, dem Manne die erste Männin zur Seite zu stellen. Sollte die Frau ruhig in der Wüste toben. Aber ihr sollt dem Mann die Weichheit zur Seite geben, von der ihn die Härte trennt. Du Männin. Du Eva. Die Frau soll samt ihrer Härte in der Wüste verkümmern. Soll abgetragen werden vom Sand. Verschüttet und vergessen werden. Keine Blüten mehr tragen. Nur die Männin bleiben. Ich sehe den Ursprung. Und so tatest es du, Eva. Und über ebendiesen Ursprung wankend wolltest du wissen, woraus du geschnitzt wurdest. Woraus dein Verstand gekrochen war, und so bissest du in die verbotene Frucht. Warum wolltest du deinen

Ursprung ausheben? Hast du die Narben gezählt? Und Gott hat dich bestraft. Dich, Männin. Keine Urmutter. Das Becken zu klein. Unter Schmerzen sollst du gebären. Die Kinder einer neuen Zeit. Die Männer und Männinnen. Die Urmütter und deren Kräfte vergessen im Wüstensand. Eins mit dem Staub des Gestern. Dem natürlichen Ursprung. Den Lichtern von damals. Den brennenden Sonnen. Keine Frauen mehr. Nur Männer und Männinnen. Stark und schwach. Wild und gezähmt. Eva hatte nur Söhne. Mann und Männin.

Und unter der Bettdecke erzählte Malena von der Männin, fiebrig und schwach. Sie wandte ihr Gesicht Oskar zu: Wenn wir sterben, wachsen uns Flügel aus Sonnenlicht.

Und eine Träne rann ihre Wange hinab.

Ist unser Wissen die Beschaffenheit unserer Seele? Pablo, du und ich. Ich will es wissen. Begreifen. Unsere Beziehung. Ist das alles nur eine Behauptung? Oder gründeln wir am Boden entlang, aus dem alles sprießt und zu dem alles wieder wird? Was sagen mir deine schwarzen Augen? Welchen Sinn spiegeln sie? Ehrfurcht? Vertrauen? Erhabenheit?

Ich sehe so viele Augen in ihnen. So viele, die schon gegangen sind, und so viele, die noch kommen werden. Sie zeigen mir einen Abschnitt der Zeit; den Raum und das Licht, das in ihnen brennt.

Pablo, wir wollen von Natur aus wissen. Pablo, von Natur aus sind wir.

Una

(Berlin, 2016)

Wusstest du es?, war die Frage der Siegried, aber nicht die Frage, die in ihr brannte.

Dass sie zusammen keine Kinder würden haben können, hatte sie gewusst. Und eigentlich war es auch nicht wichtig für sie. Una hatte nie darüber nachgedacht, Kinder zu kriegen. Eigentlich hatte sie nur darüber nachgedacht, anderen diesen Wunsch zu ermöglichen. Zu helfen. Vielleicht, um etwas zurückzugeben für all das Gute, das ihr widerfahren war. Vor dem Tunnel und danach.

Sie schaute in Siegrieds Augen wie damals in seine.

Der Abend in der Bar. Der Sprechgesang. Seine Anwesenheit im Raum. Seine Konturen wie mit dem Stift nachgezogen, mit dem Messer ausgeschnitten. Die Möbel, die Leute, alles um ihn herum im Blur, verschwommen. Seine Stimme ganz klar unter denen der anderen. Seine Augen immer noch auf ihr. Zwei Mal sollte er sie so ansehen. Dieses war das erste Mal, und er sagte ihr, was ihm das Herz schwer machte. Schon damals. Trotz kaum gewechselter Worte. Trotz fehlender physischer Berührung. Nicht mit dem Körper. Denn das Sonstige war bereits physisch. Er in ihr. Seine Präsenz. Seine Worte. Sein Bild in ihren Augen. Spiegelverkehrt. In Licht gebrannt.

Du musst wissen, dass ich etwas mit diesen Frauen gemeinsam habe.

Sein Drucksen und Deuten hinüber zu den Philippina-Mädchen, die die Barfliegen Ladyboys tauften. Die dort lachten und sich amüsierten. Die so schillernd den Raum erhellten, dass sich kein Auge der Liebe zu ihren Körpern verweigern konnte. Da mussten schon Worte her, die des Körpers Regungen prügelten. Den lüsternen Gedankenteppich ausklopften.

Una brauchte eine Weile, um das Gesagte zu verstehen. Du meinst ...

Da hob er ein wenig sein T-Shirt. Wie der Pavel damals, um seine Tintenkunst und den Waschbrettbauch zur Schau zu stellen. Aber wo bei Pavel ein Evolutionsbeleg die Milchleiste zierte, verliefen bei Paul weiße Stoffbahnen um die Rippen. Pressten weg den Beleg für die Kluft zwischen den Geschlechtern. Frau und Mann. Unliebsame Zwillinge. Eineiig, nicht zweieiig.

Una zog sein T-Shirt hinunter. Darf ich?

Und es entstand der erste Kuss.

Du bist Paul, hast du gesagt. Und der bist du.

Dass er damals nicht offen damit hatte umgehen wollen, verwunderte sie nicht. Warum erzählen, was war?

Er hätte sich sein erstes Drucksen sparen können. Er war Paul. Der Rest war Körper. Was war das schon?

Was trennte da schon? Sie hatte es gesehen. Das Nichts, das sich ineinander verdrehte. Vergrößerte und verkleinerte. Vertiefte und erweiterte. Alles war dasselbe. Nur der Kopf trennte Buchstaben, nicht die Körper. Und trotzdem diese Qual.

Wenn Paul neben ihr schlief, sich diese schwache Falte auf seiner Stirn abzeichnete, seine Wangenmuskulatur das Malmen veranschaulichte, dann setzte sie sich manchmal auf, legte zwei Finger auf ebendiese Stelle zwischen seinen Augen und spreizte sie. Befriedung. Befreiung. Schläfrige Augen. Nie schrak er dabei hoch. Immer legte er seinen Arm um sie. Zog sie zu sich in das schützende Dreieck zwischen Brust und Schulter. Das entfesselte Urvertrauen zwischen ihnen, vom ersten Augenblick an.

Ja, dich habe ich gefühlt im Raum. Ich wusste, da war was. Ich wusste, dass wir gemeinsam schwingen, dass unsere Körper sich zueinander hinziehen. Wir der Anziehungskraft des jeweils anderen erliegen. Sich etwas zusammenschmiegt. Ganz dicht. Ich habe dich gefühlt. Und ich spüre deinen Schmerz, auch wenn ich ihn nicht ganz verstehe. Weil du für mich so unwahrscheinlich komplett und gut bist. Verzeih mir meine Ratlosigkeit in diesem Punkt: Es schmälert nicht meine Zuneigung zu dir. Gar nicht.

Una hatte sich nie darüber Gedanken gemacht, warum sie mit der Information ihres Körpers zurechtkam. Warum sie sich als Frau sah und wahrnahm. Vulva, Vagina, Tuba, Gebärmutter und Eierstöcke – XX.

Primär Frau. Schamhaar, Achselhaar, Brustwachstum, Menstruation – sekundär Frau. Aber sie hatte sich in ihm immer zu Hause gefühlt.

Dennoch wurde er belagert.

Vertrieben – von den Nachbarn.

Benannt und verschrien – von den Nachbarn.

Vergewaltigt und gemordet – von den Nachbarn.

Vor dem Tunnel.

Was ihr tertiär zugetraut und zugeschrieben wurde, befand sich im stetigen Wandel. War wie Knetmasse, formbar. Wie ein Kleidungsstück, wechselbar.

Und trotzdem diese, seine Qual.

Das Abbinden. Die Hautreizung. Die Abschürfungen. Die Kurzatmigkeit.

Dann wollte sie ihm sagen: Du bist Paul. Du bist dort zu Hause. Was mein Mund ist, ist deiner. Was meine Haut ist, ist deine. Was meine Vulva ist, ist dein Glied.

Wo ist das gelobte Land?

In Gefangenschaft.

Nicht deine Sprache sprechen.

Dich verstellen.

Nicht zu deinem Gott beten.

Verleugnen.

Dich nicht frei bewegen können.

Furcht. Gewalt. Unterdrückung.

Flucht. Rennen. Um dein Leben.

Wo ist das gelobte Land?

Du hast es nie betreten.
Du warst nie Teil davon.
Du versuchst, es zu erobern.
Wirst du die Mauern stürzen?
Wirst du?

Wo ist das gelobte Land?

Das Seltsame ist: Wann immer ich mich jemandem anvertraue, dann werde ich genau zu dem, was ich nicht bin – das hatte er ihr gesagt, und sie hatte ihn verstanden. Die Leute denken mich um, entwerfen mich neu, ihren Vorstellungen getreu. Fragen nicht wer, sondern nur was. Dabei hatte ich mich selbst neu entworfen, getreu ihren Vorstellungen. Immer schon. Wir alle tun es. Das ist es nicht, was mich umwälzt, das ist nicht, was mich quält. Nicht die tertiäre Erziehung. Sondern das Wachsen. Wo ausbleibt, was sein sollte. Wo kommt, was nicht sein sollte. Wo ich rot sehe und verzweifle. Es geht nicht um das Kleid und wie es gelesen wird. Es geht nicht um das Aussehen und die ganzen Texturen. Es geht um diesen ewigen Dissens, der sich in allem Körperlichen morphisch schwindlig verdreht. Nicht zu wachsen. Nicht anzukommen. Niemals zu Hause zu sein. Ich berühre dich und irgendwie auch nicht. Unsere Liebe auf dem Höhepunkt und irgendwie auch nicht. Wo ist die Ejakulation? Sie bleibt Gedankenfeuer. Sie lässt mich verraten zurück. Und warum ich so bin, frage mich nicht. Es ist keine Krankheit, nein. Erst recht kein Hirngespinst, Dysphorie oder dergleichen, nein. Es ist körperlich. Es betrifft nur den Schweiß, das Blut, die Wichse und all die anderen Geheimnisse.

Selten kam das Gespräch darauf. Wenn es das tat, liefen ihm Tränen über die Wangen.

Dissensual. Nicht Kultur.
Natur.
Cis, das ist mein Diss.
Natur bezwingen.
Medizin und Technik.
Kein Hinüber.
Technische Mimesis.
Verwachsen.
Eins sein.
Mit dem Wer, das dich ausmacht.
Dort drüben im anderen. Jenseitig.
Nicht dazwischen, nein.
Kein Non-.
Kein trans.
Ultra!

Zuerst kam der Stimmenbruch. Bart. Mastektomie. Und zuletzt, vor vier Jahren, die letzten beiden Schritte auf Pauls Weg, sich möglichst frei bewegen zu können. Möglichst er selbst zu sein. Das hatte Una verstanden. Es würde sich für ihn immer wie eine Prothese anfühlen. Aber eine Prothese, mit der er Frieden schließen konnte. Mit dem Land, welches nicht sein eigenes war. Mit der Heimat, die nie eine war. Mit dem ganzen

Betrug und den Lügen. Dem unnötigen Blut. Natur, nicht Kultur.

Nach dem Tunnel.

Die Siegried schaute immer noch. Immer noch dieser erschrockene, menschliche Blick. Diese Anteilnahme. Die Teilhabe an allem, was uns ausmachte.

Wenn du ein Kind mit mir zeugen könntest, das wiederum so wird wie du, den gleichen Schmerz teilt. Würdest du es tun?, fragte Una.

Und Paul überlegte nicht lang. Natürlich. Jeder Schmerz birgt den Willen zur Veränderung. Jeder Schmerz ist Bewegung. Aufbrechen und Heilung. Ich verändere mich. Versöhne mich mit meinen Schmerzen. Ich bin wertvoll. Mein Schmerz ist es. Er ist heilsam und lehrreich. Mit ihm bezwingen wir, was uns auferlegt wurde – die Natur und das Tier. Immer weiter und immer unter Schmerzen. Erst wenn es nicht mehr wehtut, werden wir nicht mehr sein. Dann werden wir nicht mehr Mensch sein. Schmerz ist, was wir alle haben und brauchen.

Und die gleichen Ängste?

Die Angst entsteht in den Köpfen. Sie verdichtet sich und wird zu Panik, Hass und Furcht. So, wie uns der Thrill des Wagnisses überlegt und vorsichtig handeln lässt, so bremst uns die Angst aus. Angst kommt immer von außen, niemals von innen. Liebe vertreibt sie. Wir würden unser Kind doch lieben?

Ja. Das würden wir, sagte Una.

Und hatte diese Worte auch noch in der Klinik im Kopf. In London. Vor ihrem Vorhaben. Vier hatten sich entwickelt. Ganze vier. Zwei sollten aussortiert werden. PID. Aussortiert. Hatten ein paar Buchstaben zu viel: CAG – Chorea Huntington.

Die Angst im Kopf. Der Schmerz. Alles kam in Wellen. Heute herrschte Sturmflut. Morgen war Ebbe.

Vor dem Tunnel war nach dem Tunnel.

Ja, was du gelesen hast, stimmt: Paul ist trans. Aber er ist der Vater der Kleinen, und ich bin ihre Mutter.

Die Siegried starrte.

Warum willst du die Wahrheit wissen, wenn du sie nicht annimmst? Warum bohrt dann dein Blick?

Una sag, wer ist der Vater der Kleinen?

Wenn du so fragst, frag auch gleich nach der Mutter.

8

Zuerst bin ich die Summe ihrer Entscheidungen.
Dann die der Geschichte eines Landes.
Der Empirie des Wahnsinns.
Und ich sitze vor meinen Protheseneltern,
Zusammengewürfelt.
Und auch sie können mir den Schmerz nicht nehmen.
Wie auch?
Sind auch nur Mensch.
Sind auch nur Kind.
Sind auch nur Fleisch und Worte.
Du mit deinen schwarzen Augen:
Was verspricht mir Trost,
wenn ich nur in Worten denke?
Welches Gefühl deckt mich ein –
mit der Sanftmut der Zeit?

Una, Susa und Malena

(Berlin, 2020)

Susa hielt noch immer Unas Hand fest. Ein Händedruck, der durch die Zeit reichte, die zarten Schichten miteinander vermischte wie mit einem angefeuchteten Pinselstrich.

*

Dort lag der Artikel aufgeschlagen neben Unas Kopfkissen:

... *Der Zufall, das interessiere und motiviere sie – wie wichtig der Einfluss der Künstler*in auf das Bild sei, das geschaffen wird, und wie sehr ebendieser Einfluss jenes einschränke, was entstehen könnte* ...

Unas Gedanken waren wie kleine blaue Flammen; dicht an dicht stießen sie hervor, und doch wohlbehütet unter ihrer Schädeldecke. Dort sollten sie bleiben, nicht laut werden, rauskommen, um sich greifen und die Wirklichkeit einfordern – und mit dieser zusammen die Wahrheit. Blau und heiß. Wenn Paul mit Susa Kunst machen würde. Wenn Paul auf sie treffen würde. Leben und Lebenswelt miteinander verschmolzen. Immer und immer wieder. Was würde dann passieren?

Nach dem Tunnel, nach dem Tunnel ...

Dort stand Una in der Londoner Klinik, in der alle sie mochten, in der alle ihr vertrauten.

Komm, Una, hilf dort aus, sieh dir das schon mal an.

Das Vertrauen der Oberärztin, des Stationsarztes. Der gesamten Belegschaft. Das ganze Vertrauen.

Und dann war da dieser Name: Jankovic. Das Paar wünschte eine PID.

Und Schweiß perlte auf Unas Stirn. Schweiß wie lange nicht mehr. Sollten aussortiert werden – die mit den falschen Buchstaben. Waren zu viel. Und dort flimmerten die Straßen und Gräben. Die ganzen Toten.

Schweiß wie damals im Biologie-Zimmer, bevor Una zusammengebrochen war.

Schweiß wie später auf dem Gang, in dem diese Susa, eine berühmte Künstlerin, an ihr vorrüberging, den Blick voller Schatten, aber doch mit Hoffnung darin. Und Una ihre Hand packte. Ihre Bitten und Fragen sich in Susas erschrockenem Blick spiegelten, sodass Una doch nur über die Lippen brachte: Sie sind sehr attraktiv! Und ihre Hand wieder losließ.

Paul aber Unas Hand nicht losließ, als sie ihm von ihrem Vorhaben erzählte und auch gleich davon, dass sie dann damit aufhören müsse, dem Studium, es aufgeben müsse, und Paul lange schwieg. Sehr lange. Ihre Hand aber nicht losließ.

Und sie seltsam nüchtern sagte: Sie sterben so oder so. Entweder in mir oder außerhalb. Die Chance ist zu gering, eigentlich unmöglich – es, ja, es wäre ein Wunder.

Und Paul hatte Tränen in den Augen. Dicke Tränen,

ein zittriger Schleier, viel dicker als bei den seltenen Malen, wenn er über das sprach, was ihn schmerzte.

Und er schließlich unter Abfluss dieser dicken Tränenmasse sagte: Ich möchte nicht wissen, von wem, aber ich stehe hinter deiner Entscheidung.

Und dann überführte sie sie in ihren Körper.

Die Aussortierten.

Die zum Tode Verurteilten.

In den Schutz ihres Körpers.

Zwei von vieren.

Und eins von zweien wuchs tatsächlich.

Das Wunder.

Nach dem Tunnel, nach dem Tunnel!

... Die Kreation endet nicht einfach mit der Fertigstellung des Objekts. Das ist nur die Hälfte des Ganzen. Die andere ist das Sehen, das Betrachten und Schauen, was es einem offenbart. Welche Fragen und Antworten es bereithält. Das Ausschließen und Einschließen ...

*

Susa hielt immer noch Unas Hand. Bitte lass mich mit dir reden. Bitte sag mir, dass sich mein Verstand irrt. Dass, wann immer ich auf Pauls Fotos schaue – die mit der Kleinen, mit dir und der Kleinen, die Videos –, ich mich irre. Bitte rede mit mir!

*

Vor dem Tunnel.

Während der Schwangerschaft träumte Una plötzlich wieder in der Sprache der Heimat. Der ersten. Nutzte die abgestoßenen Worte, die verbannten, aufgestauten Worte.

Vor dem Tunnel.

Das Helfen. Hier, pack mit an. Die Verwundeten. Was stehst du rum? Hey, hör mir gut zu. Du bist gesund. Du hast zwei Arme und Beine. Die brauchen wir hier. Sieh nicht auf das Blut und die Wunden. Sieh die Klemmen und Bandagen. Das Schließen der Wunden. Das Verstummen der Schreie. Nicht alle Augen werden starr. Nicht alle Augen müssen wir schließen.

Und sie half. Immer wieder hielt sie Hände. Reichte sie Hände.

Vor dem Tunnel.

Die Furcht. Das Rennen. Mit dem blauen Rucksack, einem mit Schwertwalen.

Durch den Tunnel, durch den Tunnel.

Wenn sie schrie und in Pauls Armen erwachte, schweißgebadet, dann beruhigte er sie, beruhigte sie und presste sie an sich. Fuhr ihr über die klatschnasse Stirn und meinte: Du hast in einer anderen Sprache gesprochen; nicht Deutsch – einer anderen.

Nach dem Tunnel.

Und dann war das Wunder da. Nach zwölf Stunden. Lag schreiend in ihrem Arm, und Paul hielt Una die eine Hand und küsste sie.

Aber das Wunder schrie auch in Deutschland noch,

nach Monaten noch. Und Una ertrug das Geplärr in stoischer Ruhe, weil es ihr wenigstens eine Pause vor Siegrieds fragenden Blicken schenkte, die den Schreihals nicht aushalten konnte, sodass der Onkel vom Glück redete, dass die Siegried niemals eigene Kinder gehabt hatte. Er ihr sogleich nachfolgte, um wütende Tränen zu trocknen.

Ja, Kinder wollte ich, konnte aber keine kriegen, du Idiot! Du Dummkopf! Und überhaupt, was hat das mit dem Ertragen dieses Lärms zu tun? Macht mich das etwa weniger zur Frau? Du bist hier die Glucke. Du bist hier der Mann. Und genauso kinderlos wie ich.

Und dann weinte der Onkel: Aber wir haben doch die Una und den Pavel.

Und dann weinten beide.

Jetzt waren sie Oma und Opa.

*

... Die Unmittelbarkeit ihrer Kunst denkt sich ohne Ursprung und Schicksal. Sie ist ein fortwährender Prozess, ein Ausdehnen und Zusammenziehen. Die Körper, Oberflächen, Farben und Formen kollabieren ineinander, und gerade in dieser Supernova der Dinge und Sinnlichkeiten flimmert ihre schöpferische Ewigkeit ...

*

Oskar hielt Malenas Hand, die ganz kühl geworden war. Wie das schwache Lächeln auf ihren Lippen.

Die schrecklichen Experimente, das Leiden der Kinder, die ihn in den Schlaf verfolgen sollten; graue Farbe über sein Leben schütteten, egal, wohin er blickte. Und manchmal erinnerte er sich an Malenas Fieberträume, ihr Wippen unter sonnigem Orange, die Brausebonbons, den Frank, der sie liebte, ganz anders, als Oskar seine Schwester geliebt hatte, die plötzlich das Verhasste zwischen ihren Beinen nicht mehr besessen hatte. Und wo die anderen Kinder angesichts der Verstümmelung ächzten und klagten: Der hat mich zum Mädchen gemacht!, hatte Malena tapfer die Heilung erwartet.

Aber dieser Mensch hatte keine Heilung gewollt, dieser Mensch hatte ihr gar nicht helfen wollen, auch wenn er es unbeabsichtigt für einen kurzen Augenblick lang und in all seiner Entsetzlichkeit getan hatte. Er wollte ihr nicht helfen. Und sie starb.

Genau wie das Versprechen, dass Oskar gehen dürfe. Weil sein Tata ein ehemaliger Wehrmachtssoldat war und sich nun freiwillig zum Fronteinsatz für das Deutsche Reich gemeldet hatte. Dann kämen Kinder, Frauen und Geschwister raus, das war die Hoffnung derjenigen Männer, die sich meldeten, das war die Bedingung ...

*

Doch das kamen sie nicht. Nicht in Auschwitz nicht. Nicht in Ravensburg nicht und auch nicht in Mauthausen nicht – das erzählte die Käthe Susa und ließ ihre Hände nicht los.

Die Sonne schien auf den kleinen Tisch zwischen ihnen. Darauf die Blumen, die Susa ihrer – ja, was war sie eigentlich? Ihrer Großtante? Tante zweiten Grades? – mitgebracht hatte: blaue Zichorien.

Dann haben sie uns doch nicht alles genommen, sagte die Käthe und fuhr Susa über die Wange.

Und Susa brach in Tränen aus.

Ich wollte endlich über all das reden. Gegen das Vergessen. Ich habe nicht gewusst, dass Oskar dein Vater ist. Ich wollte mit meinen Aussagen nicht für so viel Wirbel in deinem Leben sorgen. Wir dachten, er wäre gestorben, zusammen mit Onkel Fritz in Ravensburg. Genau wie meine Schwestern Marina und Feli. Die Therese machte mich zu ihrem Kind, hielt meine Hand auf den Märschen, wo jeder erschossen wurde, wenn er nur anhielt, weil er nicht mehr konnte. Wir hielten uns die Hände nach den Sterilisationen, damit uns nicht auch noch das letzte bisschen Leben entwich. Ich weiß nicht, wie wir das überleben konnten. Ich habe es bis heute nicht überwunden. Vieles von mir starb dort mit all den anderen. Alles Schöne wurde einfach verschlungen.

Käthe seufzte und strich die festonierte Tischdecke unter der rosengemusterten Porzellanvase glatt. Rosen und Zichorien.

Eigentlich wollte ich Deutschland nie mehr betreten, nie mehr diese Sprache sprechen. Wir sind nach Serbien gegangen, aber dort gab es dieselben Vorurteile. Es war besser zu schweigen. So wie die Friederike, die kaum noch sprach nach alledem. Dem Tod ihrer Kinder. Aber dann mussten wir auch von dort fliehen – zurück nach Deutschland. Zum Glück hat das die Friederike nicht mehr miterlebt.

Rostock war ein Schock für uns. Therese und ich hatten doch bloß Zuflucht gesucht ... Wir sind Deutsche, wir haben eine sechshundertjährige Geschichte hier, haben dieses Land mit aufgebaut. Aber nach dem Krieg hatte sich nicht viel geändert. Alles wieder vergessen. Die gleichen Vorurteile. Keine Wiedergutmachung.

Käthe hielt inne. Ihr Blick kurz ganz fern, obwohl ganz nah zum Schoß gerichtet.

Dann hat er all die Jahre noch gelebt.

Sie blickte auf.

Schau dich an. Ganz die Therese. Das hätte sie glücklich gemacht, dich so zu sehen.

Käthe schaute wieder in das Gestern, ihre Augen hell, tränenbesetzt.

Woran ist er gestorben, sagtest du noch mal?

An einer Bleivergiftung beim Malern mit weißer Farbe.

*

Nichtraum.

Eine monochrome Kulisse. Keine sichtbaren Teile. Keine Schrauben, Walzen und Kolben. Der heutige Mensch entwickelt sein Abbild in stillen Giftbädern und wird angetrieben durch geruchlose Abgase; die Prozessoren sind genauso verdeckt wie das ganze Gift, das in unsere Umwelt fließt und mit dem wir schließlich eins werden: Kunststoff im Magen, in der Lunge, im Kopf.

Wer bin ich? Dieser Körper, ja – aber über diesen hinaus? Im Innen, im Außen?

Ein einziges Ragen. Ein Abtasten und Entdecken. Der ganze Eros und die in ihm innewohnende Suche: wie eine fest verschlossene Blüte, Blatt um Blatt, Fleisch um Fleisch, Zelle um Zelle.

Entdecken wir am Ende wirklich uns selbst, wenn uns der Fruchtstand endlich sein Geheimnis preisgibt?

Kommen und Vergehen.

Keine Angst.

Es tut dennoch weh.

Wetterleuchten.

War es vor oder nach der Sterilisation gewesen?

Beruhige dich, sieh nur, die Leute gucken schon. Nun beruhige dich, hatte dieser Mann gesagt und ihre Hand losgelassen und zu den anderen geschaut, bevor er wieder den Blick auf die Leinwand richtete, auf der die Geschichte eines Schwertwals erzählt wurde, dem ein kleiner Junge zur Freiheit verhalf.

Und Susa hatte die Tränen unterdrückt.

Die sollten erst wieder an einem anderen Tag aus ihr herausbrechen, an diesem einen Tag auf der Arbeit, als das Radio lief und der Küchenchef den Titelsong über den dampfenden Töpfen mitsummte. Sie hatte dagesessen, die Spitze einer Strähne zwischen den Lippen, den Blick auf den Grund einer abgeräumten Kaffeetasse gerichtet, den schwarzen Grund. Dieser Wal sollte befreit werden. Wieder ausgewildert. Und sie hatte begonnen, Linien zu ziehen. Gedankenverloren. Aus dem Nichts heraus. Der Orca sprang aus den Kaffeeresten.

*

Keiko war frei. Im riesigen Ozean. Beinahe dort, wo er als Kind gefangen wurde. In der Nähe seiner Verwandten. Deren Rufen. Deren Verhaltensweisen. Deren Kultur. Aber er fand niemals mehr den Anschluss. Bei keinem Clan, dem er folgte. Keiner Muttersprache. Keiner Natur. Nur bei der Sprache der Menschen. Deren Lauten. Deren Jubel und Augen. Deren stinkenden Fischkuttern vor norwegischen Küsten. Die gaben ihm Fisch. Schenkten ihm Worte. Das Reiten der Kinder. Ein bisschen weniger Einsamkeit – bis der Atem versiegte. Eine Lungenentzündung. Eineinhalb Jahre nach seiner Freisetzung.

*

Susa erzählte Una: Als ich jung war, war ich kapriziös. Laut und hell. Wild und mager. Es war, als hätte ich noch genügend Energie gehabt, mich freizustrampeln, bevor sie mich unter sich begrub und wegzog, diese Welle. Diese Fragen, die mich so gänzlich ohne Sinn zurücklassen. Aber hätte mir ein Kind Sinn geschenkt? Mich von diesen Fragen erlöst? Es hätte mich getröstet und abgelenkt. Gewiss. Das Erwachen eines neuen Geistes zu erleben; zu erleben, wie er Sinn und

Schönheit entdeckt. Aber die Fragen wären geblieben, das Gefühl, über Jahrhunderte zu verrotten und diese Zusammenrottung weiterzugeben. Es ist wie ein schlechter Trick. Das Leben ist ein Trick. Das, was in der Kiste zappelt, stellt sich immer als die Teile von jemand anderem heraus, und so sind wir ein Ganzes aus verschiedenen Teilen und werden es immer sein. Und so ist auch dein Wunder unser aller Wunder und bringt uns immer wieder ein Stückchen über all das hier bei. Über das Leben. Dessen Kummer, aber auch dessen Freude. Unser Wunder zu sehen, das hat mich genauso glücklich gemacht, wie es mich unglücklich macht, es wieder entschwinden zu sehen – wird es das nicht? Ich verzeihe dir. – Sag, darf ich die Kleine kennenlernen?

Susa hielt Unas Hand in dem kleinen Café um die Ecke, ganz nah bei deren Zuhause. Dort, wo sie sie abgepasst hatte. Jetzt weinten die beiden Frauen, dass die Leute schon guckten, ja das Service-Personal innehielt, sodass die Getränke schwappten und wieder in konzentrischen Kreisen zur Ruhe kamen.

Die beiden Frauen ließen sich nicht los.

*

THE (W)HOLE hieß Susas vorerst letzte Ausstellung.

Sie wolle ihren Blick danach auf andere Dinge richten – die kleinen, die schönen, die dieses Dasein für uns erhellen.

Was wäre, wenn dir die Welt, in der du lebst, die Luft, die du atmest, und die Freiheit, in der du spielst, plötzlich weggenommen würden?, ertönte über die Lautsprecher, während auf den an die Wände projizierten Bildern Wellen brachen. Es waren die Worte des Trailers zu dem Film *Free Willy*, die sich mit dem Schreien und Lachen von Kindern vermengten. All den vergessenen und erinnerten.

Lasst die Merkmale sein, wir sind alle gleich. Der Unterschied eint und versöhnt uns. Der Unterschied lässt uns wachsen. Polychrome Flächen.

Nur ein Ausstellungsraum zeigte ein riesiges, monochrom blaues Wandbild. Ein Blau, das so viel Licht absorbierte, dass es beinahe schwarz wirkte: *(A-)VOID.* Es handelte vom Tod Mengeles. Dem ewig Elenden. Dem, wenn auch erinnert, niemals mehr glücklich Seienden. Er wurde bestraft, auch wenn der Prozess ausblieb. Er hatte die Technik missbraucht, das Wissen belogen und betrogen. Er war wahrlich schlecht. Er fällt aus dem Weltsinn heraus – ewig!

In einer Nische der Ausstellung stand in den für Susa typischen Serifen *ROSA WINKEL,* mit weißem Licht an die Wand geworfen. Um in ihn zu blicken, mussten sich die Betrachtenden verrenken, neugierig, unbequem, und doch konnten sie kaum einen Blick erhaschen auf das, was bipolar die Augäpfel kitzelte, sodass die Pupillen sich öffneten und weiteten wie der Muskel das Herz. Schlag auf Schlag.

UNSERE GESCHICHTE MORDET.

Und nach weiteren zahlreichen Verrenkungen konnten die Betrachtenden ein ebenso schlichtes *UNS* erkennen – nicht rosa, denn diese Brille trugen die Betrachtenden selbst, trugen sie als zarten Liebreiz oder weißgluten Zorn, ihr Blickwinkel war rosa – das Objekt reines Licht (weiss).

Der Winkel, in dem du auf mich schaust,
mich vermisst und schneidest.
Willst entdecken, akribisch, lustvoll.
Bist Triebtäter auf deiner Suche
Über- und übertötest deine Gedanken.
Wo platzt es aus den Linien?
Wo verwickelt es sich?
Alles, immer wieder.
Du wirst den Ursprung nicht von deiner Vorstellung trennen können.
Parallel gezogene Linien sind immer da.
Niemals tangential.
Immer gegenwärtig.

Der nächste Gang blendete den Besuchenden mit seinem Licht. Geblendet musste er sich durch den Sound von Schüssen und Schreien tasten, bis er in den Raum *ULTRA DEEP FIELD* gelangte. Ein schwach beleuchteter Raum, der so ausgekleidet war, dass Schallwellen kaum reflektiert wurden, er die Geräusche schluckte. Ein schwarzes, mit Lichtpunkten durchsetztes Feld an der Decke, das den Betrachtenden seine Gänze und Tiefe erst präsentierte, wenn diese unter den bedruckten Acrylglasscheiben hindurchgingen und damit ihren Blickwinkel verschoben. Erst dann erkannten sie die Aufnahmen des Hubble-Weltraumteleskops, die sich Glasschicht um Glasschicht in die Höhe der Decke erweiterten. Den Blick zurück. Sterne und Galaxien. Manche waren bereits erloschen. Ihr Licht aber drang noch zu uns. An den Wänden. Interviews und Stimmen jüdischer Überlebender und Opfer des Holocaust. Man musste sich ihnen zuwenden, die Kopfhörer aufsetzen, ihnen seine Ohren leihen. Wirklich zuhören.

Der nächste Raum war hell. Die reflektierende Statue eines Mädchens aus Chromstahl, stilisiert in der Pose des Denkers. Ihre Gesichtszüge ließen auf Trisomie 21 schließen. An den Wänden Glasscheiben mit Projektionen von Aufnahmen der Paralympics: Sieg und Jubel. Sie überblendeten NS-Propaganda, Ausschnitte aus dem Riefenstahl-Film *Olympia*, die hinter den Scheiben auf Monitoren abgespielt wurden. *DER STÄRKSTE IST DER ZUFÄLLIGSTE (THE STRONGEST IS THE MOST RANDOM)* stand in weißen Versalien auf dem Boden vor dem Mädchen.

Der nächste Gang ein Flackern wie Wetterleuchten, dazwischen Wortfetzen, lauter, leiser, verschluckt und abgebrochen, hämmernde Reime:

Wellen bäumen sich
aus Händen, Augen und Mündern.
Wellen beugen sich
unter Schlagstock und Appell.
Wellen bäumen sich
unter Schüssen, Donner und Gebeten.
Wie Wellen branden unsere Stimmen zu euren Füßen
Auch Asche bringt Neues hervor.

Ein Schattenschlag
legt sich aufs Auge.
Geisellicht kegelt und gießt,
gleißt und hellet.
Im Taumel kommen wir uns näher,
verkeilen sich die Körper,
Kontraste und Konturen.
Erkennst du dich?

Schließ die Augen!
Schließ den Mund!
Ein Poltern im Treppenhaus –
immer noch?

Der anschließende Raum zeigte eine Reihe von abstrakten Gemälden, die sich des Farbtons von Zichorien bediente. Eines mit einem Himmel aus irisierendem Blau und Schwarz, trug den Namen *Tante Malena* und lud in seiner Abstraktion die Augen der Betrachtenden dazu ein, vor und hinter die Oberfläche zu schauen.

Das Bild *Eva* (*Die Männin*) hinterfragte in seiner Vielschichtigkeit und Überlagerung, wie viel patriarchale Kraft das heutige Bild der Frau geschaffen hatte – oder sollte man sie gar Männin nennen? –, die aus der Kraft männlicher Fantasie hervorgegangen war und in ihr ihre Reproduktion fand.

Dem Gemälde gegenüber stand ein Objekt, gemacht aus einem Nichtobjekt: Hinter einer Glassäule, hermetisch abgeschlossen, wirbelte hier in algorithmischen Mustern Sand virtuose Figuren in die Luft. Es trug den

Namen *Frau* und blieb dem Ertasten hinter dem Glas genauso verborgen wie unserem Verstand, der die ursprüngliche Frau nicht mehr denken konnte und damit einem Vogel glich, der den Himmel hinter einem Fenster ausmachte, unfähig, zu diesem durchzudringen. Genauso wenig gelangen wir rational zu einer Antwort auf die Frage nach dem Ursprünglichen, weil stets im Wandel – unendlich. Unser Verstand flattert in seiner Ermüdung und muss schließlich ausruhen, ja sich gar ablenken, will er sich nicht in nicht rasten wollender Ratlosigkeit verlieren.

Pablo. Bist du bereit?

Als Susa auf das Kind mit Milans und ihren Anlagen stieß, also auf mich, da weinte sie.

Ich war verlegen und verwundert. Vor mir stand eine bekannte Künstlerin, wie man mir zuvor erklärt hatte. Und auch, dass ich ohne sie gar nicht leben würde.

Meine Mutter saß da. Still und mit roten Augen. Und auch Papa und Onkel Pavel. Opa und Oma ließen ihre Zigaretten in ihren Händen unbeachtet sich selbst rauchen.

Es war mein zehnter Geburtstag.

Heute stehe ich vor dir. Du, den ich im Wasser stehen sah, den Kopf voller Geschichten und Fragen. Und jetzt schau dich an: Mensch bist du geworden, du, mein Schwanenmann.

Jetzt stehen wir voreinander. Atmen unseren Atem. Jetzt.

Ich, hier, jetzt.

Pablo, mein Füller hat keine Tinte mehr. Seine Feder kratzt die Linien meiner Worte ins Papier. Worte, die sich in unsere Haut brennen.

Pablo, spalte mich in zwei Hälften und erschaffe aus mir Himmel und Erde.

Pablo ... Nun schaust du mich an? Jetzt, da du Mensch geworden bist? Das Schwarz deiner Augen mit meinen Worten in unsere Welt gedrungen ist? Wir endlich resonant zueinander sind und ich mich in dir verstehe? Bist du mir böse, dass du nicht mehr fließen kannst? Hineinschreiten ins Wasser, das geht noch. Tanzen wir noch einmal? Mein Schwanenmann. Sieh, deine Fingerspitzen tragen keine Federn mehr. Ihre Kiele ließen nur Worte zurück. Worte, die fragen.

Schau mich nicht so an. Ich habe nicht alle Antworten. Aus Fragen bestehen wir. Aus deren Worten. Aus denen wurden wir gemacht.

Zuerst ging nur ein Schritt fehl. Nur ein Mal traf ich den Boden nicht mehr wie gewohnt unter mir, wirkte mein Körper versetzt im Raum, flog durch die Sekunden der Propriozeption. Dann und wann fiel ich öfter. Befremdung in der Bewegung. Wahrscheinlich ein Tic?

Mutters verneinender Blick bei der Sprechstunde. Sie wusste um die Buchstaben, CAG, die Krankheit. Wusste es schon lange. Von Anfang an. Noch bevor ich auf der Welt war. Wollte mir trotzdem Leben schenken. Hatte auch geklappt, das Wunder.

Das Wunder, das wieder versagt. Versagt bei allen irgendwann.

Manche fragen sich nur länger nach dem Wann und dem Wie.

Manche fragen auch nach dem Wo.

Die wenigsten hinterfragen das Warum.

Pablo.

Jetzt hörst du meine Worte.

Meine Vernunft und durch diese meinen Kummer und meine Freude.

Pablo. David Pablo.

Das Kleinste scheinbar Bedeutungslose, das das Größte ins Wanken bringt. Und all seine Phasen ... blau, rosa ... die ineinander verdrehten Teile.

Irgendwann fällt das Erkennen schwer. Aus welchen Teilen setzen wir uns zusammen? Wo gehören deine Augen hin, was verschiebt dir die Nase, die Ohren, die Hände, die Füße, das Herz und den Magen? Wie angsteinflößend, nicht aus einem starren Guss zu sein. Stabil und abweisend. Immer drischt ein kleiner Wandel auf uns ein, durchlässig – unabdingbar. Dem Leben geschuldet.

Pablo, dort entlang fließt der Fluss, in dem wir stehen.

Geradeaus und in Kurven.

Manchmal ein kurzes Stück zurück.

Gestaut, aber dennoch immer weiter.

Pablo ...

Ich darf sehen. Ich darf erleben.

Und dafür bin ich dankbar.

Für all die kleinen Dinge, die das Leben für mich bereithalten und mich zu der machen, die ich bin.

Ob ein paar Buchstaben zu viel oder nicht.

Ich lebe. Und tu es noch.

Du mit deinen schwarzen Augen. Im weißen Kleid.

Ich habe gehört, dass der Herzschlag ein halbes Jahr, bevor man stirbt, anders wird.

Deine Hand in meiner.

Lass uns nicht fragen, wie es gerade schlägt.

Lass sein.

Dank

Ich danke München (2018), wo ich in den frühen Morgenstunden, noch mehr im Traum als wach, die ersten Zeilen von *David Pablo* in mein Smartphone sprach. In einem Hotelzimmer, ganz in der Nähe des Ägyptischen Museums.

Ich danke Olivia, die mich 2019 auf die Literatur-Apotheke in Zürich aufmerksam gemacht hat, wo ich meinen zukünftigen Verleger kennenlernen sollte. (Danke, dass du immer an mich geglaubt hast! Für unsere Freundschaft!)

Ich danke Berlin (Mai 2022), deinem Frühling, deinen Museen, deinen Menschen, deiner Inspiration.

Insbesondere danke ich:

dem Humboldt Forum, vor allem für *BERLIN GLOBAL*, *Nach der Natur* und viele andere wundervolle Eindrücke (Ich habe Tage in dir verbracht!),

dem Pergamonmuseum (das sich zu *Berlin schreibt sich Babylon* in meinem Kopf verquickte),

dem Dokumentationszentrum Flucht, Vertreibung, Versöhnung (das wirklich ein einzigartiger Lern- und Erinnerungsort ist),

der Dokumentationsstätte Topographie des Terrors.

Ich danke Gerd, der mir eine WhatsApp-Message nach Berlin schickte mit einem Foto vom Veranstaltungsplan der Linken Buchtage, wo ich im Raum 2 der SFE Isabel Raabe, André Raatzsch und Moritz Pankok zuhörte, die über *Widerstand durch Kunst. Sinti und Roma und ihr kulturelles Schaffen* sprachen, sodass eine Idee in mir reifte.

Da, wo Antiziganismus sichtbar wird, wo Antisemitismus sichtbar wird, da müssen wir unsere Stimme in der Gesellschaft erheben. Wir dürfen das nicht tolerieren, wir müssen deutlich machen, dass es geächtet ist.« (*Antiziganismus kann nicht unsere Aufgabe sein*, Romani Rose, Vorsitzender Zentralrat Deutscher Sinti und Roma, ARD-Tagesschau, 02.08.2022).

Ich danke dir, Kater, für dieses kurze, aber unvergessliche und kulinarisch geprägte Schreib-Schlender-eine-Mikrowelle-explodiert-im-dritten-Stock-Berliner-WG-Leben.

Ich danke Chris für die schöne Zeit, den Müggelsee, die Inspiration.

Ich danke Mirjam für den Einblick in das Leben einer angehenden Ärztin.

Ich danke dem Kunstmuseum Solothurn und dem Exponat von Isabelle Krieg (*Unerledigt I*, 2003–2008) für die Inspiration zu Susas erstem Pinselstrich.

Ich danke der Buchhändlerin Lucrezia (Buchhaus Lüthy, Solothurn) für ihre wertvollen Literaturempfehlungen (manche waren schicksalshaft!).

Daher an dieser Stelle auch mein Dank an die Autor*innen und deren Bücher, ohne die ich diese Geschichte nicht hätte schreiben können und die mir Fragen beantworteten und schenkten: Carola Finks (*Sinti und Roma. Geschichte einer Minderheit*), Anja Tuckermann (*»Denk nicht, wir bleiben hier!« Die Lebensgeschichte des Sinto Hugo Höllenreiner*), Zoni Weisz (*Der vergessene Holocaust*), Wolfgang Benz (*Der Holocaust*), Byung-Chul Han (*Agonie des Eros*, *Die Krise der Narration*, *Müdigkeitsgesellschaft*, *Die Errettung des Schönen* etc.), Jens Balzer (*Ethik der Appropriation*, *No Limit. Die Neunziger – das Jahrzehnt der Freiheit*), Kassia St. Clair (*Die Welt der Farben*), Melanie Challenger (*Wir Tiere*). Jeremy Gilbert-Rolfe (*Das Schöne und das Erhabene von heute*), Ekkehart Krippendorff (*Militärkritik*), Héctor Wittwer (*Der Tod*) und Heiko Haumann, der für mich eine Begrifflichkeit betreffend der Lagersituation geklärt hat und mir ebenfalls mit seinen Ausführungen zur Seite stand (*Die Akte Zilli Reichmann*).

An dieser Stelle auch mein Dank an zahlreiche Journalist*innen, Künstler*innen, Aktivist*innen und Filmschaffende, deren Schaffen ich gelesen, verfolgt oder geschaut habe (Raúl Krauthausen, Melina Borčak, Gerhard Richter, Niki de Saint Phalle, Claude Lanzmann, Steven Spielberg und viele, viele mehr). Ihr wart meine Brücke. Danke, dass ihr uns die Welt durch andere Augen sehen lasst.

Ich danke Apparat, deren Musik mich den ganzen Schreibprozess lang begleitete und trug, für:

Glass
Love Theme
Slice Jam
Sad Mug
Infected
Big Romance
Dark Anthem
Knowing
Escape from Den
A Nightmare
The Past
(Apparat, *Soundtracks Equals Sessions*, 2020)

Ich danke Demian für die Nachhilfestunden in Geografie (Halunke!).

Ich danke Joshua: für deinen Scharfsinn, deine Milde.

Ich danke Lea, Falkenauge und Puzzleprofi – du bist unglaublich!

Ich danke Hannah dafür, dass wir zusammen die Niki-de-Saint-Phalle-Ausstellung besucht haben (und ich merkte, dass meine Fantasie gar nicht so fern der Realität ist, danke!).

Außerdem danke ich Veronique, Svea, Ardita, Sophie und Marion dafür, dass ihr mir die Stunden neben dem Schreiben und den vielen Zweifeln mit Gesprächen, Inspiration, Kino- und Theaterbesuchen und weisen Gedanken gelichtet habt.

Ich danke dir, Opa Max, dass du mich auch mal gewinnen hast lassen, für dein Sorbisch, die vielen Geschichten, für deine Liebe. Ja lubujom tebje.

Ich danke dir, Oma, für den Blick ins Gestern, für deine Art, Worte zu benutzen, deine irisierenden Augen, deine Geheimnisse.

Ich danke dir, Mama, dass du Omas Art, Worte zu gebrauchen, weitergeführt und verfeinert hast, für deine Kreativität, deine Güte, dein Herz.

Ich danke André Gstettenhofer, meinem Verleger, für Geduld, Rat und Mut (ja, immer wieder Mut, besonders in der Piadina Bar, Zürich 2022 und natürlich im Januar 2024).

Ich danke Nele für das tolle Autorenfoto, geschossen in Bologna vor einer Platane (Danke für deine Art, dein Talent!)

Ich danke Samara für die coole Covergestaltung und die tolle Zusammenarbeit und natürlich Fabian und Christian vom Grafikteam.

Ich danke Kristina Wengorz für das wundervolle, geistreiche Lektorat und den wertvollen, humorvollen Austausch – die Lesenden danken dir sicher auch. Danke, dass du mir geholfen hast, wenn es einmal zu abstrakt und meta wurde, und danke, dass wir uns immer wiederfanden.

Und ich danke Dir (Du weißt schon. Du ..., immer wieder Du)!

Danke.

Foto: Nele Visschers

Zur Autorin

Joanna Yulia Kluge (*1987 in Budyšin [Bautzen], Freistaat Sachsen) ist Autorin, Slampoetin und spielt Fußball in der Schweizer Literatur-Nationalmannschaft. Ihr Schreiben bewegt sich zwischen Lyrik und Prosa und befasst sich mit Themen wie Identität, Narration sowie der Dichotomie zwischen Kultur und Natur. Joanna Yulia Kluge lebt seit ihrer Jugend in Solothurn. »David Pablo« ist ihr literarisches Debüt.

lectorbooks

Ungezähmte Literatur. Seit 2017.
Verlag für Bücher im Spannungsfeld zwischen
Anspruch und Spannung, Pop und Politik,
Fantastik und schwarzem Humor.

lectorbooks.com